나의 청와대 일기

A Blue House Diary:

Untold Stories of 1,826 Days
with President Moon Jae-in
by Yoon jaekwan

Published by Hangilsa Publishing Co. Ltd., Korea, 2023

나의 청와대 일기

문재인 대통령과 함께
1,826일의
알려지지 않은 이야기

윤재관 지음

한길사

'인간 문재인'과 함께한 1,826일

• 독자 여러분들께 드리는 말씀

일장춘몽

2022년 3월 10일 새벽. 대선의 승자와 패자가 결정되었다. TV를 껐다. 세수도 하지 않고 새벽 출근을 위해 차를 탔다. 지난 5년간 날마다 지나며 보던 익숙한 차창 밖 세상은 어제와 달랐다. 머릿속에 '일장춘몽' 단어만 맴돌았다. 내 인생에서 가장 치열했던 5년의 세월이 하룻밤 꿈처럼 느껴졌다. 정부 첫날부터 쉼 없이 달려온 지난 시간이 모두 꿈처럼 아득했다. 억울했다. 믿을 수 없었다. 내 인생이, 청와대와 당 그리고 내각에서 헌신적으로 일했던 모든 이의 수고가, 국민의 피땀이, 대한민국의 노력이 모두 부정당한 듯했다. 무엇을 할 마음도 힘도 없었다. 몸의 모든 면역체계가 무너졌는지 그날 저녁부터 몸이 이상했다. 며칠 후 코로나에 걸렸다.

코로나 치료 후 복귀한 청와대는 선거에는 졌어도 여전히 처리해야 할 일이 많았다. 5년간 일관되게 유지했던 긴장감과 기강도

흐트러짐이 없었다. 덕분에 남은 일들을 하나하나 매듭지을 수 있었다. 그러나 지난 5년 일장춘몽의 시간도 민심도 야속하게만 느껴졌고, 당선자의 경우 없음에 분노가 일었다. 청와대 주변에 마련된 차기 정부 인수위원회 사람들과 마주치지 않기 위해 바깥출입도 최대한 자제했다.

임기가 종료된 5월 10일 이후 세상일에 관심을 끊기로 다짐했다. 내가 겪었고, 우리가 감당했으며, 혼신을 다했던 순간순간을 잊기 위해 몸부림쳤다. 기억하면 무엇하리, 하룻밤 꿈을 꿨던 것인데. 청와대 5년을 송두리째 잊어야 살 수 있을 것 같았다. 지난 시간과 노력에 대한 생각에서 멀어지기 위해 무던히 몸부림쳤고, 외면하고 회피하는 것이 하루를 살 수 있는 유일한 방편이었다. 몸과 마음의 여분도 남아 있지 않았다.

그러나 대한민국이 송두리째 흔들리고 있음을 오래 지나지 않아 느꼈다. 국가는 없고 각자도생만 있었던 2022년 여름 수해, 무엇보다 "바이든" "날리면" 사건과 그 이후 일어난 믿기 어려운 상황을 목도하면서 국민과 함께 그토록 어렵게 이뤘던 나라다운 나라가 한꺼번에 무너지고 있다는 생각에 괴로움이 배가되었다. 가만히 있으면, 외면하고 회피하면 더 무책임한 것 아닌가. 선거에서 졌지 문재인 정부가 추구했던 가치가 진 것은 아니지 않은가. 두고 두고 아쉬운 0.7퍼센트 포인트 차이였지만 이 역시 위대한 주권자 국민이 선택한 결과가 아닌가. 온전히 받아들여야 하지 않는가.

이 생각은 이제 무엇을 해야 하는가로 이어졌다. 새로운 시작은 외면이 아니라 지난 시간을 회피하지 않고 직시함으로써 비로소 출발할 수 있음을 깨달았다. 새로운 출발을 위해 이 책을 쓰기 시작했다. 지난 시간을 기억하고 기록하면서 느낄 괴로움을 이겨내야 새로운 시대를 열기 위한 노력을 시작할 수 있다는 마음으로. 드라마 대사처럼 "이러다 다 죽어"하며 쓰러지기 전에, 짧아서 더 아쉬웠던 영광의 시간 속에서 길을 찾아보자 생각하며. 거듭되는 퇴행에 맞서 다시 전진하는 대한민국을 향한 새로운 시작을 위해서.

청와대 사람들의 땀내 나는 이야기

한 참모의 옷깃을 늘 여미게 했던 문재인 대통령과 함께 대한민국 주권자인 국민 그리고 사랑하는 대한민국을 향해 원 없이 일했던 청와대에서의 꼬박 5년, 1,826일의 기억을 세상에 내놓는다. '대통령 문재인' '인간 문재인'의 알려지지 않은 일화와 '윤재관'이라는 이름을 세상에 알린 계기가 된 도보다리 회담을 비롯해 2018년 남북정상회담의 뒷이야기를 기록했다. 그리고 '형조판서 하던 분이 함경도로 유배간' 조국 민정수석과 함께 보낸 시간에 있었던 일도 함께 적었다. 국민에게 알려지지 않은 청와대 사람들의 땀내 나는 생활을 담았다.

내게 행복을 안겨준 존경하는 문재인 대통령과
사랑하는 대한민국을 향해 원 없이 일했던
청와대에서의 꼬박 5년,
1,826일의 기억을 세상에 내놓는다.
문재인 대통령 퇴임 후 평산마을 서재.

돌아보면 많이 부족했지만 치열하게 나라와 국민을 위해 일했던 어떤 사람들의 하루하루를 기억한다는 것은 다음에 이 일을 해야 하는 사람들에게 나침반이 될 수 있지 않을까. 선거를 통해 주권재민을 실천하는 리더를 선출해야 하는 민주공화국 시민들과 함께 올바른 리더십은 무엇인지 생각해보는 계기가 될 수 있지 않을까. 악화일로에 있는 지금의 남북관계 현실에서 2018년을 기록하는 것은 어떤 어려움이 있더라도 반드시 가야 할 한반도 평화의 길에 당당히 다시 나설 사람들을 위한 소명과도 같은 일이지 않겠는가. 이러한 생각이 남루한 글솜씨에도 포기하지 않고 끝까지 책을 쓴 원동력이었다.

"정치를 외면한 가장 큰 대가는 가장 저질스러운 인간들에게 지배당한다는 것이다."

100년의 세월을 관통한 철학자의 이 말이 앞으로 4년 대한민국의 운명을 바꿔놓을 예언서가 되어서는 안 된다.

자, 이제 문재인 대통령과 청와대의 뒷이야기부터 꺼낸다. 함께 해주신다면 더없이 큰 영광일 것이다.

2023년 6월
관악산과 청계산 산바람 맞으며
전 국정홍보비서관 윤재관

나의 청와대 일기

제2부

'인간 문재인' '대통령 문재인'

제3부

평창, 판문점, 평양··· 도보다리와 백두산

제1부

인연

인연의 출발

"새로운 나라, 나라다운 나라를
만들기 위한 후보의 비전과 진심을
일정 속에서 구현해내는 것은
실로 중요한 일이자
영광스런 임무였다."

서울역 첫인사

2022년 1월. 문재인 대통령 임기 마지막 해. 여전히 분주했다. '말년 없는 정부'라는 문재인 대통령의 말씀은 실화였다. 그날은 대통령이 며칠 후에 있을 구미형 일자리 착공식 현장방문 일정에 대한 소통 전략회의가 있었다. 국정홍보비서관인 내가 주재하는 회의였다. 대통령의 주요 일정과 소통 계획을 점검하고, 보강할 것은 없는지 점검하는 일이 국정홍보비서관에게 맡겨진 임무다.

아침부터 읽어야 할 서류가 많았다. 그런데 그날은 눈으로 읽고는 있는데 집중이 되지 않았다. 머리는 이미 추억여행을 떠나고 있었다. 문재인 대통령께서 그토록 애착을 보이셨던 지역상생형 일자리가 결실을 맺는 중요한 행사가 아닌가. 그날의 의미가 국민에게 잘 전달되도록 묘수를 짜야 하는데, 비서관이 딴생각을 하고 있었던 것이다. 문재인 정부 청와대 비서관인 내게 구미는 특별한 곳이기 때문이었다. 10년 전 일이 떠올랐다.

2012년 9월 어느 날, 문재인 후보의 대선 캠프 출근 첫날이었다. 사무실 구경도 하기 전에 현장으로 가자는 일정팀장(이창우 전 동작구청장)의 연락을 받고 서울역으로 갔다. KTX를 타고 향한 곳은 불산 누출 사고 현장, 구미였다. 다음 날 문재인 후보의 사고 현장 방문을 앞두고 하루 전날, 현장 상황을 확인하고 후보의 동선을 결정하기 위해서였다. 함께 갔던 일정팀장이 후보 일정을 준비하면서 유념해야 할 사항과 다음 날 예상되는 일들을 알려주었다. 알아듣는 척은 했지만, 실제는 무슨 말인지 몰랐다. 경험이 없으니 설명만 듣고 다 이해하지 못한 것은 당연했다.

현장에 도착한 문재인 후보는 불산 누출로 인한 피해 현장을 확인하고 지역 주민들을 위로했다. 그것으로 일정이 잘 마무리되었다. 하지만 첫인사도 드리지 못한 채 현장 동선 안내부터 해야 했던 나는 정말이지 안녕하지 못했다. 어찌나 긴장했던지 9월인데도 오뉴월 땡볕에 서 있듯이 연신 땀을 흘렸다. 대통령 후보의 동선에는 기본적으로 동행 취재진, 당 관계자, 지지자, 현지 주민이 뒤섞여 현장 질서유지가 쉽지 않다. 나 같은 초보가 담당하기에는 버거운 일이다. 다행히 현장에 동행했던 일정팀장 덕분에 겨우 밥값은 했지만, 하마터면 캠프 출근 첫날에 짐을 쌀 뻔했다.

넋이 반은 나간 상태에서 서울로 돌아와 서울역 식당에서 밥부터 먹게 되었다. 현장 일정을 담당하는 날에는 제대로 밥을 못 먹는 것이 다반사라는 사실도 그때 처음 알았다. 후보께서 식사하시는 식당으로 같이 가게 되었다. 횡재였다. 밥이 나오기 전, 다른 테이블에서 김경수 당시 캠프 수행팀장과 여러 문제를 의논하고 계시던 후보께 처음 인사를 드렸다.

"오늘부터 일정팀에서 일하게 된 윤재관입니다."

문재인 후보는 온화한 눈빛으로 나를 바라봐주셨고, 악수도 했다. 김경수 팀장이 나에 대한 소개를 자세하게 해주었다. 후보께 제대로 인사까지 드렸으니 밥맛이 오죽 좋았겠는가. 순식간에 한 그릇을 다 비웠다.

"보람찬 하루 일을 끝마치고서…"

군가라도 부르고 싶었다. 그렇게 인연은 시작되었다.

2012년 광화문에서

마흔이 넘은 뒤, 잊고 싶은 일에 세월만 한 보약이 없다는 걸 알
게 되었다. 그토록 아팠던 기억도 세월이 흐르면 삶의 향기 정도로
추억할 여유도 생긴다. 그러나 늘 예외는 있다. 어떤 기억은 세월
이 흘러도 때때로 오늘 일처럼 느껴져 평온한 마음을 소용돌이치
게 하곤 한다. 모두 그런 기억 하나쯤은 있을 것이다. 2012년 대선
투표일, 광화문이 나에게는 그렇다.

투표 당일 문재인 후보는 김제동 씨와 함께한 투표참여 캠페인
을 끝으로 대통령 후보로서 공식적인 일정을 마무리하셨다. 당시
에는 사전투표가 없었던 시절이라 하루 투표로 운명이 결정되었
다. 투표율이 당선자를 바꿀 수도 있다는 것이 전문가들의 대체적
인 예상이어서 그 추이를 예의주시하고 있었다.

예상보다 투표율이 높았다. 모두 좋은 징조로 받아들였다. 오후
4시가 넘어서니 일정팀장이 나를 불렀다. 광화문으로 가라고 했
다. 흥분되었다. 투표일 밤에 대한민국의 상징인 광화문에 갈 수
있는 후보는 오직 한 명, 당선이 확실한 후보뿐이다. 팀장이 광화
문에 미리 가라고 한 것은 승리를 예감했다는 뜻이다. 후배들과 광

화문에 갔다. 내 임무는 후보가 오시면 처음으로 당선 소감을 말씀하실 최적의 공간을 확보하는 것과 당선이 유력해지기 시작할 즈음 서울 외곽에 대기 중인 가장 큰 유세차를 광화문으로 출발시킬 타이밍을 판단하는 것이었다.

투표 마감 1시간 전, 세종문화회관 계단 위에서 본 광화문 풍경은 단연 노란색 풍선과 목도리로 가득했다. 우리 후보의 승리를 확신하는 노란색 물결이 일렁이고 있었다. 상대 후보의 빨간색은 드문드문 보일 뿐이었다. 유세차를 운전하는 분에게 전화로 곧 사인을 줄 테니 광화문으로 올 준비를 하라고 말했다.

6시 투표 마감과 함께 방송사 출구조사 결과가 발표되었다. 한 방송사를 제외하곤 모두 믿을 수 없는 결과를 보도했다. 요새 여론 조사 실력이 참 많이 떨어졌다고 생각하고 애써 무시했다. 그러나 불안했다. 실제 개표가 시작되자 불안은 현실이 되었다. 그러는 사이 광화문 광장을 차지하고 있던 노랑은 점점 옅어지고, 그 빈자리를 어느새 빨강이 채워가고 있었다. 8시를 넘어선 뒤로 노랑은 찾아보기 힘들어졌다. 9시, 광화문은 빨간색뿐이었다. 네 시간 사이에 광화문의 풍경이 노란 환희에서 빨간 절망으로 바뀌었다.

나는 잔인한 그 변화를 계속 지켜봐야 했다. 9시가 넘어 복귀하라는 전화를 받고 사무실로 갔다. 후보가 실무자들에게 고맙다고, 수고 많았다고 격려하고 계셨다. 후보가 캠프를 떠나신 뒤, 술은 한 방울도 마시고 싶지 않아 곧장 집으로 갔다.

한동안 광화문 근처에도 가지 않았다. 빨간색이 보이면 고개를 돌려버렸다. 후보를 그날 광화문으로 모시지 못했다는 죄책감이 엄습해왔다. 승리를 향한 새로운 시작을 결심하기에는 2012년 12월 광화문의 상처가 너무 깊었다. 그러고는 후보를 뵐 수 있는 기회가 없었다.

그날의 광화문에서 한 발짝도 빠져나오지 못하고 있었던 대선 한 달 뒤, 후보의 소식을 언론보도를 통해 접했다. 종로 자택 앞에 소복이 쌓인 눈을 치우시는 내외분의 사진을 보았다. 특별할 것 없는 여느 시민의 모습에서 그분의 진가를 다시금 생각하게 되었다. 그렇다고 일개 팀원에 불과했던 내가 그분을 위해 무엇인가 할 수 있는 일은 없었다. 민주통합당 소속 국회의원 보좌진들의 대표(민주통합당보좌진협의회 회장)를 맡고 있었던 나는 낙담하는 동료들과 분함과 미래에 대한 불안을 함께 나눌 뿐이었다.

세월호 참사 이후 광화문에는 유가족협의회의 천막이 자리했고, 국민을 지키지 못한 무능한 정부를 규탄하는 시민들로 가득했다. 단식과 농성, 아이들을 지키지 못한 죄책감, 부도덕한 권력에 대한 시민들의 분노가 더욱 커져만 갔다. 그럴수록 그날의 광화문에 문재인 후보와 새로운 나라를 만들고자 했던 국민들을 모시지 못했던 죄스러운 마음이 점점 커졌다. 다시 어떤 역할을 할 기회가 생긴다면 전력투구해 기필코 이겨서 꿈을 이루겠다고 스스로 마음을 다잡았다.

2016년 다시 출발

문재인. 노무현 대통령의 비통한 서거 이후 국회의원에 출마하실 때까지도 내 인생에 그분은 없었다. 그러다 2012년 대선 캠프에서 일하면서부터 인연이 시작되어 2017년 대선 캠프를 거쳐 대통령 임기 5년을 꼬박 함께하게 되었다. 그분과 함께한 시간이 한 해 한 해 쌓여진 계기는 5·18이다. 광주의 민심이 새정치민주연합(더불어민주당 전신)에 비판적이었을 때, 당대표였던 부산 출신 문재인은 광주 어느 노인정에서 이런 말씀을 하셨다.

"5·18 그때 함께하지 못해 정말 미안합니다. 광주가 죽임을 당할 때 아무것도 하지 못해 정말 죄송합니다."

정치인의 입에 발린 말과 진심에서 우러나오는 말 정도는 구별할 만큼 소위 정치권 '짬밥'이 있었던 때라 그 말씀에 난 가슴이 뛰었다. 그때 이분과 꼭 함께하겠다고 다짐했다. 분당의 아픔이 있을 때도 나는 문재인 대표가 이끄는 더불어민주당을 떠나지 않고 지켰다. 그분을 꼭 대통령으로 만들어 5·18이 광주에 머물지 않고, 대한민국 민주화의 위대한 여정의 중심으로 전 국민에게 자리매김되도록 내 할 일을 찾고 싶었다.

2016년 가을, 탄핵정국이 휘몰아쳤다. 누구도 예상치 못했던 황당한 상황이 눈덩이처럼 불어나고 있었다. 탄핵열차는 출발했고, 날이 갈수록 속도가 붙었다. 2016년 겨울, 나는 캠프로 출근하기 시작했다. 이전 대선 때와 같이 후보 비서실 일정팀 소속이었다.

새로운 나라, 나라다운 나라를 만들기 위한 후보의 비전과 진심을 일정 속에서 구현해내는 것은 실로 중요한 일이자 영광스런 임무였다.

후보의 일정 기조가 잡히면 이를 구체적인 일정 계획으로 만들고, 제안된 일정을 검토해 후보의 참석 여부를 결정하는 것이 1차 업무였다. 일정이 결정되면 참석자, 장소, 시간 등을 정하고, 캠프 내 관련 부서와 협업하는 것이 그다음이다. 마지막은 매일매일 진행되는 후보의 수많은 일정이 성공적으로 마무리되도록 현장 진행을 챙기는 것이었다.

일정팀은 후보의 동선을 결정하고 관리하는 일을 하기에 캠프 내에서는 선망되는 부서다. 그러나 일도 많고 스트레스도 많이 받는 데다 욕도 많이 먹는다. 제안한 일정이 채택될 확률이 그리 높지 않다. 후보가 방문해주길 바라는 곳은 많은데, 못 가는 곳이 훨씬 더 많을 수밖에 없기 때문이다. 당시 총괄팀장은 송인배 선배(제1부속비서관 역임)였다. 사람에 대한 예의가 몸에 밴 분이었다. 차분하게 상황을 정리하는 능력이 탁월해, 자신의 의견이 관철되지 않아 잔뜩 흥분하는 분들에게 심리적 안정을 되찾아주곤 했다. 방패막이가 든든해서 그나마 소신껏 결정하고 집행할 수 있었다.

2017년 4월 9일과 10일, 단 이틀 동안 23개 언론사와 릴레이 단독 인터뷰가 잡혔다. 후보의 정치적 근육이 튼실하지 않고서는 불가능한 일정이었다. 집중력, 자신감, 체력, 비전, 분야별 현안에 대

2017년 대선을 앞두고
나는 후보 비서실 일정팀 소속이었다.
후보의 일정 기조가 잡히면
구체적인 일정 계획으로 만들어 후보의
일정으로 연결시키고 일정을 순탄하게
진행시키는 것이 1차 업무였다.
2017년 3월, 선거운동 중.

문재인 캠프는 대담하게 일정을 기획했고,
후보는 적극적으로 수용했으며, 예상보다
더 큰 성과를 스스로 만들어냈다.
2017년 5월 9일, 대선 개표가 시작되기 전
캠프 사람들과 함께.

한 대안 가운데 하나라도 부실하면 금세 밑천이 드러날 수밖에 없었다. 말실수라도 하면 돌이킬 수 없는 상처를 입을 수 있는 모험이었다. 그래서 이런 일정을 후보에게 건의드리는 것 자체도 어렵지만 후보가 이를 수용하고 실제 실행하는 것은 더욱 어렵다. 그러나 2017년 문재인 캠프는 대담하게 이 일정을 기획했고, 후보는 적극적으로 수용했으며, 예상보다 더 큰 성과를 스스로 만들어냈다.

깜짝 질문에도 당황하지 않고 세세한 것까지 답변하는 후보의 모습에 언론의 호평이 이어졌다. 당시 보도된 기사를 소개하면 이렇다.

"인터뷰가 진행되는 카페에 거의 종일 갇혀 언론에 '취조'(?)를 당하며 체력과 정신력의 극한을 시험당하고 있는 셈이었다. 국내는 물론이고 해외에서도 대선후보의 이틀간 마라톤 인터뷰는 선례를 찾아보기 힘들 것이었다. 매우 전문적인 정책까지 질의했을 때도 당황하는 기색 없이 논리정연한 답변을 술술 내놓았다."

—「'문재인과의 30분 데이트 뒷얘기', 마라톤 인터뷰로 체력한계 속에서도 정책 현안 술술」, 『서울경제』 2017년 4월 10일자

캠프로 출근한 뒤 한 달가량을 정신없이 보내고 나서 4년 전과 무엇이 달라졌는지 가만히 생각해봤다. 캠프의 분위기와 시스템, 후보의 말씀과 행보 등 전반적으로 캠프의 조직력이 4년 전에 비해 월등히 뛰어났고 체계가 잡혀 있었다. 2012년 대선에서 패한 뒤 모두들 절치부심, 칼을 갈고 다시 뭉쳤음을 오래지 않아 느꼈

다. 가장 많이 변화한 사람은 다름 아닌 문재인 후보였다. 내가 직접 느낀 것만 정리하면 이렇다.

첫째, 일정 결정에 소요되는 시간이 현격히 줄어 기민한 대응과 충분한 준비 시간을 확보할 수 있었다. 잘 준비된 일정이니 언론과 현장, 국민들의 반응도 좋았다.

둘째, 후보의 입장에서 부담이 될 수 있는 일정도 승리를 위해 필요하다면 주저함 없이 결정하고, 혼신의 힘을 다해 그 많은 일정을 완벽하게 소화했다. 언론사 릴레이 단독 인터뷰 일정이 대표적이다.

셋째, 후보가 일정마다 핵심 메시지를 잘 이해하여 전달했고, 때론 직접 만들기도 했다. 전문적인 내용도 쉬운 일상 언어로 전달했다. 선거운동 시간이 흐르면 흐를수록 승리의 예감은 확실해졌다.

5년이 흐르는 동안

"지금 우리 청와대 안에는
파벌이 없고, 권력투쟁도 없다.
우리 청와대 참모들에게선
권력이 아니라 땀냄새가 난다."

2017. 5. 10. 첫 출근

문재인 정부가 인수위원회 없이 출범했다. 2017년 5월 9일 선거를 치르고 개표가 끝난 밤늦은 시간, 윤건영 종합상황실장이 회의에 호출했다. 다음 날 있을 취임식과 청와대에서의 첫날을 준비하는 논의를 하기 위해서였다. 회의에는 취임식을 준비하는 행안부와 대통령 경호실 사람들도 참석해 있었다. 취임 첫날 일정에 대해 브리핑을 받고, 일정팀 전체 미팅을 소집하여 다음 날 맡을 업무와 일정을 나눴다. 그러곤 준비에 꼬박 밤을 새우고, 이른 아침에 목욕탕에서 간단히 씻고 청와대로 출발했다.

청와대 첫 출근은 근사한 옷에 넥타이를 매고 폼나게 할 줄 알았다. 그런데 집에 들어가지도 못하고 어제 입은 옷 그대로 후줄근하게 출근했다. 원래 계획은 이게 아니었는데, 현실은 항상 이렇게 소박했다.

청와대 안으로 들어가는 문 가운데 하나가 연풍문이다. 이 문으로 출근하라는 안내를 받았다. 그러나 그 문이 정확히 어딘지 몰라 헤매다 발견했다. 연풍문이 열리고 청와대에 처음 들어가는 순간을 기념하기 위해 동영상을 찍었다. 기분이 정말 좋았다. 그러나 딱 거기까지였다. 그후로 취임식 등 외부 일정이 종료되고 청와대로 들어오시는 문재인 대통령을 맞이할 준비를 해야 했다.

처음 들어온 청와대에서 대통령 의전은 어떻게 해야 하는지 아

2017년 5월 10일, 청와대 첫 출근. 근사한 옷에 넥타이를 매고
폼나게 출근할 줄 알았는데 어제 입은 옷 그대로 후줄근하게 출근했다.

무엇도 모른 채 일을 했다. 연풍문이 열렸다고 좋아한 것은 잠깐이
고, 고생문이 열렸다는 걸 실감하고 있었다. 나는 임기 첫날 청와
대로 출근하는 몇 안 되는 사람이었다. 실세라거나 고위층이어서
그런 것이 아니었다. 그저 후보의 일정팀이었다는 이유로, 중단 없
이 계속되는 대통령의 일정을 준비해야 했기에 임기 첫날부터 청
와대에 들어간 것이었다. 인수위원회도 없이 대통령 임기를 시작
해야 했던 특수성 때문이었다. 그럼에도 부러워하는 분들이 많았
다. 한참 지나 항간에서는 임기 첫날 청와대에 들어간 20여 명의
실무진들을 이른바 '최고 핵심그룹'으로 지칭했다는 얘기를 들었

다. 다른 분들은 몰라도 나는 아니었다.

이제야 편히 이야기하지만 당시 내게 닥친 현실은 정말 감당하기 힘들 만큼 살인적이었다. 일단 청와대 진용이 다 짜이기 전이라 한 사람이 담당해야 할 일이 엄청 많았다. 청와대 일이 무엇인지 아무것도 몰랐지만 국민의 높아진 기대에 맞게 무조건 잘해야 했다. 이렇게 하는 것이 맞는 것인지도 판단이 잘 안 되는 상황에서 계속되는 대통령의 일정 준비에 직면해야 했다. 도와주고 판단해주는 경험자도 없이 날마다 밀려오는 일들을 겨우겨우 처리했다.

청와대에서 일하는 것은 무한한 영광이지만, 그만큼 무거운 짐을 두 어깨에 짊어지고 계속 달려야 하는 숙명을 띤 자리이기도 했다. 그걸 감당할 자세부터 갖춰야 함을 뼈저리게 느꼈다. 연풍문을 들어서자마자 행복 끝, 고생 시작이었다. 임기 초, 아침 출근 때마다 기도했다.

"오늘도 제발 무탈하게 해주세요!"

노무현 대통령 8주기 추도식

나는 문재인 정부 임기 초기인 2017년 6월 2일에 청와대 의전 비서실 행정관으로 정식 임명됐다. 임명장을 받기 전인 2017년 5월 23일, 노무현 대통령 서거 8주기 추도식에서 문재인 대통령에게 깊은 인상을 받았다. 의전 담당자는 대통령 지근거리에 있기 때문에 대통령의 표정이나 몸짓만 봐도 그분이 어떤 느낌으로 말하고 있는지 감이 온다.

그날 봉하마을의 추도식에서 문재인 대통령은 임기 중에는 다시 봉하마을에 오지 않겠다고 선언하셨다. 처음에는 그만큼 본인 스스로 반드시 성공한 대통령이 되겠다는 결의를 표한 것 정도로 생각했다. 또한 친구이면서 본인이 모셨던 분이기도 한 전임 대통령에 대한 마음이 얼마나 깊은지를 생각하면서 감탄하기도 했다. 그러나 한 번 더 생각해보니 그것은 우리 참모들에게 주는 강력한 메시지라는 생각이 들었다. "우리는 반드시 성공해야만 하고, 그렇기에 무조건 유능해야만 하고, 그렇기에 무조건 혼신의 힘을 다해 일해야 한다"는 그런 주문 말이다.

벅찬 마음 뒤편에는 너무나 명료하게 "우리가 지금 해야 할 일을 제대로 완수하기 전까지는, 그게 끝나기 전까지는 오지 않겠다"는 결의가 있었던 것이다. 또한 그 결의는 대통령 혼자서 지킬 수 없는 것이므로 모든 참모들을 향하는 메시지였다.

나는 문재인 대통령이 자신에게 주어진 역사적 소임이 얼마나 무거운 것인지 자각하고, 자신과 함께 일할 사람들은 어떤 마음을 가져야 하는지 밝히신 것이라고 생각했다. 추도식에서 우리도 숙연했다. 청와대로 돌아오고 난 뒤에도 이와 관련해서 많은 이야기를 했다.

문재인 대통령의 결의와 주문은 실제로 효과가 있었다고 나는 생각한다. 문재인 정부에서도 국민을 실망시킨 일들이 많았다. 하지만 LH 사태 같은 대형 사건이 터졌을 때도 대통령 주변 인사들의 비리는 없었다. 나는 그것이 임기 초 대통령께서 주변에 강한 메시지를 전달하셨기 때문에 가능한 일이었다고 생각한다.

최재성 청와대 정무수석이 퇴직 후 이런 말을 했다.

"지금 우리 청와대 안에는 파벌이 없고, 권력투쟁도 없다."

"우리 청와대 참모들에게선 권력이 아니라 땀냄새가 난다"라고도 했다. 문재인 정부를 경험한 내 입장에서 말한다면, 이것은 임기 초만 그랬던 것이 아니라 임기 마지막 날까지 청와대에 확립된 문화였다. 그러한 문화가 확립된 계기가 바로 봉하마을 추도식 때 발표한 문재인 대통령의 메시지였다고 나는 생각한다.

청와대 사람들의 공통점

나는 청와대 생활을 꼬박 5년 했다. 5년 임기에서 단 하루도 에누리 없이 근무했다. 나도 이렇게 될 줄 몰랐다. 그동안 많은 동료들을 새로 만났다. 자리마다 최소한 세 번 정도의 바뀜이 있었다. 새로 출근한 동료, 원소속 부처로 복귀하거나 출마 등으로 청와대 생활을 끝마치는 동료들이 수없이 많았다.

만 2년이 되면서 나는, 청와대에 근무하면 많은 동료들이 비슷한 경로를 겪게 된다는 사실을 깨닫게 되었다. 어느 직종이든 거기에 종사하는 분들만의 특징이 있듯, 청와대 사람들에게도 독특한 무엇이 있다는 사실이 눈에 들어오기 시작했다.

청와대 근무를 시작하는 사람들은 대체로 이런 경로를 밟는다.
① 이른 아침 출근에 힘들어한다. 그래도 바짝 긴장해 늦는 경우는
별로 없다. ② 출근하자마자 각종 보고에 눈코 뜰 새 없이 바쁘다
는 점에 놀란다. ③ 윗분(비서관, 수석, 실장)들이 모여 아침 회의하
는 시간이 행정관들의 휴식 시간인데, 이때 아침밥을 맛있게 먹는
다. ④ 점심을 일찍 먹고 부족한 잠을 보충한다. ⑤ 퇴근 후 약속을
잡지 않고 일찍 귀가해 쉰다. 내일을 위해.

그러나 6개월 정도 시간이 흐르면 생각을 바꾸어 일상에 변화를
준다. 이유는 불어난 몸무게, 불뚝 튀어나온 배, 청와대 가더니 오
히려 얼굴이 더 좋아졌다는 주변의 말에 자극받아서다. ① 하루 세
끼를 다 먹어 나온 배와 불어난 몸무게에 깜짝 놀라 운동해야겠다
고 마음 먹는다. ② 맛있는 아침밥은 그래도 포기하지 못하고 꼬박
꼬박 먹는다. ③ 점심시간에 밥 대신 운동을 선택하거나 잠을 청한
다. ④ 점심에 운동을 못 하면 새벽 출근 시간을 당겨서, 아니면 저
녁 퇴근 이후에 운동한다. ⑤ 외부 지인들보다는 내부 직원들과의
회합 자리를 많이 한다.

이 같은 청와대 사람들의 일상에서 공통점을 발견하기는 어렵
지 않다. 첫째, 출근시간이 엄청 빠르다. 이제는 많이 알려진 얘기
지만 실제 그렇다. 거의 대부분 아침 6시 30분 전후로 출근한다.
부서마다 차이는 있지만 대략 그렇다. 아침형 인간으로 DNA가
바뀌지 않으면 적응에 상당한 곤란을 겪는다. 그런데 신기한 것
은 이른 출근에 금방 적응한다는 것이다. 긴장감 때문인지 지각하

는 경우가 많지 않다. 다들 일찍 출근하기 때문에 혹 지각하면 티가 많이 나서 불성실하다고 만방에 확인시켜 주는 것이니, 청와대까지 와서 그런 평가를 받는 건 미래를 포기하는 것이나 다름없다. 나도 청와대 생활 초기엔 알람을 최소 3개 이상 침대 곁에 두고 잠을 청했다.

둘째, 부족한 잠은 점심때 해결한다. 새벽 출근으로 수면 시간은 늘 부족하다. 그래서 사무실에서 오침을 하는 직원이 많다. 구내식당에서 후딱 먹고 남은 시간에는 오후 일과를 위해 잠깐 눈을 붙인다. 오침은 긴 하루를 잘 버티게 하는 힘이자 청량제다.

셋째, 운동을 열심히 한다. 안 하던 운동을 청와대에 오면서 시작하는 직원이 많다. "죽지 않기 위해 운동한다"고 농담 섞어 얘기하곤 한다. 격무에 운동을 하지 않으면 쉬이 건강을 잃을 수 있다는 위기감이 발동하는 것이다. 점심시간에 식사 대신 운동하는 직원들도 꽤 있다. 결국 점심시간에 밥만 먹지 않고, 잠이든 운동이든 뭔가를 하나 더 하는 셈이다.

넷째, 아침식사를 하는 직원 비율이 아주 높다. 새벽 출근 때문에 집에서 청와대로 오는 이동시간을 감안하면 대충 4, 5시에 일어나야 한다. 일찍 움직였으니 8시 정도가 되면 배가 고프다. 그래서 출근의 고됨을 아침밥으로 달래는 것이다. 청와대 구내식당 아침밥은 치명적으로 맛있다. 한번 맛보면 그 유혹에서 벗어나는 것은 사실상 불가능하다. 맛있어서 원하는 만큼 먹고 계속 앉아서 일하다가 돼지 꼴을 면치 못하는 직원들을 심심치 않게 볼 수 있다.

청와대에 근무하면 살이 쑥쑥 빠질 것 같지만 오랜만에 만나보면 배가 나와 있는 경우가 많다. 농부가 새참 먹는 기분으로 먹는 아침밥 덕분이다. 애석하게도 대표적인 사례가 바로 나였다.

다섯째, 토요일 저녁이면 갑자기 우울해지는 자신을 발견하곤 한다. 토요일 하루만 쉬고 한 주의 시작을 일요일에 하기 때문이다. 일요일에도 회의가 많다. 주요 현안을 미리미리 점검하는 회의가 일요일이라고 안 열리는 경우가 별로 없다. 특히 비서관급 이상은 일요일에 모두 근무한다고 생각해도 틀림이 없다. 직급이 높을수록 참석해야 할 회의가 많아서 일과 시간이 더 길다.

여섯째, 예상과 달리 퇴근 시간이 밤 12시를 넘는 경우는 많지 않다. 이른 시간에 하루를 시작하니 늦게까지 계속 일하는 것이 사실상 불가능하다. 다음 날 새벽 출근해야 하기 때문이다.

일곱째, 중요 업무는 오전에 많이 이뤄진다. 새벽 출근 후 7시 내외에 각 부서별 회의를 시작으로 오전 내내 각종 회의가 줄지어 있다. 거의 매일 반복되는 일정이다.

마지막으로, 믿기 어렵겠지만 본관 구경 한번 제대로 못 해보고 청와대 근무를 마치는 직원도 많다. 청와대 직원이라고 하면 파란 지붕의 본관 건물에서 일할 거라고 생각하는 분들이 많다. 그러나 직원들은 대부분 본관과는 떨어져 있는 여민관에서 근무한다.

청와대에 있으면 본관에 갈 일이 꽤 있을 것 같지만 매우 드물다. 물론 수석급 이상이면 공식 행사에 참석할 때가 많으니 본관에서 일정이 있지만 그렇지 않으면 본관에 갈 일이 별로 없다. 게다가 지난 정부 때와는 달리 문재인 대통령 집무실은 참모들의 업무 공간인 여민관에 있었다. 그것도 본관 갈 일이 거의 없는 이유 중 하나다.

가장 격무에 시달린 사람은?

임기 2년 차 어느 날, 괴상한 공지가 내부망에 떴다. 대통령께 보고드리는 문서의 양을 제한한다는 것이었다. 절대 3페이지를 넘기지 말라는 지침이었다. 그 내막은 이렇다.

청와대에 근무하면서 가장 좋았던 것은 퇴근 때 손이 가벼웠다는 것이다. 보안상 청와대 외부로 문서를 들고 나갈 수 없기 때문이다. 처음에는 일찍 퇴근한 뒤 집에서 일을 마무리하면 좋겠는데 가져가지 못하게 하니 참 야박하다고 생각했다. 그러나 시간이 지날수록 오히려 좋았다. 일거리를 들고 가 집에서 또 일하는 경우가 원천 봉쇄되기 때문이다.

그런데 청와대 식구 중 딱 한 사람만 예외다. 대통령이다. 집무실과 관저가 모두 청와대 내에 있지 않은가. 그래서 퇴근 후에 집에서도 문서를 볼 수 있다. 대통령의 업무 스타일에 따라 다르겠지만 문재인 대통령 같은 분에게는 이런 시스템이 사실 재앙에 가깝다.

문재인 대통령은 참모들의 보고서를 꼼꼼히 읽는 것으로 정평이 나 있다. 보고되는 문서를 다 읽으신다고 생각하면 된다. 업무시간에 못다 읽은 보고서나 서적을 매일 관저로 들고 퇴근하신다.

일반적인 상상을 뛰어넘는 양을 가져가 읽고 검토하신다. 사전 시나리오 없이 진행되는 출입기자들과의 즉문즉답에 논리정연한 대답을 하실 수 있는 이유는 바로 업무에 대한 몰입도가 깊기 때문이다. 그러니 청와대 식구 중에 가장 격무에 시달리고 있는 사람은 대통령이다. 보고되는 모든 서류를 꼼꼼히 읽으시느라 충분한 수면 시간을 확보하지 못하는 일이 다반사였다. 보다 못한 비서실장이 전 부서에 공지를 돌린 것이다. 이런 공지는 5년 동안 몇 번 더 있었다. 퇴근이 근무 장소만 바뀐 것은 문재인 대통령 특유의 책임감에서 기인한다고 생각한다.

문재인 대통령이 격무에 시달리는 이유는 또 있다. 바로 사무실의 위치다. 참모들의 업무 공간인 여민관에 대통령 집무실이 있으니 대통령과 참모 사이의 거리가 가까워져 업무 효율이 오르는 것은 당연하다. 그러니 보고를 드리려고 참모들이 수시로 대통령 집무실 문턱을 넘게 된다. 대통령으로서는 업무 부담이 그만큼 늘어나는 것이다. 지난 정부에서는 청와대 본관과 여민관의 거리가 멀기 때문에도 보고 횟수가 상대적으로 적었을 것이다.

4년 차 때, 우연히 TV를 보다가 임기 첫해 문재인 대통령의 연설 장면을 다시 본 적이 있었다. 얼굴 모습이 4년 전과는 너무 달라 놀랐다. 오랜만에 만난 지인들이 대통령께서 많이 피곤해 보인다고 걱정하는 분들도 많았다. 대통령이 감당해야 할 무게가 가늠할 수 없을 만큼 무거운데, 문재인 대통령은 거기에 특유의 책임감을 더해 업무에 몰입하신 결과다. 그러니 퇴임 후에는 잊혀진 사람이 되고 싶다고 여러 차례 공개적으로 말씀하신 것이라 생각한다. 그 마음이 이제 이해된다. 5년간, 그 극도의 격무에서 해방되어 자유를 누리고 싶은 건 인지상정이 아니겠는가. 문재인 대통령의 업무 강도를 옆에서 본 사람들은 모두 퇴임 이후에 제일 필요한 것으로 단 하나를 꼽게 되었다. 휴식.

어공과 늘공의 연합군

내가 부서장인 국정홍보비서관실에서는 8명이 함께 근무했다. 국회나 정당 등에서 온 정부 부처 출신이 아닌 '어쩌다 공무원'인 '어공'과 부처에서 청와대로 파견된 '늘 공무원', 줄여서 '어공'과 '늘공'의 숫자가 4 대 4로 같았다. 늘공의 원소속 부처는 총리실·국토부·문체부 등이었고, 어공들의 출신도 제각각이었다.

따로국밥과 같은 이 직원들이 한 사무실에서 근무하면 업무의 효율성이 오를까 아니면 반대일까? 적어도 국정홍보비서관실의 업무의 효율성, 직원들 간의 유대와 화합은 최고였다.

이렇듯 청와대 직원들은 어공과 늘공의 연합군이다. 연합군의 구성은 청와대 조직의 경쟁력을 만드는 원천이다. 왜 그럴까?

첫째, 청와대는 어공의 역동성과 늘공의 안정감이 결합되어 일하는 조직이다. 가끔 연구소 등 공공기관 소속 전문가들도 함께 근무하지만 극히 소수이기 때문에 청와대에는 공무원밖에 없다고 생각하면 된다. 그런데 공무원이라도 다 같지 않다. 나처럼 임명직으로 공무원이 된 경우는 '어쩌다 공무원'이고, 직업공무원으로 공직생활을 하는 분들은 '늘 공무원'이다.

'어쩌다 공무원'과 '늘 공무원'은 사실 DNA가 다르다. '어공'은 정제된 훈련을 받지 않아 사고의 폭이 상대적으로 넓다. 일하는 방식과 틀이 정형화되어 있지 않은 단점이 있으나 오히려 이런 특성 때문에 창의적이고 역동적으로 일을 추진할 수 있다. 반면에 '늘공'은 상대적으로 자유분방한 사고가 부족하지만 안정감이 있다. 그 다름이 청와대라는 조직이 가지는 고유하고 독특한 장점의 밑바탕이라고 나는 생각한다. 이런 조직은 행정부 내에서는 청와대밖에 없다. 각 부처는 '늘공'이 거의 대부분이고 '어공'은 극소수에 불과하다.

청와대 생활 초기엔, 일할 때 거쳐야 하는 단계가 많아서 답답했다. 국회와 당에서 일하다 청와대로 온 나는 '어공'들 세상에서 살아왔다. 정치권 출신들은 관료사회와는 다른 조직 문화에서 커왔기 때문에 결재 단계가 단순했다. 그런데 청와대에 와서 무언가를 하려 하면 이곳저곳 거쳐야 하고 최종 결정이 날 때까지 점검받고 결재받아야 하는 과정이 많아 시간이 지연되니 처음에는 답답하고 힘들었다. 이렇게 일하면서 어공 출신의 역동성이 떨어지면 어쩌나 걱정도 되었다. '늘공'의 스타일이 답답해 보였다.

그런데 6개월이 지난 어느 순간, 내가 청와대에 와서 무엇을 배였는지를 돌아보았다. 결론은 '늘공'의 안정감과 나 같은 사람들의 역동성이 결합해야 새로운 아이디어가 현실화될 가능성이 높아진다는 점을 깨달았다. 새로운 아이디어의 생명력이 지속되려면 안정감과 결합되어야 한다는 사실을 알게 됐다. 나 같은 어공들은 새로운 방법론에 생각을 집중하기에 새로움의 지속성에 대한 고민이 상대적으로 깊지 못하다. 늘공 출신 동료들과 대화하면서 나의 단점을 보완하는 훈련을 많이 해야겠다고 생각했다.

이렇듯 청와대에선 늘상 '어공'의 역동성과 '늘공'의 안정감이 섞이게 된다. 그래서 청와대 조직이 매우 생산적이고 혁신적으로 구성되는 것이다. 청와대 조직의 가장 큰 장점이자 생명력은 역동성과 안정감을 한꺼번에 결합할 수 있는 조직문화가 정착되어 있다는 것이었다.

청와대 조직의 효율성이 대통령의 막강한 권력에서 나오는 것이라 생각하기 쉽다. 물론 그런 부분이 없지 않다. 하지만 권위와 권력에만 기대어 힘이 센 게 아니라 효율성이 바탕이 되기 때문에 타 부처가 청와대의 결정에 기대게 되는 것 같다. 아무리 권력이 대통령에게 몰려 있더라도 청와대에서 말이 안 되는 결론이 나오면 실행력이 없을 거란 얘기다. 청와대로 기능이 집중되는 것은 정치적인 권위 때문만이 아니라 조직적인 효율성이 결합되어 있기 때문일 것이다.

둘째, 각기 다른 부처에서 온 직원들이 부처 간 칸막이 없이 일을 처리하기에 최적화된 조직이다. 한 사무실에 다양한 부처의 경험이 모이니 복합적인 요인으로 발생되는 문제를 해결하는 데 안성맞춤이다. 정부 전체가 전력을 다해야 할 위기 대응에도 효과적으로 일처리가 가능한 조직이다.

마스크 대란 때를 기억해보면, 마스크 부족 현상을 타개하기 위해서는 일개 부처만의 힘으로는 턱도 없었다. 그래서 국세청, 관세청, 산업통상자원부, 중소벤처기업부, 고용노동부 등이 공동작전을 펼쳐 조기에 문제를 해결했다. 부처 간 칸막이를 없애고 전 부처가 하나의 목표를 위해 전력을 다하도록 작전을 설계하는 데 청와대만 한 조직이 없다. 한곳에 모인 개별 부처 직원들이 해야 하고, 할 수 있는 일을 찾아 이를 종합하면 정부 전체의 대책이 마련되는 것이다.

2021년 말 난데없이 발생한 요소수 사태 해결 과정에서도 마찬가지였다. 그동안 중국에서 들여오던 요소수가 갑자기 끊긴 것이다. 경유를 사용하는 차량의 운행이 멈춰 필수 서비스가 마비될 위기에 처했다. 이 문제를 해결하기 위해 청와대 비서관실과 많은 부처들이 함께 나섰다.

외교부는 중국과의 외교적 해결을 위해 나서고, 산업통상자원부는 전 세계에 사무소를 둔 대한무역투자공사(KOTRA)를 통해 대체 수입선을 파악하고, 환경부는 요소수 생산업체의 애로사항을 해결해 생산량을 늘리고, 국토교통부는 전국의 거점 주유소에 확보된 요소수를 배분하고, 국세청과 관세청은 요소수 사재기를 단속했다. 농림축산식품부는 비료용 요소수 수입 상황을 챙겼고, 행정안전부는 전국 지자체 요소수 필요 차량의 운행을 확인해 부족한 곳에 요소수가 배분될 수 있도록 했다. 기획재정부는 요소수 수입을 촉진하기 위해 세제에 대한 조치를 했고, 문화체육관광부는 여론의 흐름을 파악해 국민에게 필요한 메시지를 전달했다. 이러한 각 부처의 역할 분담이 그냥 뚝딱하고 나오는 것이 아니다. 청와대라는 특수한 조직이 지혜를 모으고, 점검하고, 적기에 결정하기 때문에 가능했다.

청와대가 갖춰야 할 최고의 덕목은 문제 해결 능력이다. 다양하게 얽혀 있는 수많은 난제들을 해결하는 유연하고 다양한 사고, 종합적이고 입체적인 실행, 한쪽에 치우치지 않는 균형잡힌 문제 해결이 필요하다. 그렇기에 인적 구성의 다양성이 중요하다. 청와대는 그것을 할 수 있으므로 경쟁력이 있는 것은 당연하다.

다름은 혼선이 될 수도 있고 시너지가 될 수도 있다. 다름을 한데 모을 수 있는 그릇이 있느냐, 그릇을 잘 만들 리더가 있느냐가 문제다. 어느 조직이나 리더의 역량이 조직의 역량을 좌우하는 것은 당연지사지만, 청와대는 구성원의 특성 때문에 상호 존중 속에 한데 아우를 수 있는 역량이 특별히 필요한 곳이다.

청와대 생활과 체력

"그래도 몸 곳곳이 아파 힘들어하면서도
청와대 생활이 고통이냐고 물으면
그렇다고 대답하는 경우는 보지 못했다.
많은 경우는 문재인 대통령 덕분이다.
대통령이 나를 알아주어서가 아니다.
대통령의 모습 그 자체가 일할 동기를
불어넣어주었기 때문이다."

특이한 이력

청와대는 본관, 참모진들이 근무하는 여민관, 출입기자들이 상주하는 춘추관, 이렇게 세 구역으로 구분된다. 여민관은 1관부터 3관까지 있다. 여민관 건물에 청와대 직원들의 사무실이 있는데, 이전 대통령과 달리 문재인 대통령께서는 참모진들과 상시 소통을 위해 여민관 집무실을 주로 사용하셨다. 본관 집무실은 의례적인 행사나 사진 및 영상 촬영 때만 활용했다. 따라서 본관에 상주하는 참모진은 의전비서관실 행정관과 경호처 직원 등뿐이었다.

여민 1관은 대통령 집무실이 있는 건물이어서 비서실장을 비롯해 의전, 부속, 연설 등 대통령을 직속으로 보좌하는 부서의 사무실이 있다. 2관에는 민정수석실과 정책실이 있고, 3관은 소통수석실과 안보실이 있다. 입주해 있는 부서의 특성에 따라 여민관 각 건물 나름의 분위기가 있다.

나는 아주 특이하게 본관에서부터 여민 1, 2, 3관 모든 건물에서 근무했다. 본관과 여민 1관의 의전비서관실, 2관의 민정수석실, 3관의 소통수석실에서 일했다. 뭐 책에 쓸 것까지 있나 싶을 수 있으나 이렇게 일한 직원은 흔치 않다.

의전비서관실은 업무의 결과가 여과 없이 모두 드러난다. 조그만 실수 하나도 금방 탄로난다. 세심하면서도 큰 방향 설정을 잘해야 한다. 반면 민정수석실은 보안 사항이 많다. 일의 특성상 업무 결과가 외부로 드러나지 않는 경우가 대부분이다.

소통수석실은 언론과 국민들께 청와대와 대통령 내외분에 관한 일들을 설명한다. 이런 극과 극의 특성을 갖고 있는 부서를 모두 경험한 것은 내게 큰 행운이었다. 종합적인 사고가 자연스럽게 생겨났고, 각 부서의 말 못 할 고충이 있음을 알게 되었다. 부대변인을 맡아 대통령 내외분과 청와대에서 일어난 일들을 언론에 설명해야 할 위치에 있었을 때 이런 종합적인 시각이 크게 도움이 되었다. 내부의 말하기 힘든 고충과 국민의 알 권리를 위한 언론 취재 사이에서 균형감각을 유지하면서 일해야 하는 소통수석실 업무 때 내 이력의 장점이 크다고 생각했다.

수면제와 멜라토닌

의전비서관실에서 근무했던 2018년, 한 해에만 11번 해외 출장을 다녀왔다. 국제선 비행기를 24번 탔다. 2월 베트남, 3월 다시 베트남, 5월 일본과 미국, 러시아, 6월 러시아와 싱가포르, 7월 싱가포르, 9월 뉴욕, 10월 프랑스 2회. 5월 한 달에만 시차가 여섯 번 바뀌었다. 4월의 판문점 남북정상회담, 9월의 평양과 백두산 일정까지 생각하면, 집에서 잔 날이 많지 않았다.

"비행기도 타고, 좋겠다. 부럽다."

"또 나가나? 이번에는 어느 나라로 가는 건가?"

청와대 1, 2년 차에 가장 많이 들었던 말이다. 국가의 정상으로서 대통령의 외교 업무가 그렇게 많을 줄은 꿈에도 몰랐다. 의전

나는 아주 특이하게 본관에서부터 여민 1, 2, 3관
모든 건물에서 근무했다. 본관과 여민 1관의 의전비서관실,
2관의 민정수석실, 3관의 소통수석실에서 일했다.
의전비서관실 근무 마지막 날, 청와대 복도.

비서관실에서 대통령의 해외순방을 준비하는 업무를 주로 맡았기에 해외 출장이 빈번했다. 제발 비행기 그만 타고 싶다고 생각할 만큼 탔다. 어느 선배는 호강에 겨운 소리라고 나무랐지만 이렇게 평범하지 않은 업무를 하는 당사자가 되어보면 말 못 할 어려움들이 있기 마련이다. 물론 세계 여러 나라에 가보고, 더구나 국가 정상을 위한 특별한 공간을 경험할 수 있는 소중한 날들이었다. 돈이 아무리 많아도 경험하지 못하는 것을 해보았으니 큰 혜택을 본 것은 틀림없다.

너무 잦은 해외 출장으로 심각한 문제가 생겼다. 시차가 너무 자주 바뀌어 해외에서든 귀국해서든 밤에 잠을 잘 수가 없었다. 가령 이런 식이다. 워싱턴 D.C.에 출장 가면, 현지는 한국과 밤낮이 정반대다. 낮에는 졸리고 밤에는 쌩쌩하다. 뜬눈으로 밤을 지새다 새벽에 겨우 한두 시간밖에 못 잔다. 그러다 3, 4일 그곳에 있으면 미국 시간에 적응되려고 한다. 그때쯤이면 어김없이 한국행 비행기를 타고 귀국한다. 다시 밤낮이 바뀐다. 또 잠을 설친다. 이런 일이 한 달에 두 차례 이상 연속되는 일이 이어졌다.

잠을 자지 못하는 고통은 참으로 컸다. 몇 시간 자고 일어나 또 업무를 봐야 하는데, 잠이 안 오면 마음도 급해지고 걱정이 많아진다. 그래서 어쩔 수 없이 수면제를 먹고 자는 날들이 점점 많아졌다. 수면제를 먹고도 몇 시간 만에 깨곤 했다. 복용하는 횟수가 쌓이니 약발이 점점 약해졌다. 계속 먹다 큰일 나는 거 아닌가 하는 막연한 불안감도 있었다. 그래서 미국 마트에서 손쉽게 살 수 있는

평범하지 않은 업무를 하는 당사자가 되어보면
말 못 할 어려움들이 있기 마련이다.
돈이 아무리 많아도 경험하지 못하는 것을
해보았으니 큰 혜택을 본 것은 틀림없다.
2017년 6월 28일, 워싱턴 D.C. 백악관,
첫 해외 순방에서.

생약 성분의 멜라토닌으로 바꿔 먹고 잠을 청했다. 수면제를 먹을 때보다 안전하겠거니 생각하니 심리적 불안감은 덜했으나, 잠자는 시간이 2, 3시간밖에 안 되었다. 충분한 시간 깊은 잠을 자지 못해 하체부터 살이 빠지고, 안색이 안 좋다는 얘기를 들었다.

술을 많이 마시면 잠자는 데 도움이 되지 않겠냐고 얘기하시는 분들도 있었다. 그렇게 하면 잠은 잘 수 있겠지만 다음 날 업무에 막대한 지장을 초래할 것이 자명했기에 선택지가 아니었다. 또 하나의 문제는 불규칙한 일상으로 인해 기초 체력이 많이 떨어진다는 것이었다. 그래도 해외 출장을 피하지 않았다. 대통령의 해외 순방 업무를 한다는 것 자체가 그만큼 소중하고 가슴 떨리는 날들이었다. 외국에 나가면 모두 애국자가 된다는 말처럼 해외 순방 업무는 애국심과 문재인 대통령에 대한 충성심을 더 키워주었다.

새벽 6시 취재 전화

청와대에 출입하는 언론들과 상시 소통하는 사람은 세 명이다. 국민소통수석, 대변인, 부대변인. 세 자리 숫자의 출입기자단 규모를 생각하면 이 세 명이 하루에 받아야 하는 취재 전화가 과연 얼마나 될까. 현실은 상상 이상이다. 청와대 부대변인으로 일할 때의 에피소드다.

장면 1: "선배, 그거 봤죠? 어떻게 생각해요? 청와대 입장 낼 거예요?"

새벽 6시, 출근길에 어김없이 울리는 출입기자의 전화를 받자마자 질문 공세가 쏟아졌다. 참 난감했다. 질문의 내용이 무엇인지도 모르는데 아무것도 모르는 사람마냥 얘기할 수는 없었다.

"아 그거, 지금 사무실 거의 다 왔으니까 좀 확인해보고 연락할게요."

필시 그 기자는 새벽에 보도된 뉴스를 보고 6시가 되기를 기다려 내게 전화했을 것이다. 일어나 씻고, 차로 이동하느라 미처 새벽 뉴스를 보지 못하고 출근하는 날이면 첫 전화부터 헤매기 일쑤였다.

기자가 말한 뉴스는 북한발 성명이었다. 늘 새벽 시간에 공개되는 북한의 각종 성명이 있는 날이면 기자들의 전화는 더욱 빗발친다. 아침에 일어나는 시간을 더 당겨야 6시부터 오는 전화 취재를 준비할 수 있었다. 6시는 출입기자들과 내가 암묵적으로 정한 전화 취재의 시작 시간이었다.

장면 2: "선배, ○○에서 단독 떴던데, 사실이에요?"

"기사 못 봤는데. 근데 지금 몇 시죠?"

"열두 시요."

오밤중에 걸려오는 이런 확인 요청 전화는 절대 한 통으로 그치지 않는다. 많게는 수십 통이 한꺼번에 쏟아진다. 대부분 자는 시간이기 때문에 전화 연결 확률이 높지 않아 청와대 공식 취재원 (국민소통수석, 대변인, 부대변인)에게 돌아가면서 전화로 융단폭격을 때리는 것이다. 특히 장관이나 주요 직위 신임 인사와 관련한 단독 기사가 보도되면 시간을 가리지 않고 전화가 걸려온다.

누가 그만둔다더라, 누가 어느 부처 장관이 된다더라 하는 인사 사항이 단독 보도되면 취재원으로서 참으로 곤란하다. 사실을 알고 있어도, 몰라도 언론에 해줄 수 있는 말은 정해져 있다.

"인사 관련 사안은 알려드리기 곤란합니다."

취재기자들도 뻔한 대답을 알고 있다. 그럼에도 직업상 취재원에게 전화를 안 할 수가 없다. 소위 '물먹지' 않기 위한 청와대 출입기자들의 사투 현장에 함께하는 시간을 자주 보내야 했다.

장면 3: "늦은 시간에 미안합니다. 팩트가 틀린 기사가 났네요. 기자에게 설명을 부탁합니다."

"기사 제목이 악의적인데, 수정 요청해주세요."

SNS를 통해 윗분에게서 온 메시지다. 늦은 밤에 전화로 얘기하기엔 미안한 지시가 휴대폰으로 전달되면 시간에 관계 없이 다시 업무가 시작된다.

휴대폰이 일상에 들어온 이후 일상의 많은 것을 바꿔 놓았다. 대단한 발명품이었고, 개발자의 천재성에 경의를 갖고 있었다. 내가 청와대 부대변인으로 임명되기 전까지는 그랬다. 그런데 그를 원망하기 시작했다. 부대변인으로 일하고 나서부터 시작된 원망은 갈수록 눈덩이처럼 커져갔다.

늘 휴대폰을 신줏단지 모시듯 했다. 밥을 먹거나 차를 마실 때 테이블 위에 고이 올려놓았고, 항상 머리맡에 두고 잤다. 언제 울릴지 모르는 휴대폰을 확인하기 위해서였다. 카톡, 텔레그램으로 업무 관련된 뉴스나 직원들 간의 소통, 업무 협의가 이뤄지니 휴대폰과 떨어져 있을 수 없게 된다. 아마 스마트폰 중독자 가운데 가장 중증일 것이다. 진짜 잠자는 몇 시간을 빼고는 하루 종일 업무 대기 상태여서 마음을 놓을 수 없는 날들이 계속되었다. 체력이 급격히 떨어지는 소리가 들렸다.

30년 만에 금연

2020년 9월 1일은 내게 특별하다. 행정관과 선임행정관을 거쳐 국정홍보비서관 승진 임명이 공식 발표된 날이다. 청와대 발표 이후에 언론 보도가 계속 이어졌다. 지인들께서 출세했다고 함께 기뻐해주셨고, 어머님에게 큰 효도가 되었다. 어느 선배는 이런 말을 해주었다.

"국회의원은 300명이지만, 대통령을 모시는 국정 전 분야의 야전 지휘관인 청와대 비서관은 50여 명밖에 안 된다. 그러니 더 책임감 갖고 일해라."

비서관이 되었다는 무게를 느끼게 해준 조언이었다.

청와대 행정관의 꿈은 비서관이 되는 것이다. 사무실에 별도의 방이 있고, 책임과 권한이 있어 자신의 뜻을 실현할 수 있는 길도 넓다고 생각했다. 실무에서 좀 자유로우니 종합적인 시각을 갖고 일할 수 있을 것으로 생각했다.

이 장밋빛 상상은 비서관 업무 3일 차에 깨졌다. 실제는 행정관 때보다 처리해야 할 업무의 양이 몇 배는 많았다. 체력 소모 역시 더 컸다. 참석해야 할 회의가 어마어마하게 늘었다. 사전에 충분히 준비할 시간도 없었다. 그러니 회의 시간에 초집중해야 했다.

모든 회의에 무조건 의견을 내야 했다. 기본 식견이나 지식이 없으면 실력이 금방 드러날 판이었다. 문제는 시시각각 여러 사안에 대한 조속한 결정을 해야만 한다는 것이었다.

행정관들은 시도 때도 없이 "어떻게 할까요?"라고 물었다. 미칠 노릇이었다. 나만의 방, 독립 공간이 생겼으니 아침에 출근하면 커피도 한잔하고, 음악도 한 곡 정도는 들으면서 하루를 시작할 줄 알았다. 그런 건 다 사치였다. 담배 한 대 피우러 흡연구역까지 갈 여유마저 없어 담배를 물게 되면 2, 3대를 연속으로 피웠다.

초짜 비서관의 하루는 매일매일 전쟁이었고, 생존 투쟁이었다. 하루는 어지럼 증세까지 나타났다. 사실 촌놈이 출세해서 비서관이 되었으니 잘해야 한다고 얼마나 속으로 긴장했겠는가.

비서관 되더니 일 잘한다는 소리도 빨리 듣고 싶어 욕심도 많이 냈다. 몸이 버텨내기 어려운 환경에 둘러싸인 것이다. 이렇게 하다가는 금방 지치겠다는 생각이 들었다. 그렇다고 내 뜻대로 일을 줄일 수도 없었다. 만 3년이 넘어선 청와대 생활에 기초 체력은 떨어지고 있는데, 일은 더 격무였다.

비서관은 행정관 때보다 처리해야 할 업무의 양이 몇 배는 많았다.
초짜 비서관의 하루는 매일매일 전쟁이었고, 생존 투쟁이었다.
국무회의장에 입장하면서.

비서관 되고 5일 만에 금연을 감행했다. 30년 동안 나와 함께한
친구 담배와 이별하기로 결심했다. 당시 내게는 가장 실천에 옮기
기 어려운 일이 금연이었다. 그래서 선택했다. 과거에도 금연하기
위한 노력을 많이 했다. 약도 먹어보고, 패치도 붙여보고, 금연 프로
그램에 가입해보았으나 번번이 실패했다. 이번에는 아무런 도움 없
이 내 의지만으로 끊자고 결심했다. 수중에 있던 모든 담배를 버렸

다. 믿는 구석이나 의지할 것을 만들지 않고, 맨몸으로 감행했다.

이 과정에서 많은 교훈을 얻었다. 꼭 해야 할 일이라 판단하면 즉각 실행할 것, 돌아갈 다리를 아예 없앨 것, 패치 같은 것 말고 나 자신을 믿을 것.

휴대폰 금연 어플에 나오는 금연한 날짜가 하루하루 올라가는 것을 확인하는 재미가 쏠쏠했다. 금연은 체력이 뒷받침되어야 하는 청와대 생활을 버티기 위한 피할 수 없는 선택이었다.

물론 지금은 아니다. 2022년 대선 후부터 다시 흡연 중이다. 대선 결과를 보면서 담배를 입에 다시 물었다. 도저히 참을 수가 없었다. 한 대 피워야 살 것 같았다. 그동안의 노력이 아깝다는 생각이 굴뚝같지만 대선 이후 지금까지 벌어지는 일들을 보면서 다시 오랜 친구를 찾는다. 다 평계지만, 눈앞에서 벌어지는 일들을 목도하면서, 어렵게 쌓아온 공든 탑이 정부가 바뀌었다는 단 하나의 이유로 한순간에 무너지는 것에 대한 분노와 허탈을 담배 한 개비에 담는 일이 계속되고 있다. 다시 금연을 감행할 날이 언제가 될지 가늠조차 힘들다. 나라가 정말 걱정이다.

의왕과 과천, 5년을 버틴 힘

나라건 조직이건 개인이건, 위기는 항상 찾아온다. 이때 어떻게 하느냐가 참 중요하다. 그걸 모르는 사람은 없다. 그러나 생각을 실천에 옮겨 위기를 벗어나는 것 역시 쉽지 않다. 비서관이 되고서 시작한 나의 금연은 체력을 유지하기 위한 것이었지만, 심하게 말하면 끊지 않고는 내 두 발로 걸어 청와대에서 걸어나갈 수 있을지 모르겠다고 느꼈기 때문이다. 어렵지만 해야만 했으니 한 것이다.

어렸을 때 공부보다는 야구, 농구, 축구, 수영 등 닥치는 대로 운동을 많이 한 덕에 살면서 체력 때문에 할 일을 못한 적은 없었다. 국회에서 17년을 근무하면서, 매년 두세 달은 밤샘을 해야 하는 정기국회 시즌에도 끄떡없었다. 대략 2년에 한 번씩 전국 단위 선거를 치르면서도 아무 문제가 없었다. 그런데 청와대는 달랐다.

청와대 생활을 계속하다 보면 불현듯 몸도 마음도 지쳐 탈진할 때가 있다. 심각한 위기가 닥친다. 나는 이 위기를 초반에는 농구로, 중반 이후에는 호숫길과 산길을 걸으며 이겨냈다. 1, 2년 차 때는 힘들어도 아직 힘이 좀 남아 있었는지 체력 유지를 위해 동료들과 점심시간을 이용해 농구를 했다. 점심은 운동 후 시원한 아이스 커피 한 잔으로 대신했다.

잦은 해외 출장으로 인한 수면 문제를 해결하기 위해 몸을 혹사해야 할 이유도 있었다. 해외 출장이 없는 부서로 옮긴 뒤로는 일주일 중 유일한 휴일인 토요일이면 여섯 시간 이상을 청계산, 관악산, 모락산, 백운산 등 집에서 가까운 의왕과 과천의 산에서 보냈다. 해가 긴 여름에는 열 시간도 걸었다. 다른 일 때문에 토요일 산행을 못하면 밤 시간에도 걸을 수 있는 의왕과 과천에 있는 3개의 아름다운 호숫길을 마냥 걸었다.

음악을 들으면서 걷다 보면, 힘든 청와대 일도 잠시 내려놓을 수 있었고, 무심코 지나쳤던 소중한 것들도 생각나곤 했다. 자연이 주는 위로에 흠뻑 취해 다시 일할 힘을 얻곤 했다. 청와대 5년의 나날에서 나의 해방구는 의왕과 과천의 품 넓고 아름다운 호수와 산이었다.

함께 일했던 동료들도 각자만의 해방구가 있었다. 특히 2017년 5, 6월에 입성해 긴 청와대 생활을 하는 동료들은 해방구 찾기에 대부분 성공했다. 방법은 다양했다. 반포가 집인 윤지훈 인사비서관은 청와대에서 집까지 걸어서 퇴근하곤 했다. 거의 매일 직원들 중에서 가장 일찍 출근한 뒤 경복궁 담을 따라 뛰었다. 새벽 출근길에 만나면 땀에 흠뻑 젖어 어떻게 하루를 버틸까 싶은데도 오히려 하루 종일 쌩쌩했다.

5년 내내 같은 업무를 한 어느 선배는 마라톤에 푹 빠졌다. 하루에 뛰는 거리가 어마어마했다. 원래 뛰는 걸 좋아하지 않았는데, 스트레스가 쌓이니 업무도 집중이 안 되어 생각을 비우기 위해 무조건 뛰었다고 한다. 그렇게 점점 빠져들더니 급기야 아마추어 마라토너가 되었다. 해외 출장 때도, 생전 처음 간 도시의 길에서도 새벽이면 어김없이 뛰었다.

자전거에 푹 빠진 분도 있었다. 주말이면 한강변을 따라 자전거로, 경기도 하남과 팔당까지 다녀왔다는 얘기도 자주 했다. 정책실 서영훈 비서관은 같이 저녁을 먹을 때면 후배인 나에게 먼저 택시를 타도록 항상 배려해주었다. 본인보다 집이 먼 후배를 배려한 것이라고 얘기했는데, 나중에 알고 보니 동대문 집까지 걸어서 퇴근하기 위한 것이었다. 그분도 살기 위해서 걷는다고 했다. 다들 자기만의 재충전법을 갖고 나름의 노력을 하고 있었다.

이런 해방구는 건강하고 보람찬 청와대 생활의 필수 요소였다. 내게 그 방법을 알려준 의왕과 과천의 산과 호수가 그래서 고맙고, 이 지역이 내게 그래서 특별하고 소중하다.

참 많이도 고장났다

문재인 대통령께서 참여정부 수석과 비서실장으로 재직할 때 치아 때문에 고생한 일화는 많이 알려져 있다. 상한 치아는 청와대 업무가 얼마나 고단한지를 상징한다. 업무 스트레스가 심한 것도 있지만, 처리해야 할 절대적인 업무량 자체가 많다. 크고 작은 결정을 해야 하는 부담이 상당하다. 무게감에 짓눌리기도 한다. 작은 결정도 큰 사회적 파장을 낳는 경우가 많아서 그렇다. 함께 일하는 선배, 동료, 후배를 가리지 않고 다들 어딘가 고장이 나기 일쑤다. 고장이 안 나는 게 이상할 정도다. 건강 때문에 고통스런 시간을 보낸 청와대 직원들에 비하면 나의 경우는 괜찮은 편이었다. 그럼에도 나의 몸에 어떤 일이 벌어졌는지 소개한다. 나보다 더 건강 문제를 겪었던 분들의 고초가 어땠을지는 상상에 맡긴다.

우선 허리와 목의 디스크가 심해졌다. 청와대 근무 전 교통사고 후유증으로 허리 디스크가 약간 있긴 했지만 평상시 고통을 느낄 만큼은 아니었다. 목은 멀쩡했었다. 그런데 의전비서관실 근무 때 잦은 해외 출장으로 망가졌다. 순방이 결정되면 의전비서관실 등 관련 부서 행정관들은 해당 국가를 사전 답사하고 귀국한다. 대통령께서 실제 방문하실 때 또 간다. 순방 업무 담당자는 해당국을 2회 방문하게 된다. 그러니 장시간 비행에 몸이 상하는 경우가 많다. 미국 워싱턴 D.C. 순방을 예로 들면, 직항인 경우 편도 13시간, 뉴욕을 우회하면 15시간 이상을 비행기 안에 있어야 한다. 180cm가 넘는 키에 이코노미 좌석에 앉아 장시간 비행기를 타고 다니면서 허리 디스크는 심해졌고 목 디스크는 새로 생겼다.

청와대 근무 1년이 지나고부터는 일주일에 딱 하루 온종일 쉬는 토요일이면 병원에 가는 경우가 빈번해졌다. 이번 주는 허리, 다음 주는 목, 그리고 좀 나아지려고 하니 이제는 어깨가 아파 도수치료를 받았다. 그렇게 황금 같은 토요일 시간을 보내면 참 우울해진다. 그렇게 허리, 목, 어깨 치료를 한동안 받고 좀 나아지니 드디어 올 것이 오고 말았다. 평상시처럼 점심을 잘 먹고 있는데 돌 씹은 느낌이 들어 음식물을 뱉었다. 그런데 아뿔싸, 돌이 아니고 내 깨진 이였다. 당시 충격은 이루 말할 수 없었다. 오른쪽 어금니 절반가량이 속절없이 깨져버렸다. 1년이 지난 후엔 왼쪽 어금니마저도 깨졌다. 한동안 치과 치료를 받느라 토요일을 반납해야 했다. 토요일은 월요일부터 다시 열심히 달리기 위한 잠깐의 보수공사를 해야 하는 날이었다.

3년 차가 지나니 가장 큰 어려움은 눈이었다. 봐야 하는 문서는 쌓여만 가는데 도통 30분 이상을 연속해 볼 수가 없었다. 오밤중에도, 새벽에도 휴대폰 메시지를 확인해야 하기에 눈이 과로하게 되는데, 버텨낼 수 없을 지경까지 간 것이다. 시력이 급격히 떨어지기도 했지만 눈에서 눈물이 계속 흐르고, 일단 눈이 아파 고통스러웠다. 병원에서는 백내장 초기에 노안도 심해졌으니 돋보기를 쓰라고 했다. 마음은 청춘인데 몸은 중년의 중반을 지나가고 있었다. 인공 눈물은 필수 휴대품이 되었다. 특히 부대변인, 국정홍보비서관으로 2년 넘게 지낸 내 사무실에는 밖을 볼 수 있는 창문이 없었다. 짧은 거리의 사물만 보다 보니 시력이 처참하게 되어버렸다. 창밖을 볼 수 없어 비가 와도 우산 없이 나갔다가 우산을 챙기러 다시 사무실로 돌아오는 일이 다반사였다.

극한의 고통을 수반하는 병에 걸려도 당장의 현안 때문에 아프다는 걸 숨기고 일한 분들도 여러 명 보았다. 그래도 몸 곳곳이 아파 힘들어하면서도 청와대 생활이 고통이냐고 물으면 그렇다고 대답하는 경우는 보지 못했다. 많은 경우는 문재인 대통령 덕분이다. 대통령이 나를 알아주어서가 아니다. 대통령의 모습 그 자체가 일할 동기를 불어넣어주었기 때문이다. 이제 '대통령 문재인' '자연인 문재인'의 어떤 매력이 아픈 몸을 숨기면서까지 일하게 했는지, 내가 경험한 그분의 모습을 생생하게 증언하고자 한다.

제2부

'인간 문재인'
'대통령 문재인'

알려진 장면의 알려지지 않은 이야기

"독립운동가들을 모시는
국가의 자세를 완전히 새롭게 하겠습니다.
최고의 존경과 예의로 보답하겠습니다.
국가에 헌신하면 3대까지
대접받는다는 인식을 심겠습니다.
독립운동의 공적을 후손들이 기억하기 위해
임시정부기념관을 건립하겠습니다."

5·18과 대한민국을 안아주다

최초의 '벚꽃 대선'을 치르고 인수위원회도 없이 임기를 시작하니 바로 일주일 후에 5·18 기념일이 다가왔다. 취임 후 첫 국가 공식 기념일이었다.

이전 정부는 5·18 기념식에서 「임을 위한 행진곡」을 제창하지 못하게 했다. 치졸한 권력이었다. 「임을 위한 행진곡」은 노무현 정부 시기인 2004년부터 5·18 공식 기념식에서 제창돼왔지만 이명박 정부 출범 이후에는 식전 행사로 밀려났다. 박근혜 정부 시기 국가보훈처는 「임을 위한 행진곡」을 대신할 5·18 공식 추모곡을 만들려고 시도하기도 했다. 그러한 시도는 시민사회의 반발로 불발되었지만, 박근혜 정부 시기 내내 「임을 위한 행진곡」 제창은 공식 식순에서 사라졌으며 '연주'나 '합창'의 형태로 마지못해 들어갔다. 그러니 2017년 문재인 정부 출범 이후 첫 5·18 기념식은 「임을 위한 행진곡」을 마음껏 불러야 하는 날, 세상이 바뀌었다는 것을 증명해보이는 날이 되어야 했다.

나는 5·18 행사 당시에 청와대 공식직함 없이 임시 출입증을 가지고 다닐 때였다. 보훈처에서 나를 찾아온 것은 5월 12일 무렵이었던 것으로 기억한다. 보훈처가 들고 온 것은 5·18 기념식을 어떻게 치를 것인가에 대한 계획서였다. 하지만 그것은 아무런 국민적 감흥도 없는 이벤트성 계획서에 지나지 않았다.

대신 내가 세 가지를 제안했다. 먼저 우리가 모실 분들 중에서 문재인 대통령을 지지하지 않았던 상징적인 분들도 모셔야 한다고 했다. 5·18이 문재인 정부와 더불어민주당 지지층에게만 갇혀서는 안 되고 전 국민의 5·18이 되어야 하는데, 그러기 위한 상징이 필요하다고 했다. 다음으로 이제 5·18은 광주의 5·18, 한국의 5·18을 넘어서 세계의 5·18이 되어야 한다는 사실을 강조해야 한다고 했다. 마지막으로「임을 위한 행진곡」을 어떻게 부르는지에 따라 새로운 정부가 들어선 것을 실감할 것이므로 부를 방식을 고민해야 한다고 했다.

첫 번째 제안인 문재인 대통령을 지지하지 않았던 분 중에서 누구를 선정해서 모실지를 먼저 고민했다. 문재인 정부는 촛불혁명으로 수립된 정부, 촛불 정부이기 때문에 그 겨울을 뜨겁게 달궜던 촛불의 물결에서 국민들에게 인상 깊게 각인된 분 가운데 한 분이면 좋겠다고 생각했다. 그렇게 생각하니 전인권 씨와 양희은 씨가 떠올랐다. 5·18과 관련된 공연을 한다고 할 때 이 두 분 중 한 분을 모셔야 한다고 생각했다. 양희은 씨는 시간이 맞지 않아 모시지 못했고, 결과적으로는 전인권 씨만 모시게 됐다.

전인권 씨는 2017년 대선에서 안철수 후보를 지지했던 분이다. 오히려 그렇기 때문에 그분이 더 적임자라고 생각하고 강하게 요청했다. 문재인 후보를 지지하지 않았던 분이 문재인 정부의 첫 국가 공식 기념일인 5·18 기념식 행사에서 공연하는 것 자체가 문재인 정부가 국민통합을 추구한다는 상징으로 충분하다고 봤다.

이어서 광주의 5·18을 넘어 대한민국의 5·18이 되기 위해서 할 수 있는 것이 무엇일지를 고민했다. 먼저 행사 진행 중 합창이 들어가니 합창단 구성에 신경을 써야 했다. 합창단 구성을 전국 17개 시도 출신으로 했다. 다음으로 대통령과 함께 식장에 입장하는 분들이 매우 중요할 것 같았다. 통상적으로 5·18 기념식에선 5·18 관련 3개 단체인 부상자회, 유공자회, 미망인회 회장과 광주시장이 대통령과 함께 식장에 입장했다. 나는 이것만으로는 '광주의 5·18'을 벗어나기 어렵다고 봤다.

그래서 민주화운동의 역사적 사건들을 광주 5·18과 함께 배치하는 방식으로 상징적인 인물들을 모시자고 했다. 제주 4·3(1947년), 대구의 2·28 민주화운동(1960년), 마산의 3·15 부정선거 규탄 의거(1960년), 그리고 4·19 혁명(1960년)과 6·10 민주항쟁(1987년), 마지막으로 문재인 정부를 탄생시킨 촛불혁명(2016~2017년)까지 그 단체를 상징하는 분들을 다 모셔서 대통령과 함께 공동 입장하자고 제안했다.

그리하여 5·18 민주화운동이란 것이 대한민국 민주화 역사로 면면히 이어져 내려오는 한가운데서 큰 역할을 한 것이란 사실을, 광주라는 지역이나 1980년이란 시간대에 고립되어 있는 게 아니라 그 앞뒤의 민주화 역사와 함께하며 살아 있는 역사란 사실을 보여주고 싶었다. 그래서 전국에서 민주화운동 단체 분들을 모셨다.

5·18 민주화운동이란 것이
대한민국 민주화 역사로 면면히 이어져 내려오는
한가운데서 큰 역할을 한 것이란 사실을,
광주라는 지역이나 1980년이란 시간대에
고립되어 있는 게 아니라 그 앞뒤의 민주화 역사와
함께하며 살아 있는 역사란 사실을 보여주고 싶었다.
2017년 5월 18일, 5·18 기념식.

마지막으로 우리가 했던 고민은 대통령이 「임을 위한 행진곡」을 어떻게 부르는 것이 좋을지였다. 함께 부르는 광경을 만들어야 좋을 텐데, 그 모습을 어떤 방식으로 연출해야 할지에 대한 고민이기도 했다. 마침 「임을 위한 행진곡」의 작곡자인 김종률 당시 광주문화재단 사무처장에게서 연락이 왔다. 대통령과 함께 노래 부르고 싶다는 의사를 밝혀주셨다. 그래서 그분을 제창 순서 때 대통령 옆에 위치하도록 했다. 그리고 「임을 위한 행진곡」이 나오면 옆 사람 손을 잡고 불러달라고 부탁드렸다. 대통령께는 미리 언질을 드리지 않았다. 그렇게 행사 참석자들이 함께 손잡고 「임을 위한 행진곡」을 제창하는 장면이 탄생했다.

대통령을 포함해 많은 내빈들이 자연스레 손을 잡고 앞뒤로 흔들면서 함께 불렀다. 당시 언론은 이 모습에 대해 매우 호평했다. 부르지 못했던 노래를 한풀이하듯 부르는 것을 넘어 함께 손잡고 통합의 미래로 나아가자는 의미까지 담았다고 평가해주었다.

이밖에 세세한 것에도 신경을 썼다. 대통령이 모든 묘소에 추모의 꽃을 놓을 수는 없었기 때문에 당시 일정팀 전체가 미리 가서 모든 묘소에 꽃을 놓았다. 김태선 행정관의 아이디어였다. 선거운동 기간에 있었던 4·19 기념일에 기념식이 시작하기 전 모든 묘소에 국화꽃을 조용히 놓았는데, 그때 유가족분들께서 세심한 배려에 감사하다는 말씀을 전해주셨다. 5·18 때도 같은 방식으로 했다.

오찬장을 찾는 것이 의외로 힘든 일이었다. 대통령께서 행사 이후 점심을 어디에서 드시느냐의 문제는 초미의 관심사였다. 처음에는 다른 팀에서 관성적으로 광주광역시에서 가장 좋은 축에 속하는 식당을 선정해왔다. 원래 대통령은 좋은 곳, 편안한 곳에 모셔야 한다고 생각하다 보니 그렇게 준비한 것이다. 그러나 나는 그렇게 하면 안 된다고 물리고 다시 식당을 물색했다.

우리가 오찬 장소로 섭외한 곳은 5·18 유가족이 운영하는 식당으로 허름한 곳이었다. 구시가지 시장에 있는 식당이었는데 다들 가보고는 '이렇게 허름한 곳에 대통령을 모신다는 것인가'라면서 깜짝 놀랄 정도였다.

중요한 것은 그것이 아니었다. 식사를 한 끼 하더라도 5·18에 합당한 상징성을 만들어내야 한다고 생각했다. 그 공간에 대한 이야기를 구성할 수 있느냐가 중요했다. 치열하게 고민한 끝에 결국 찾아낸 곳이었다. 그곳은 5·18 당시 군홧발에 쫓기는 시민과 학생을 숨겨주고, 주먹밥을 만들어주었던 상인들의 삶터에 유가족이 운영하는 식당이었으니 선정 조건에 부합한 셈이다.

이렇듯 대통령 취임 후 첫 국가 공식 기념일이다 보니 우리 일정팀도 별의별 생각을 다 떠올려가면서 세심하게 기획을 했다. 그런데 아무리 뛰어난 기획도 진심에 견줄 수 없다는 걸 깨달았다. 지금도 많은 국민들께서 기억하시는 대통령이 5·18 민주화운동 희생자의 딸인 김소형 씨를 안아주는 광경은 상상을 못 했다. 그것은 기획된 프로그램이 아니었다. 대통령의 성정이 그대로 행동으로 표출된 것이었다. 우리가 준비한 수많은 기획보다 훨씬 많은 사람들에게 감동을 준 상징적인 사건이 됐다. 큰 감동은 대통령의 진심에서, 희생자 가족의 마음에 공감하면서 나왔던 것이다.

그날 나는 좋은 일정 기획이 무엇인지를 깊이 생각했다. 일정을 짜는 참모는 대통령의 진심이 국민에게 잘 전달되도록 준비해야지 그것을 인위적으로 드러내려 해서는 안 된다. 인위적인 기획으로는 결코 진심을 드러낼 수 없고, 바람직하지도 않다는 것을 절절히 느꼈다. 대통령께서 아버지 없이 살아온 김소형 씨의 마음을 읽어내 안아줌으로써 상처받은 모든 분들께 큰 위안을 주셨다.

문 대통령은 2020년 5월 광주 MBC '내 인생의 5·18' 인터뷰에서 3년 전인 2017년 5·18 기념식을 회고했다.

"대통령이 된다면 5·18 민주화운동을 광주 지역의 하나의 기념 차원에서 국한하지 않고 대한민국 전체의 민주화운동을 기념하는 행사로 승화시키고… 좀 제대로 기념식을 치러야겠다는 각오를 갖고 있었는데, 그런 제 각오와 약속을 실천할 수 있게 돼서 아주 뿌듯하게 생각합니다."

이 말씀을 들으면서 참모로서 가슴을 쓸어내렸다. 사실 2017년 5·18 기념식 준비과정에서 대통령의 이러한 의중을 미리 듣지 못했다. 그러나 대통령 취임 이전에 5·18에 대한 문재인의 진심을 깊이 느끼고 있었기에 구체적 지시가 없이도 대통령의 뜻에 맞게 준비했다는 것에 안도했다. 이심전심은 이럴 때 쓰는 말 아닐까.

일하는 보람을 느끼며 참으로 행복했다.

직접 써 내려간 연설문

검붉은 하늘을 하릴없이 가르던 총알, 죽지 않기 위해 불빛이 새어 나가지 않도록 밤이면 창문을 가리던 담요. 5월 27일 마지막 날 어디에서 총알이 날아올지 모르는 상황에서, 총알이 솜이불은 뚫지 못한다는 얘기에 5월 말 이른 무더위에도 7명의 가족은 솜이불을 둘러쓰고 그 악몽 같은 밤을 보냈다. 항쟁이 끝나고 군복을 입은 사람만 보아도 멀리서부터 도망가던 내 유년시절이 있었다. '무엇 때문에 이토록 많은 분들이 병원으로 실려갔을까?' 여덟 살 어린아이의 머릿속에 스친 생각은 키가 클수록 더욱 깊어졌다. 그러니 세상을 바꿔야 한다는 생각은 어쩌면 자연스러운 것이었으리라.

군대 훈련 중 처음 실탄사격을 했던 때를 잊을 수 없다. 5·18이 있었던 여덟 살 이후 처음으로 실탄사격 소리를 들었다. 어쩌나 그 소리가 크던지 고막이 찢어질 것 같았다. 사격이 끝나고 점심시간에 밥의 대부분을 잔반통에 버리고 화장실로 갔다. 사격 소리는 내 여덟 살의 악몽 같은 기억을 되살렸다. 소름 돋던 그 소리를 다시 들어 괴로웠고, 그 큰 소리에 무릎 꿇지 않고 더 거센 항쟁을 이어갔던 그날의 광주를 생각하며 울었다. 나라면 못 했을 것이다. 사람을 주눅 들게 하는 저 총소리를 듣고는 도청으로 가지 못했을 것이다. 어린 나이였지만 5·18 때 살아남은 자로서의 빚이 내게도 있음을 알게 되었다. 그리고 나와 생각이 같은 대통령과 마주했다.

문재인 대통령은 2017년 5·18 행사 2년 뒤인 제39주년 기념식에도 참석했다. 그때는 참모들이 다들 말렸다. 어차피 다음 해인 2020년이 40주년이므로 내년에 참석하자는 것이 대다수 참모들의 의견이었다. 그런데 당시 문재인 대통령은 "올해 꼭 가야겠다. 올해 안 가면 죄를 짓는 것 같다"고 말하면서 광주행을 결정했다.

"내년이면 40주년입니다. 그 기념식에 참석하는 것이 좋겠다는 의견이 많았습니다. 하지만 저는 올해 기념식에 꼭 참석하고 싶었습니다."

대통령은 연설문에 여과 없이 생각을 담았다.

연설이 시작되자마자 대통령은 "미안하다"고 말했다. 정작 미안해할 사람들은 적반하장 격으로 역사 왜곡을 서슴지 않고 있는데, 전혀 미안할 것이 없는 대통령이 미안하다고 했다. 꼭 참석하고 싶었던 이유를 미안함으로 전했다. 이 역시 대통령이 직접 쓴 연설문이었다.

"80년 5월 광주가 피 흘리고 죽어갈 때 광주와 함께하지 못했던 것이 그 시대를 살았던 시민의 한 사람으로 정말 미안합니다."

연설은 시작부터 5·18에 대한 대통령의 오랜 진심이 가득 담겨 있었다. 대통령은 말을 잇지 못했다. 마음속으로부터의 복받침에 순간 말을 잇지 못했다. 그리고 이내 "광주 시민들께 너무나 미안하고 너무나 부끄러웠고, 국민들께 호소하고 싶었기 때문입니다"라고 말했다. 행사장은 숙연함을 넘어 소리내어 흐느끼는 분들의 절규로 가득했다.

그해는 유난히도 5·18이 북한군 소행이니 뭐니 하는 유튜브발 가짜 뉴스들이 창궐한 해였다. 헬기 사격 등 진상 규명을 위한 위원회가 야당의 몽니에 의해 출발하지 못하고 있었다.

"아직도 5·18을 부정하고 모욕하는 망언들이 거리낌 없이 큰 목소리로 외쳐지고 있는 현실이 국민의 한 사람으로서 너무나 부끄럽습니다."

대통령은 그 상황을 묵과할 수 없다고 생각하고 기념식 참석을 결정한 것이다. 그리고 "독재자의 후예가 아니라면 5·18을 다르게 볼 수 없습니다"라고 말함으로써 민주화운동의 뿌리가 5·18에 있음을 다시 한번 분명히 했다. 진실이 상식이 되는 세상을 염원했다.

"우리의 오월이 해마다 빛나고 모든 국민에게 미래로 가는 힘이 되길" 소망하면서 연설이 마무리되었다.

나는 현장에서 대통령의 연설을 듣는 내내 펑펑 울었다. 연설이 끝날 때까지 흐르는 눈물을 어쩔 수가 없었다. 1980년 5월을 함께 하지 못한 미안함이 39년의 세월이 흘러서도 계속되는 현실을 마주한 '인간 문재인'이 '대통령 문재인'에게 뭐라도 해야 한다고 말하는 것 같았다. 국정을 책임지고 있는 대통령 자리에까지 올랐는데도 5·18에 대한 왜곡이 다시 기승을 부리는 현실에 대한 미안한 마음과 39년간 계속되어온 일종의 가해행위를 이제 제발 그만하라는 아우성이 함께했던 연설로 느껴졌기 때문이다.

사실 이날 행사가 있기 전날 선배 비서관이 대통령이 수정한 연설문 원고의 주요 내용을 알려주었다. 대통령이 한 자 한 자 써 내려간 연설문에는 그분의 진심이 담겨 있을 것이다, 울림이 있을 것이다, 더더욱 너는 광주가 고향이니 더욱 그럴 것이다 등의 얘기도 해주었다. 일종의 예방주사를 세게 맞고 들었던 연설이었다.

"어김없이 오월이 왔습니다. 떠난 분이 못내 그리운 오월이 왔습니다. 살아 있는 오월이 왔습니다."

연설 시작부터 난 벌써 울기 시작했다. 정말 서러워서 울었다. 여덟 살 꼬맹이가 오십을 바라보는 나이가 됐는데도 광주를 아직도 '빨갱이'로 지껄이는 자들이 활보하는 세상이 서러웠다. 헬기에서 기관총을 난사했던 자들이 아직도 떵떵거리며 살고 있는데 나는 할 수 있는 것이 없어서 서러웠다. 나 역시 말은 안 했지만 5·18을 다시 모욕하는 데 혈안이 된 자들을 목도하면서 속으로 분을 주체하지 못하고 있었던 모양이다. 대통령의 연설이 시작되자 그 울분이 한꺼번에 쏟아져 서럽게 울었다. 미안하다고, 피 흘리며 죽어갈 때 함께하지 못해 미안하다고 또다시 말하는 대통령이 너무나 고마워 또 울었다. 끊임없이 이어진 가해행위를 멈춰달라고 호소하는 대통령에게 진심으로 감사했다. 그리고 계속 울었다. 광주나 호남 출신도 아닌 분, 또 평생을 인권변호사로 살았던 영혼 맑은 분의 미안하다는 고백이 없었다면, 할퀴는 자들의 목소리만 계속 들렸다면 광주는, 대한민국은 또 얼마나 큰 상처에 시름했을까. 철저히 고립되어 외롭게 죽어간 80년 5월의 영웅들이 다시 나타난 현실에 치를 떨었으리라.

이날 대통령의 연설은 내 인생 진로를 바꿔버렸다. 주변에서는 내가 2020년 총선에 출마할 거라고 다들 예상했었다. 실제로 준비도 꽤 했었다. 그러나 2019년 5·18 기념식이 끝나고 서울로 오는 기차 안에서, 총선 불출마와 임기 끝까지 일하는 것을 처음으로 생각하게 되었다. 한 번 사는 인생 문재인 대통령 같은 분을 모시고 일하는 것은 다시 없을 일이지 않은가. 출마는 이분과 해야 할 일을 모두 끝내고 해도 되지 않을까. 이런 생각이 점점 커져갔다. 그래도 출마의 마음이 쉬이 접히지 않았고, 가을바람이 불 때쯤 불출마와 임기 끝까지 일하는 것을 마음먹었다. 능력과 체력이 되어야 하는 일이지만 내 의지로 중간에 그만두는 일은 없다고 다짐했다.

2020년 총선을 앞두고 나를 오래전부터 알던 분들이 모두 출마는 어떻게 준비하고 있느냐고 물을 때마다 "끝까지 일하려고 합니다" 정도로만 대답했다. 이해할 수 없다는 분들이 태반이었으나 왜 출마를 접게 되었는지 더 이야기를 보태지 않았다. 말이 앞서고 싶지 않아서다. 이제 다 지나갔으니 편하게 이야기할 수 있겠다. 사실 그 결심은 공직 사퇴 시한인 이듬해 1월까지 계속 흔들렸다. 동료들의 출마 소식과 주변 분들의 출마 권유가 계속 이어질 땐 너무 괴로웠다. 결심을 스스로 무너뜨릴 뻔했다. 그날 대통령 연설을 듣고 출마를 접었다고 말하면 듣는 분들이 오해하거나 아니면 오버한다고 생각할까봐 내 본심을 말하기도 어려웠다. 대통령의 최측근도 아니면서 왜 출마까지 접는지 모르겠다는 소리를 들을 수도 있어서다. 소위 측근이 아니더라도 내가 담당해야 할 소임이 있으니, 대통령님 모시고 끝까지 일해보겠다는 소신이 있어 버텼지만 지금 생각해도 그 시간은 참으로 더디게 가 힘들었다.

한겨울의 기다림

대학을 졸업하고 국회에 내 책상이 처음 생겼던 시절에 세상 물정 모르던 한 청년을 깜짝 놀라게 만들었던 야당 의원이 있었다. 그 의원은 국회 상임위 회의장에 출석한 정부 관계자에게 여권 인사가 전화로 부당한 청탁을 했는지를 추궁했다. 그런데 그 의원이 회의장을 빠져나온 뒤 휴게 공간인 소회의실에서는 사람이 달라졌다. 장차관들에게 민원을 얘기하는데 그렇게 순한 양이 따로 없었다. 앞과 뒤가 너무 다른 모습을 보고 있자니 마음이 상했다. 정치가 이래도 되는 것인지 화도 났다. 사람이 어떻게 그럴 수 있냐고 말하지만 사람이기에 늘 앞뒤가 같기 어렵다. 그래서 앞과 뒤가 다르지 않은 분들의 존재는 고귀하다. 2018년 초 추운 겨울, 고귀한 분을 가까이에서 보게 되었다.

문재인 대통령은 취임 이후 위안부 할머니들을 되도록 빨리 청와대에 초청하고 싶어 했다. 하지만 박근혜 정부가 체결한 한일 위안부 합의 문제가 남아 있어서 첫해에 초청하지 못하다가 임기 2년 차인 2018년 1월에 모시게 됐다.

그 일정을 준비하던 중, 연로하시고 건강이 안 좋은 할머니도 계셨기 때문에 이동 중에 문제가 발생할 수 있다는 우려 섞인 보고가 있었다. 대통령의 청와대 초청 행사를 진행하지 않았으면 좋겠다는 건의가 올라온 것이다. 일정을 취소해야 하는지 고민했다. 하지만 문재인 대통령이 위안부 할머니들께 얼마나 마음을 많이 썼는지, 청와대 초청을 얼마나 오래전부터 하고 싶어 했는지 다들 알았기 때문에 아무런 대안 없이 초청을 취소하는 것은 안 된다고 생각했다.

위안부 할머니 가운데 대표적인 활동가 김복동 할머니는 당시 세브란스병원에 입원 중이었다. 그래서 대통령의 김복동 할머니 병문안이 대안 1, 원안대로 위안부 할머니들을 초청하되 추가 안전장치를 마련하는 것이 대안 2로 대통령께 보고되었다. 통상적으로 1, 2안이 보고되면 그중 하나를 선택하거나 제3안으로 절충되는 경우가 대부분이다. 나는 대통령이 어떤 안을 선택할지 무척 궁금했다. 보고를 끝내고 사무실로 돌아온 의전비서관은 대통령이 보고를 받고 나서 하신 말씀을 전해주었다.

"어떻게 이걸 선택합니까? 둘 다 합시다."

예상 밖의 결과였다. 쉽지 않은 이 결정으로 위안부 할머니들을 향한 문재인 대통령의 깊은 마음을 알 수 있었다. 대통령의 결정에 자연스럽게 존경의 마음이 들었다. 이런 진심어린 대통령을 모신다는 건 큰 복이라고 생각했다. 문제는 준비하는 게 큰일이라는 것이었다.

문재인 대통령께서는 병문안과 관련해 특별한 당부를 하셨다. 병문안 간다는 사실을 병원 측에 미리 알리지 말라는 것이었다. 정확히 전해 들은 당부는 "수선 피우지 말라"였다. 대통령이 방문한다는 걸 병원 측에서 미리 알게 되면 준비를 할 것이고, 그러면 민폐가 될 수 있다고 생각하신 것이다. 그래서 일단 할머니 보호자 역할을 하는 분에게 연락해 그분에게만 알려드리고, 함께 병원 답사를 했다. 사무실로 돌아와 세부 계획 보고서를 작성하는데, 보안 때문에 병원에 확인을 못 해서 내용이 부실했다.

나는 어떻게든 확인해야겠다 싶어 다시 병원으로 갔다. 오전에 병원으로 와주신 보호자 역할을 하신 분에게 다시 병원으로 와달라고 부탁드리는 게 죄송스러워 그냥 내 힘으로 해결해보기로 했다.

입원해 계시는 병동 간호사실에 가서 할머니의 정확한 상황을 문의했다. 당연히 간호사 분은 "어디서 오셨냐"고 물었다. 수선 피우지 말라는 당부에 따라 나는 소속을 밝힐 수가 없었다. "미안한데, 알려드릴 수가 없다. 할머니 상황을 자세하게 얘기해줄 수 없냐"고 되물었다. 묻지도 따지지도 말고 그냥 알려달라고 하니 병원 측에서는 나를 '이상한 사람'으로 볼 수밖에 없었을 것이다. 보호자 대기실로 일단 들어가 예상보다 강경한 병원 측의 반응에 어떻게 해야 할지 고민하고 있었다. 그런데 병원 경비 업무를 하는 신체 튼튼한 두 분이 내게 다가오더니 이만 돌아가주시라고 하는 게 아닌가.

결국 반강제로 끌려서 병동 밖으로 나왔다. 처참했다. 말도 못하고 참 답답했다. 어쩔 수 없이 보호자 역할하시는 분에게 다시 병원으로 와달라고 부탁했다. 그러고 나서야 필요한 사항을 확인할 수 있었다. 그분은 할머니를 담당하고 있는 의사 선생님께 혹시 내일 누군가 찾아와 설명을 요청하면 설명해달라고 부탁까지 해주셨다.

대통령의 병문안이 있기 30분 전 병원 측에 대통령이 곧 오신다고 알려드렸다. 병원장께서 급히 할머니가 계신 병동으로 오셨을 뿐 수선 피울 것도 없었다. 시간이 없었으니 말이다. 병원장께 어제 있었던 일의 자초지종을 말씀드렸더니, 해당 간호사가 매뉴얼에 따라 정말 잘 대처했다면서 날 강제로 끌고 나가도록 조치한 간호사를 칭찬했다. "저도, 간호사님도 각자 일에 충실했던 겁니다"라고 웃으며 얘기했다.

그렇게 대통령의 당부사항을 지키면서 병문안 일정을 준비했다. 이런 경우는 의전 업무를 하면서 몇 번 더 있었다. 당시는 힘들었지만 지금 생각하면 청와대 근무 때만 할 수 있는 소중한 경험이었다. 속된 말로 '맨바닥에 헤딩해 골 넣기'도 할 줄 알아야 했다. 큰 자산을 쌓은 셈이다.

그날 김복동 할머니는 참으로 존경스러운 모습으로 대통령의 병문안에 화답해주셨다. 대통령께서 선물로 자신의 서명이 들어간 '이니 시계'와 목도리, 장갑을 가져왔다고 말씀드렸더니 소녀처럼 웃으시면서 줄 사람이 있으니 시계를 더 달라고 하셨다. 할머니도 대통령도 그 자리에 있던 모두가 크게 웃었다. 수술을 앞두고 있는 위중한 몸 상태에서도 할머니는 품위를 지키셨고, 위트를 발휘해 상대를 배려해주셨다. 최고의 여성 인권운동가로서의 면모가 느껴져 실로 존경심이 우러나왔다.

사무실로 돌아와 시계를 더 챙겨 그날 바로 김복동 할머니께 직접 전해 드렸다. 할머니의 손에서 느껴지는 따스함을 아직도 또렷이 기억한다. 2019년 1월 할머니가 돌아가시자 문재인 대통령께서는 직접 빈소를 찾아 추모하셨다. 취임 이후 직접 조문한 첫 사례였다.

한편, 병문안 이후 위안부 할머니 여덟 분을 청와대로 모셨다. 물론 이날의 초청 오찬을 준비하면서도 특별한 지시 사항이 전달되었다.

"할머니들을 국빈급 예우로 모시라."

그래서 나눔의 집에서 출발한 할머니들은 청와대에서 제공한 의전 차량으로 이동했다. 경찰의 에스코트와 응급 상황에 대비한 앰뷸런스도 함께했다. 이동은 국빈이 방한할 때 이동상 안전을 책임지는 경호처에서 맡았다.

대통령께서는 김정숙 여사님과 함께 청와대 본관 현관 밖에서 할머니들을 일일이 반갑게 맞이하셨다. 그런데 문제가 생겼다. 수도권이 아닌 먼 지방에서 개별 출발하신 할머니와 보호자가 예정 시간보다 늦게 도착하신다는 소식이 전해진 것이다. 실제로 20분가량 늦게 도착하셨다. 1월 초 한겨울이었고, 청와대 본관 건물 바깥은 바람도 매섭고 추운 공간이었다.

대통령께 할머니 한 분이 늦게 도착하신다고 보고드렸다. 당연히 건물 안으로 들어가 계시다가 할머니가 도착했다고 연락드리면 다시 현관 앞에서 맞이하실 거라 생각했다. 그러나 대통령은 칼바람이 부는 현관문 밖에서 계속 기다리셨다. 곁에 있는 참모들이 이구동성으로 "바람이 차니 일단 들어가 계시지요"라고 말씀드렸다. 그렇게 사정했지만 대통령은 그래도 밖에 서 계셨다. 사실 누가 보지도 않는데 들어갔다가 다시 나올 수도 있는 것 아닌가. 그러나 대통령은 "할머니가 안 오셨는데 어떻게 들어가느냐"면서 그 추운 날 밖에서 20여 분을 계속 기다렸다. 겨울 코트도 입지 않고 양복만 입은 채로 계시다 마지막으로 도착하신 할머니를 모시고 행사장 안으로 들어가셨다.

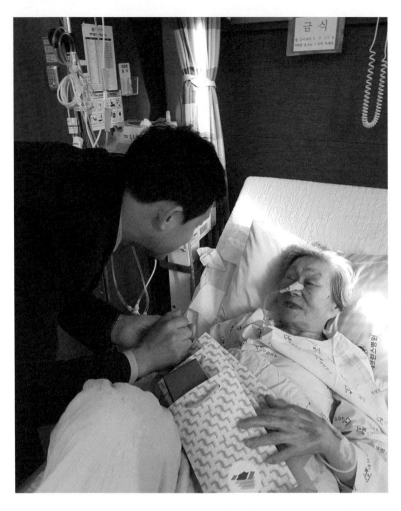

김복동 할머니는 소녀처럼 웃으시면서
줄 사람이 있으니 '이니 시계'를 더 달라고 하셨다.
그 자리에 있던 모두가 크게 웃었다.
할머니의 손에서 느껴지는 따스함을
아직도 또렷이 기억한다.

사람은 말과 행동이 다를 수 있다. 보이는 곳과 안 보이는 곳에서의 행동이 다를 수 있다. 인간이니 그렇다. 그러나 '인간 문재인'은 늘 같았다. 적어도 그날만은 완벽하게 같았다. 청와대에 나들이 오신 할머니들을 맞이한 '인간 문재인'의 마음이 진심이었음을 지켜보던 모든 참모들은 느꼈다.

지도자의 이러한 행동은 따르는 참모들에게 커다란 감동으로 다가왔고 어떤 마음으로 국민을 대해야 하는지 가르침이 되었다. 혼자 한겨울 바람을 맞으며 서 계시던 뒷모습을 지켜보면서 한없는 존경심으로 머리가 숙여졌다. 취재 카메라도 없는 상황에서 펼쳐진 그날 청와대 본관 앞의 대통령은 정치를 어떻게 해야 하는지 소리 없이 알려주셨다. 이분의 진심이 담긴 행동을 발끝만큼이라도 배울 수 있기를 소망했다. 이런 지도자의 비서라는 것이 너무나 기뻤다.

또 하나 잊을 수 없는 건 전날 우리가 위안부 할머니들께 드릴 선물을 구하러 다닌 기억이다. 당초 위안부 할머니들을 위한 선물은 다른 부서가 백화점에서 사온 비싼 목도리와 장갑이었다. 그런데 대통령의 진심을 표현하는 선물이라면 '가격만 비싼 것'과는 다른 것이어야 할 것 같았다. 위안부 할머니들은 단순한 피해자가 아니라 존경받는 여성 인권운동가이지 않은가. 백화점에서 파는 비싼 물건을 선물하는 것은 적절하지 않다고 생각했다. 그래서 위안부 할머니들의 방문 전날 밤, 당시 이지웅·김지영 행정관과 함께 어떻게든 대안을 찾아보려고 밤 9시에 청와대를 나와 무작정 동대문으로 갔다. 아직 대안이 머릿속에 떠오른 것은 아니지만, 백화점 선물은 도저히 아닌 것 같아 무턱대고 간 것이다.

9시가 넘은 시간이라 무엇을 파는 동네로는 동대문이 가장 적합하다 생각했다. 동대문에서 두 시간 동안 헤맸는데 적당한 것이 보이지 않았다. 하지만 뜻이 있으면 길이 나타난다고 했던가. 그렇게 헤매다가 서울시에서 운영하는 상점이 눈에 들어왔다. 그 상점에는 아시아의 빈민가에서 여성들이 경제적으로 자립하기 위해 만든 물건을 공정무역을 통해서 들여온 목도리와 장갑이 있었다. 그 상점에서 상품설명서를 본 순간, 나는 마치 돌아가신 우리 아버지가 살아나신 것 같은 기분이었다. '도대체 어떻게 이게 이 순간 내 눈앞에 딱 나타났을까?' 하는 생각이 들었다. 그 상점에는 목도리와 장갑을 열 세트가량 확보해놓지 않아서 새벽까지 물건이 도착하기를 기다렸다.

대통령이 그 추운 문 앞에서 20분 동안 서서 할머니를 기다리는 모습을 보면서, 전날 밤에 돌아다니면서 그 의미 있는 선물을 찾지 못했다면 어땠을지 생각했다. 지금 내 앞에 서 있는 저분은 이토록 최선을 다해 할머니들을 모시는데 내가 적당히 일했다면 얼마나 부끄러웠을지 가늠하기 어려웠다. 다행히 빈민 여성의 자활을 돕기 위해 만든 목도리와 장갑을 찾아내서 선물해드린 것에 보람을 느낄 수 있었다.

내가 그날 그렇게 최선을 다해서 한밤에 서울 시내를 돌아다니게 된 까닭도 결국 "어떻게 이걸 선택합니까? 둘 다 합시다"라는 대통령의 말씀 한마디에 담긴 진심을 느꼈기 때문이다. 대통령이 그렇게 마음을 깊이 쓰고 있으니 일개 행정관에 불과하지만 나 역시 최선을 다해야 한다고 나도 모르게 생각했던 것 같다.

많이 배웠고, 일하는 것이 축복인 시간이었다. 청와대라는 곳은 심적 어려움이 많은 곳이다. 몸이 힘든 것보다도 마음이 힘든 것이 견디기 어려운데, 마음고생이 심해도 버틸 수 있었던 유일한 희망은 이런 성정을 갖고 계신 대통령을 모신다는 기쁨 때문이었다.

테이크아웃 커피 산책

문재인 정부의 임기는 대선이 끝난 바로 다음 날인 2017년 5월 10일 시작되었다. 전임 대통령이 국회 의결과 헌법재판소 판결을 통해 탄핵당하는 초유의 사태 이후 대선을 치르고 당선된 문재인 정부는 인수위원회라는 과정을 생략하고 출범할 수밖에 없었다. 대통령의 참모들은 5월 9일 투표 결과의 윤곽이 드러나자 10일 새벽까지 신속하고 분주하게 움직여야 했다. 대통령은 국회에서 간략한 취임식을 하고 청와대로 향했다.

임기 둘째 날인 5월 11일. 대통령이 양복 자켓을 벗고 와이셔츠 차림으로 테이크아웃 커피를 들고 참모들과 함께 청와대 경내를 산책하며 대화를 나누는 사진과 영상이 보도되었다. 대박이 났다. 국민의 반응은 폭발적이었다. 권위를 뒤로하고 소탈한 대통령의 모습을 실로 오랜만에 본 국민들은 박수를 보냈다.

이 일정은 나와 선거 때부터 함께한 일정팀 8명이 준비한 것이었다. 사실 준비를 많이 하지도 않았고, 할 수도 없었다. 인수위가 없었기에 선거 때 일정팀이 선거 바로 다음 날 그대로 청와대에 들어가 이제는 후보가 아닌 대통령 문재인의 일정을 챙기고 있을 뿐이었다.

나와 8명의 팀원들은 아직 소속된 직제도 없었지만 정상적인 상황이었다면 의전비서관실에서 담당하는 업무를 하고 있었다. 선거 당시 일정팀 총괄팀장이었던 송인배 비서관은 먼저 청와대 부속실로 배치되어 있었기에 그 아래에서 팀장을 맡았던 내가 대통령의 일정을 챙기는 총책임 역할을 했다.

5월 10일 오후 늦게 갑자기 지시가 내려왔다. 다음 날인 11일에 대통령이 문재인 정부 청와대 첫 인사를 발표한 뒤 임명된 수석, 비서관과 오찬을 하시는데 식사 이후 어떤 일정을 하면 좋을지 아이디어를 모아 계획을 짜보라는 것이었다. 부속실로 간 송인배 비서관이 구체적으로 내린 지시가 아니라 "뭔가를 만들어 봐라" 식의 지시를 한 것이다. 대통령이 처음으로 임명한 참모들과 어떤 모습으로 대화하는 것이 좋을지부터 생각했다. 새로운 시대가 왔음을 전달할 일정이 마련되어야 한다고만 생각했다. 이 정도는 아무나 할 수 있는 생각이다. 그런데 구체적으로 어떻게 할 것인가가 문제였다. 더 고민할 시간이 없었다. 있는 그대로를 보여주자고 생

2017.5.11.(목)

신임 민정·인사·홍보 수석비서관, 총무비서관과의 산책 및 티타임 행사 기획안

□ **기획의도**

○ 대통령님께서 신임 민정·인사·홍보 수석비서관, 총무비서관과 함께 활발히 국정을 논의하시는 모습을 국민들께 보이심으로써 참모들과 격의 없이 소통하는 대통령님.

핵심 참모들과 평범한 직장인의 일상인 점심 후 티타임 하시는 모습을 통해 **소탈한 대통령님의 모습을 국민들께 진실되게 전달**하고자 함.

□ **행사개요**

○ 참석자 : 대통령님, 비서실장, 민정·인사·홍보 수석비서관, 총무비서관

○ 장소 : 경내 소정원 나무데크

○ 시간계획 : 13:20 ~ 13:50 (30분, 오찬종료 직후)

○ 동선 : 오찬 후 **본관에서 출발 → 불로문 → 소정원**(도보 소요시간 3분)

○ 드레스코드 : **와이셔츠**(양복 상의 탈의)

○ 영상 및 포토 포인트

① 불로문을 통과해서 담소를 나누며 걸어오시는 장면

② 데크 위에 낮은 의자로 마련된 일종의 임시 응접공간에서 **테이크아웃 종이컵에 담긴 커피를 드시면서 격의 없이 대화**를 나누시는 장면

청와대에 들어가 처음 쓴 기획서.
나와 8명의 팀원들은
청와대 정식 발령도
받지 못했지만 이 기획으로
권위를 앞세우지 않는
친근한 대통령의 모습을 멋지게 보여주었다.

각했다. 우리는 점심을 먹고 동료들과 보내는 일상의 모습을 그대로 하자는 것으로 방향을 잡았다.

"우리는 점심 먹고 뭐 하지?"

"커피숍 가지요."

"커피 주문하고 어떻게 하지?"

"보통 커피숍에서 커피 뽑아서 테이크아웃 잔에 들고 사무실로 걸어오면서 재미난 얘기를 하잖아요, 대통령도 그냥 나랑 똑같이 그렇게 한다는 걸 보여주면 좋겠어요."

안정곤 행정관이 '테이크아웃 커피'라는 구체적인 아이디어를 제안했고, 모두 동의했다. 그렇게 빠르게 결론을 내리고 오찬 후 대통령과 참모들이 같이 테이크아웃 커피를 마시면서 야외에서 산책하며 대화하는 게 좋겠고, 구체적인 동선은 내일 아침에 결정하겠다고 보고했다. 관계 부서에는 테이크아웃 잔을 준비해달라고 부탁했다.

청와대 첫날 처음 일하는 공간에 무엇이 있는지 아무것도 모르는데 구체적인 동선을 짤 수도 없는 노릇이었다. 우리는 퇴근 후에 청와대 경내를 돌아다녔다. 어디가 좋을까. 본관에서 불로문을 거쳐 큰 나무 밑까지 걷고, 나무 밑에 자리를 마련해 거기서 대화 시간을 갖는 것으로 정했다.

다음 날, 시작부터 난감한 상황이 일어났다. 대통령께는 대통령

임기 둘째 날인 5월 11일. 대통령이
양복 자켓을 벗고 와이셔츠 차림으로
테이크아웃 커피를 들고 참모들과 함께
청와대 경내를 산책하며 대화를 나누는
사진과 영상이 보도되었다. 대박이 났다.
국민의 반응은 폭발적이었다.
권위를 뒤로하고 소탈한 대통령의
모습을 실로 오랜만에 본
국민들은 박수를 보냈다.

의 식사를 담당하는 분에게 커피를 갖다드리라 했는데, 그분이 대통령 옆에 가지 못해 커피를 전달하지 못한 것이다. 그간 청와대가 얼마나 권위적이었고, 청와대에서 일하는 분들이 대통령을 얼마나 어렵게 여겼는지를 여실히 알 수 있었다. 할 수 없이 내가 대통령이 가는 길을 막아서서 커피를 전달해야 했다. 당시 나는 아직 청와대 직제에 정식으로 임용된 것도 아니었는데, 청와대에서 처음으로 한 일이 대통령 가는 길을 막아선 일이 되고 말았다.

그래도 대통령은 언짢은 기색 하나 없으셨다. 말이 쉽지, 임기 이틀밖에 안 된 대통령의 가는 길을 느닷없이 막았으니 기분이 좋을 수 없었을 텐데 전혀 개의치 않으셨다.

대통령은 참모들과 함께 테이크아웃 잔을 들고 청와대 경내를 산책하면서 식물에 대한 해박한 지식을 보이셨다. 평소에도 참모들과 격의 없이 대화하는 모습을 여러 번 보았던 터라 자연스럽게 대화하실 거라 예상했는데 역시 우리 팀이 생각했던 의도를 다 아시는지 물 흐르듯 일정을 주도하셨다.

보고를 올리고 난 뒤 아무런 피드백이 없어, 통과된 것으로 간주하고 일정을 진행했던 우리 팀은 국민 반응이 어떨지 걱정했었다. 그런데 일상의 나와 똑같이 하는 대통령의 모습에 국민들은 '세상이 바뀌었다'며 환호했다. 우리는 대통령의 있는 그대로의 모습을 보여주려고 했을 뿐인데, 권위를 앞세우지 않는 친근한 대통령을 원하던 국민들의 마음에 멋지게 먹혀들었던 셈이다.

우리가 민주주의의 역사를 다시 쓸 수 있었던 것은
그렇게 평범한 사람, 평범한 가족의 용기 있는 삶이
우리 주변에 항상 존재하고
있었기 때문입니다. 저는 그것이
너무나 자랑스럽습니다.
2017년 19대 대선일,
문재인 후보의 전국 일정을 함께했던
일정팀 아무개들.

대통령은 연기나 연출이 아닌 있는 그대로의 자신의 모습을 보여주셨다. 감동을 만들어낸 것은 평상시처럼 격의 없이, 소탈하게 살아온 모습을 그대로 보여주신 대통령이었다.

그런 대통령의 모습이 드러날 수 있도록 구체적인 아이디어를 내고, 기획대로 실행하느라 애쓴 사람은 아직 청와대 정식 발령도 받지 못한 9명의 아무개들이었다. 나·안정곤·최원순·최일곤·김태선·형현기·박재훈·여선웅·안준승이 그들이다. 이중 몇 명은 인원의 한계로 청와대 정식 발령을 받는 데 1년 이상의 시간이 필요했고, 끝내 청와대 경험을 하지 못한 사람도 있다. 당시 팀장으로서 그 힘든 시기에 이름도 없이 하루하루를 버텨준 팀원들에게 정말 고맙다고 말하고 싶다. 이들의 완벽한 팀워크가 없었다면 임기 초 대통령 일정 준비에 많은 어려움이 있었을 것이다. 청와대 초짜들이 마치 베테랑처럼 일했다.

효창공원 참배

1919년 4월 11일 공포된 '대한민국임시헌장' 제1조는 "대한민국은 민주공화제로 함"이다. 세계적으로 헌법에 '민주공화제'를 담은 것은 '대한민국임시헌장'이 최초다. 한국 근현대사에 관심이 많았으나 문재인 대통령을 모시기 전에는 전혀 몰랐던 사실이다. 깊이 있는 사색 없이, 일어난 사건 중심으로 역사를 대했던 것이 드러나 얼굴이 화끈거렸다. 대한민국 헌법 제1조의 뿌리에 대해서 알고자 하지 않았던 내 자신이 부끄러웠다.

2017년 3월 24일, 문재인 후보는 대선 출마를 공식 선언했다. 홈페이지, 페이스북, 유튜브를 통해 출사표를 던졌다. 과거와 완전히 다른 방식이었다. 다음 날인 3월 25일 충북 청주에서 '2017 대선 더불어민주당 후보자 경선토론회'가 있었다. 집중이 요구되는 지방에서의 일정이었기에 그것으로 그날은 마무리될 예정이었다. 그런데 토론회가 종료된 직후, 수행팀에서 서울 도착하면 곧바로 효창공원에 가실 것이니 준비해달라는 연락이 왔다. 김구 선생 묘역과 이봉창·윤봉길·백정기 삼의사 묘역을 참배하실 거라고 했다. 언론에는 미리 공지하지 말고 사후에 알리도록 해달라고 했다.
　일정팀은 바삐 움직였다. 당시 문재인 후보는 방명록에 이렇게 적었다.

　"진정한 민주공화국 대한민국의 건국정신을 가슴에 새깁니다. 2017년 3월 25일 문재인."

　출마 선언 직후 예정에 없던 김구 선생 묘역에 참배한 일이 그토록 깊은 의미가 있는지 그땐 몰랐다. 그러나 독립운동의 혼이 숨쉬고 있는 효창공원에 예고 없이 참배하러 가는 후보의 모습에 깊은 진정성을 느꼈다. 특히 그날은 보훈과 관련된 어떠한 날도 아니었다. 의례에 해당하는 날이 아닌데도, 출마 선언 직후에 조용히 참배

2017년 8월 15일 아침, 당선 이후
처음 맞은 광복절이었다.
문재인 대통령은 광복절 기념식에 참석하기
전에 항일 독립운동가들이 모셔져 있는
효창공원을 찾아 참배했다. 역대 대통령 중
유일하게 광복절에 효창공원을 참배한 것이다.
2017년 8월 15일 광복절, 효창공원.

하는 것은 어쩌면 더 큰 의미가 있는 것이 아닌가 생각했다. 역사에 대한 이해와 오늘을 사는 후손이 잊지 말아야 할 교훈을 깊게 성찰하는 후보의 뜻을 느낄 수 있었다. 국민이 주권자가 되는 진정한 민주공화국을 만들라는 촛불시민의 명령을 받들어야 하는 대통령에 출마한 후보, 그 후보가 민주공화국의 정신으로 건국했던 독립운동가들을 찾아뵙고 참배하는 행보는 내내 인상 깊게 남았다.

선거 전에 마음을 다잡고, 자신이 만들 나라의 뿌리가 무엇이며, 그 뿌리를 기억하면서 어떤 나라를 만들 것인지 생각을 정립하기 위해 미리 알리지 않고 참배할 수 있다. 그러나 선거 후 대통령으로서도 같은 행보가 이어졌다면 이야기는 달라진다. 2017년 8월 15일 아침, 당선 이후 처음 맞은 광복절이었다. 문재인 대통령은 광복절 기념식에 참석하기 전에 항일 독립운동가들이 모셔져 있는 효창공원을 찾아 참배했다. 역대 대통령 중 유일하게 광복절에 효창공원을 참배한 것이다.

그제서야 찾아봤다. 대선 출마 선언 직후 말고도 또 효창공원 참배를 하셨는지를. 놀랍게도 2012년 10월 대선 후보 확정, 2015년 9월 당대표 선출 직후에도 효창공원을 찾았다. 정치적으로 중요한 시점마다 효창공원을 찾았던 것이다. 역사를 되새기고 미래를 개척해야 할 '정치인 문재인'이 생각하는 대한민국의 뿌리는 어디이며, 미래의 대한민국은 어떤 나라이어야 하는지 그 초심을 되새겼던 것이다. 대한민국은 항일 독립운동의 정신을 이어받은 임시정부가 뿌리이며, 임시정부로부터 비롯된 건국 이념인 민주공화국을 제대로 구현하는 나라를 만들어야 대한민국의 미래가 있다는 점을 분명히 한 것이다. 그리고 2019년 3·1절 100주년을 앞둔 2월 26일에 국무위원들과 함께 효창공원 내 묘역을 참배하고, 백범 김구기념관에서 국무회의를 주재했다.

정치적으로 중요한 시점마다 왜 '정치인 문재인'은 효창공원을 찾았는지, 그 이유를 2017년 8·15 광복절에 대통령 문재인은 말해 주었다고 생각한다. 독립운동가에 대한 예우를 확실하게 해서 역사인식을 분명히 하고, 국민주권이라는 민주공화국의 이념을 실천하며, 비뚤어진 근현대사를 바로잡아 나라의 토대를 굳건히 세우는 일, 그 소명이 효창공원에서 시작된 것이다.

"국민주권은 이 시대를 사는 우리가 처음 사용한 말이 아닙니다. 100년 전인 1917년 7월, 독립운동가 14인이 상하이에서 발표한 '대동단결선언'은 국민주권을 독립운동의 이념으로 천명했습니다. 경술국치는 국권을 상실한 날이 아니라 오히려 국민주권이 발생한 날이라고 선언하며, 국민주권에 입각한 임시정부 수립을 제창했습니다.

마침내 1919년 3월, 이념과 계급과 지역을 초월한 전 민족적 항일 독립운동을 거쳐, 이 선언은 대한민국 임시정부를 수립하는 기반이 되었습니다. 국민주권은 임시정부 수립을 통한 대한민국 건국의 이념이 되었고, 오늘 우리는 그 정신을 계승하고 있습니다. 그렇게 국민이 주인인 나라를 세우려는 선대들의 염원은 100년의 시간을 이어왔고, 드디어 촛불을 든 국민들의 실천이 되었습니다.

독립운동가들을 더 이상 잊혀진 영웅으로 남겨두지 말아야 합니다. 독립운동을 하면 3대가 망한다는 말이 사라져야 합니다. 친일부역자와 독립운동가의 처지가 해방 후에도 달라지지 않더라는 경험이 불의와의 타협을 정당화하는 왜곡된 가치관을 만들었습니다. 독립운동가들을 모시는 국가의 자세를 완전히 새롭게 하겠습니다. 최고의 존경과 예의로 보답하겠습니다. 국가에 헌신하면 3대까지 대접받는다는 인식을 심겠습니다. 독립운동의 공적을 후손들이 기억하기 위해 임시정부기념관을 건립하겠습니다."

정치 입문 직후인 2012년부터 대통령을 마칠 때까지 정치인 문재인의 역사인식과 어떤 나라를 만들어야 한다는 신념이 일관되었다. 의미 없는 말과 가치 없는 행동이 존재하지 않았다. 부대변인 시절, 언론에서 문재인 대통령의 발언에 대해 어떻게 해석하는지 물으면, 나는 정치인 문재인의 일관된 역사인식과 발언, 행보를 예로 들며 설명했다. 취재기자들은 그러한 설명이 대통령의 발언을 이해하는 데 도움이 되었다고 나에게 고마워했다. 그런 감사 인사를 들을 때, 참모들이 자긍심과 존경심을 갖고 설명할 수 있도록 일관된 말씀과 행동을 실천해주신 정치인 문재인에게 참 감사했다.

문재인 대통령은 2017년 대선 출마 전 발간된 대담집 『대한민국이 묻는다』에서 「세한도」(歲寒圖) 속 추사 김정희가 새긴 인장 '장무상망'(長毋相忘: 오랫동안 서로 잊지 말자)을 거론하며 일관되게 추구해야 할 가치로 인간관계, 우정·사랑·신의 등을 예로 든 바 있다. 그러고는 "장무상망은 어쩌면 우리가 잃어버렸던 정신" 이라며 "그와 같이 저는 묵묵하고 꾸준하고 일관된 것들을 소중히 생각한다"고 말했다. 말과 행동이 다르지 않은 투명하고 맑은 분임이 틀림없다.

청와대 투어 가이드로 데뷔

천상병 시인의 「귀천」 시구처럼 아버님의 이 세상 소풍이 끝난 날, 마지막 길을 배웅하던 때를 생각하면 오랜 친구가 떠오른다. 그치지 않았던 뜨거운 눈물이 내 뺨을 연신 적시던 때, 울기만 하던 나를 잠깐 옆으로 끌고 가 같이 하늘을 보자고 했던 친구였다. 하늘 한 번 보고 다시 돌아가서는 의연한 아들 모습을 보여드리자고 했다.

스무 살 때 대학에 떨어지고 방황할 때 나와 같이 시간을 보내준 친구의 말이기에 따랐다. 이른 봄, 아직은 차디찬 땅에 아버님을 모시면서 마음은 무너지는 것 같았지만, 친구와 약속한 대로 큰절하고, 아버님께 참 감사했다고, 고생 많으셨다고 소리 내어 말했다. 그 친구 덕분이다. 지금도 고맙다. 가족 잃은 심정을 깊이 공감하는 마음은 참으로 값지다는 걸 경험을 통해 알게 되었다.

2017년 9월 28일, 추석을 앞두고 전사하거나 순직한 공무원의 유가족을 초청하는 오찬 일정이 있었다. 최근에 가족을 잃고 나서 명절을 맞이하는 그분들의 마음이 오죽할까 싶어 명절 직전에 청와대로 초청해 문재인 대통령 내외분과 오찬을 하는 일정이었다. 제2연평해전 전사자, K9 자주포 폭발 사고 순직자, 석란정 화재 순직 소방관, AI 방역 순직 공무원, 토요일 근무 순직 집배원, 화성 엽총 난사사건 순직 경찰관 등의 유가족이 참석했다.

준비하면서 걱정을 많이 했다. 그분들의 마음이 채 가라앉지 않은 상황일 수밖에 없었으니, 오찬이 제대로 진행될까 염려스러웠다. 유족들이 복받친 심정을 말씀으로 전하실 텐데 오찬이 정상적으로 이뤄질지 의문이었다. 고민해봤으나 뾰족한 수가 없었다. 방법이 있다면 가장 단순한 방법, 그분들의 사연 하나하나와 상처입은 마음을 문재인 대통령 내외분이 직접 들어주는 것만이 우리가 기획할 수 있는 최선이었다.

일단 이야기를 경청하는 것 자체가 중요한 것 같았다. 그래서 이 일정에 대해서는 행사의 요소들을 굳이 가미하지 않았다. 가미해봤자 진행이 제대로 안 될 것 같았고, 그럴 바에야 그분들께 충분히 말씀하실 시간을 드려야 한다고 생각했기 때문이다.

역시 예상했던 대로 오찬이 시작되자마자 초청 가족 대부분이 흐느끼며 우셨다. 김정숙 여사도 함께 우셨다. 가족의 사고 이후 겪었던 이야기를 듣는데 눈물이 안 날 수가 없었다. 점심을 제대로 먹지도 못하고 다들 울기만 했다.

매우 난감했다. 사실 일정이 이렇게 끝나버리더라도 뭔가 역할은 했다고 할 수 있겠지만, 이런 식의 진행은 곤란했다. 생각은 그렇게 했지만 모두들 계속 울기만 하니 뭘 어떻게 할 수가 없는 상황이었다.

이때, 예정에 없던 제안을 한 분이 있었다. 다름 아닌 대통령이셨다.

"제가 오늘 여러분들을 위해서 청와대 투어 가이드를 해도 되겠습니까? 청와대 본관은 많이 이용을 안 했습니다. 임기 시작 4개월이 되었는데, 접견실이나 대통령 집무실을 저도 사실 한 번밖에 못들어가봤습니다. 거기 같이 한번 보러 가면 어떻습니까, 제가 안내하겠습니다."

모두 깜짝 놀랐다. 그때부터 나의 손과 발이 정신없이 바빠졌다. 더구나 대통령께서 직접 안내해서 가시겠다고 하니 그 말을 듣는 즉시 일어나 청와대 본관 2층으로 올라가 대통령 집무실과 접견실, 집현실 불을 켜고 상태를 점검했다. 대통령 집무실과 접견실은 본관 2층에 있었는데, 대통령께서 직접 안내하시면서 그분들에게 본관 구석구석을 소개해드렸다.

사실 대통령 집무실에 일반 개인이 들어가는 것은 거의 불가능한 일이다. 그분들이 거기까지 알기는 어려웠겠지만, 여하간 굉장한 호의를 베풀었다는 것은 충분히 느꼈을 것이다. 그렇게 하나하나 대통령이 직접 설명을 다 해주면서 본관 2층 건물을 둘러보고는 함께 1층으로 내려왔다.

1층에는 세종실이라는 이름의 국무회의가 열리는 공간이 있다. 국무회의가 열리는 공간이니 거기도 장관급이 들어갈 수 있는 공간이다. 대통령이 그분들께 그 공간까지 안내하겠다고 해서 내가 그곳의 불을 켰다.

세종실에는 대통령이 항상 앉는 자리가 있다. 대통령께서 그 자리를 모를 리도 없고 못 찾을 리도 없는데 나를 보고 "여기 내 자리가 어디지요?"라고 굳이 물어보셨다. 여기라고 말씀 드리니, 대통령이 그날 행사에 온 가장 어린 친구에게 "오늘의 대통령은 너란다"라면서 그 친구를 대통령 자리에 앉혔다. 함께 온 다른 가족들은 국무위원석에 앉았다. 대통령은 그분들을 향해서도 "오늘의 국무위원, 장관들은 여러분입니다"라고 했고 본인은 끝내 서 있었다.

그 회의장에는 자리마다 명패가 있기 때문에 유가족들 역시 문재인 대통령의 호의가 무엇인지를 쉽게 알 수 있었을 것이다. 그분들은 청와대에서 대통령과 밥만 먹고 올 줄 알았을 텐데 뜻밖에 문재인 대통령이 직접 안내하며 청와대 구경까지 시켜주니 다소 마음이 풀린 듯했다. 투어 전에는 눈물만 흘리고 밥도 못 드시고 그랬던 분들이 나중에는 청와대를 배경으로 가족끼리 사진을 찍거나 문재인 대통령과도 기념사진을 찍고 웃으면서 귀가하셨다. 당초 한 시간 진행될 예정이었던 그날의 일정은 두 시간 가까이 진행되었다.

아픔이 큰 참석자들의 심정을 헤아려 본인을 스스로 낮추고, 세심하게 배려하는 모습은 가족을 잃은 분들의 마음에 대한 깊은 공감이 없으면 할 수 없는 것이었다. 그러니 그 자체가 위로였다. 그 날 문재인 대통령의 청와대 투어 가이드 데뷔는 찡한 울림을 주었다. 행사가 끝나고 오랜만에, 아버지를 보내드렸을 때 나를 위로해 준 그 친구에게 전화해 무덤덤하게 몇 마디 주고받고 금방 끊었다. 그걸로도 족했다. 전화할 수 없는 곳으로 가신 아버님이 더 보고 싶어졌다.

수능 연기 결단

문재인 정부의 출범은 세월호 참사와 무관하지 않다고 봐야 할 것이다. 2014년 4월 16일의 세월호 참사는 곧바로 박근혜 정부의 권력을 붕괴시키지는 못했지만, 이에 대한 시민사회의 끊임없는 문제 제기가 결과적으로 2016년 겨울의 촛불시위와 탄핵으로까지 이어진 것이다. 문재인 정부 국정 운영의 중심은 그날 이후 한국 사회에서 광범위하게 던져졌던 그 질문, '이게 나라냐?'에 대한 해답을 제시하는 것이었다.

문재인 대통령이 안전에 대해 얼마나 확고한 철학을 가지고 있는지를 실감하게 된 계기가 있었다. 2017년 11월 대통령 일행은 8박 9일 동남아 순방을 마치고 복귀했다. 그 순방은 신남방정책에 대한 구상을 처음으로 밝힌, 베트남과 필리핀 등 주요 아세안 국가들에 대한 방문을 망라했던 상당히 중요한 일정이었다. 그런 일정을 소화한 우리는 공항에 내리자마자 곧바로 청와대를 향해 뛰어가야만 했다. 입국 직전에 포항에서 지진이 발생했기 때문이다. 잠시도 쉬지 못하고 곧바로 청와대로 향하는 차를 탔다. 사무실에 도착하니 이미 난리가 나 있었다. 수능이 며칠 남지 않았는데, 도대체 수능을 어떻게 해야 하나는 논란이 분분했던 것이다.

수능을 연기하게 된다면 전국적으로 혼란이 일어나는 것은 물론이거니와 시험지 보안 문제도 발생할 터였다. 그때 문재인 대통령은 당시 김부겸 행정안전부 장관에게 전화해서 현장 상황이 어떤지 물었다. 김부겸 장관은 단호하게 "이대로 수능 강행은 안 됩니다. 연기해야 합니다"라고 말했다. 장관의 말인즉 수능을 강행하게 되면 포항의 학생들만 불이익을 받게 될 뿐만 아니라, 당장 포항 건물들의 안전도 확인되지 않는 상태라는 것이었다. 수험생들이 안전한 환경에서 시험을 치를 수 있을지를 확신할 수 없는 상황이었다.

문재인 대통령은 깊은 고민과 빠른 판단으로 수능 연기 조치를 취했다. 그 피곤한 순방 일정을 소화하고 돌아온 와중에 공항에 내리자마자 각 부처의 의견을 종합하고 회의에서 논의를 거쳐 매우 어렵지만 신속한 결정을 내렸다. 대학 입시에서는 기회의 평등이 매우 중요한데, 포항에 있는 학생들만 불이익을 당하는 것은 있을 수 없는 일이라는 생각이 컸다.

그때 나는 생각했다. 만약 우리가 세월호 참사라는 고난을 겪지 않았다면 어땠을까. 대학 입시와 직결된 시험을 일주일이나 연기하는 조처에 대해서 사람들이 이처럼 혼란과 잡음 없이 받아들일 수 있었을까. 그러기 어려웠을 거란 생각이 들었다. 또한 대통령에게 안전에 대한 확고한 철학이 없었다면 이러한 결단을 내릴 수 있었을까. 그 역시 어려운 일이었을 거란 생각이 들었다. 그런 점에서 나는 수능을 연기한 당시 결정은 우리 사회가 세월호 참사 이후로 성숙해지고 바뀌어가는 모습을 보여주는 풍경이었다고 생각한다. 현명한 우리 시민들의 판단도 같았는지, 그 사건 이후 문재인 정부의 지지율이 올라갔다.

에펠탑 옆 수소충전소

가끔은 내 생각보다 훨씬 일이 커진 경우가 있다. 사람들은 그것을 대박이라고 했다. 도보다리가 그랬다. 그러나 전혀 알려지지 않은 사실이 하나 더 있다. 그것은 대한민국의 수소경제 시대를 앞당기는 데 절대적 기폭제가 된 대통령의 파리 도심 수소충전소 방문이다.

2018년 10월, 나는 대통령의 프랑스 순방을 준비하기 위해 사전에 파리 현지로 갔다. 당시 나는 의전비서관실 행정관이었다. 백두산 천지를 다녀온 다음이어서 세상 모든 것이 아름답게 느껴질 때였다. 대통령의 프랑스 순방 일정 초안에 양국 경제협력 관련 일정이 포함되어 있지 않아 경제 현장 일정을 추가하는 게 좋겠다는 판단이 들었다.

함께 갔던 행정관들과도 상의했더니 준비된 일정에 결정적 한 방이 없어 아쉽다는 데 다들 공감했다. 그래서 당시 주프랑스 한국 대사관 정권 상무관(대사관에서 무역, 수출입, 경제 협력 파트를 담당하는 직책)에게 경제 일정으로 제안할 만한 것이 있는지 문의했다. 그는 파리 근무 전에 청와대에 근무하면서 나와 교류가 있었기 때문에 서로 편하게 의견을 나눌 수 있었다.

정권 상무관은 파리 시내에서 수소 택시가 영업하고 있는데 이 차량의 연료를 공급하는 도심 수소충전소가 있다고 말해주었다. 대통령 순방에 동행하는 산업통상자원부 장관의 독자 일정으로 수소충전소 방문을 검토하고 있다고 했다.

나는 정권 상무관에게 일단 현장에 가서 보자고 했다. 에어리퀴드사가 파리에 설치한 첫 번째 수소충전소였다. 인파와 차량이 붐비는 알마 광장 교차로 인근에 있어 충격을 받았다. 폭발 위험 때문에 도심지 내 설치가 불가능하다고 생각했던 수소충전소가 파리의 상징인 에펠탑이 바로 보이는 곳에 설치되어 있다는 사실이 그랬다. '수소충전소가 정말 위험하다면 여기에 충전소를 설치했겠는가' '안전하다는 명확한 판단이 있었기 때문에 이곳에 설치한 것 아니겠는가' 하는 생각이 절로 들었다.

나는 대통령의 수소충전소 방문 일정을 제안하기로 마음먹었다. 대통령이 이곳을 방문하면 첫째, 파리 수소충전소가 에펠탑과 가까이 있다는 시각적 효과를 노출함으로써 수소충전소는 위험하

수소충전소는 위험하다는 막연한 불안감을 깨고
수소경제 생태계 형성에 있어 한국과 프랑스의 협력이
증진될 수 있겠다 판단했다.
파리 에펠탑이 보이는 알마 광장 교차로에
위치한 수소충전소.

다는 막연한 불안감과 도심충전소 설치는 불가하다는 당시의 국내 상식을 깨는 데 크게 도움이 될 것이고, 둘째, 수소경제 생태계 형성에 있어 한국과 프랑스의 협력이 증진될 수 있겠다 판단했기 때문이다. 산업통상자원부 장관의 독자 일정보다는 국가 정상인 대통령의 일정으로 승격시켜 수소에 대한 막연한 불안감을 해소함으로써 수소를 에너지로 삼는 산업에 긍정적 영향을 줄 수 있다고 생각했다. 이러한 나의 의견은 정권 상무관을 통해 에너지 주무 부처인 산업통상자원부에도 전달되었고, 부처의 추가 조사를 거쳐 대통령이 주재하는 해외 순방 사전 회의 때 장관이 이 일정의 필요성을 보고했다. 그러나 회의에 참석한 관계 부처들 간 일정 추진의 타당성에 대한 이견으로 대통령의 수소충전소 방문 일정이 최종 확정되지 못한 상태로 회의를 마쳤다.

따라서 대통령께서 순방 출발 전날 보고받은 프랑스 순방 일정 보고서에는 수소충전소 방문 일정이 포함되어 있지 않았다. 이를 본 대통령께서 김종천 의전비서관을 긴급 호출해 도심 수소충전소 방문 일정이 포함되지 않은 이유를 물으시면서 그것을 추진하라고 지시하셨다. 김종천 의전비서관은 파리 현지에서 미리 순방 일정을 준비하고 있었고, 처음 이 일정을 제안했던 내게 연락해 대통령의 지시사항을 전달했다. 나는 즉각 대통령 방문 일정 준비에 돌입했다.

2018년 당시에는 수소경제의 미래에 대한 불확실성으로 대통령의 수소 관련 일정이 적절한지에 대해 반대 의견이 있었다. 미래차 시장에서 전기차가 대세인 상황에서 현대자동차가 수소차를 선택한 데 대해 성공 가능성을 낮게 보는 시각이 존재하던 시기이기도 했다. 이러한 우려에도 대통령의 수소충전소 방문 일정은 다음 날 거의 모든 조간신문에 톱기사로 보도되었고 이후에도 취재가 이어졌다. 에펠탑을 배경으로 한 파리 도심 수소충전소 전경은 방송과 신문에도 집중 소개되었다. 이 한 장의 사진이 불안감을 걷어내고 수소가 안전한 에너지임을 인식시켜 수소충전소 설치 속도 세계 1위를 달성하는 데 크게 기여하게 되었다. 또 위험하다고 인식되었던 수소를 운전자가 직접 충전, 즉 셀프 충전이 가능했다.

수소는 기후변화 대응과 탄소중립시대에 미래 에너지로 각광받고 있고, 국내 유수기업이 앞다투어 투자 계획을 발표하고 있다. 대통령은 수소의 미래 가치를 간파해 수소경제 활성화 최대의 걸림돌이었던 '폭발 위험성'과 '안전' 문제를 자신의 행보를 통해 걷어냄으로써 수소를 대한민국의 미래 비전으로 승격시켰다.

지금도 첫 제안을 하면서 서로 의논했던 주프랑스 대사관 정권 상무관과 연락하거나 만나면 그때의 일화를 얘기하고 또 얘기한다. 얘기할 때마다 좋다. 남들은 모르는 둘만 아는 자부심이 있다. 대한민국의 수소경제를 위해 벽돌 한 장 놓았다는 자부심이다. 아마 두 사람 모두 죽을 때까지 이 마음으로 미래 에너지의 총아, 수소경제가 가져올 좋은 영향력을 흐뭇하게 지켜볼 것이다.

협치, 관성의 파괴로부터

문재인 정부는 야당 대표들을 NSC(국가안전보장회의)에 초청한 최초의 정부다. NSC는 미국의 국가안전보장회의를 본따 1963년에 만들어졌으나, '제왕적 대통령제'하에서는 오랫동안 유명무실한 기구였다. 민주정부인 김대중 정부 때 조직을 정비하고 많은 권한을 주기 시작했고 이어서 노무현 정부 때 사무처를 신설하고 NSC 상임위원회를 상설화하면서 본격적으로 외교 안보 분야의 컨트롤타워 역할을 하기 시작했다. 어쨌든 야당 대표들을 NSC가 실제로 활동하는 공간에 초청한 것은 문재인 정부가 처음이었다.

2017년은 북한이 미사일을 계속 쏘고 있을 때였다. 반대 의견이 많은 상황에서도 문재인 정부 청와대는 야당 대표들에게 그 공간을 보여주면서 북한이 미사일을 쏠 때의 대처 방식을 설명했다. 그때 야당 대표들도 깜짝 놀랐다. 그날 야당 대표들도 상당히 기분이 좋아서 여야 대표들과 대통령의 회동이 끝나고 처음으로 청와대 춘추관에서 공동 기자회견까지 진행했다.

야당과의 협치는 말로만 하는 것이 아니라 정부가 갖고 있는 정보를 공유하겠다는 적극적인 의지가 있어야 한다. 전례가 없는 일이라 실무진들의 반대가 심했으나 장관들도 대기시키는 등 야당에 대한 성의를 다했다. 대통령의 강력한 의지가 없었다면 결코 일어날 수 없는 일이었다.

한편 문재인 정부의 유명희 산업통상자원부 제2대 통상교섭본부장 인선은 또 어떠한가. 유명희 본부장의 남편은 당시 제1야당인 자유한국당 소속 정태옥 의원이었다. 유명희 본부장은 문재인 정부가 출범했을 때 사표를 낼 생각까지 했다고 한다. 본인이 박근혜 정부 때 청와대 홍보수석비서실에서 외신대변인으로 일한 이력이 있었고, 남편이 자유한국당 의원이었기 때문이다. 그러나 막상 청와대에서 유명희 본부장의 승진 인사를 정할 때 내부에서 "남편이 야당 국회의원인데 어떻게 본부장을 시키냐"는 반대가 일부 있었음에도 문재인 대통령은 "그건 아무런 상관도 없는 일이다"라고 했다.

문재인 대통령은 남편과 아내는 별도의 인격체로 봐야 하며, 유명희 본부장의 전문성을 봐야지 야당 의원의 아내라고 해서 안 된다는 것은 이유가 될 수 없다고 설명했다. 당시에도 유명희 본부장의 인선은 산업통상자원부 역사상 첫 여성 차관급 공무원 승진으로서 '유리 천장'을 정부가 적극적으로 깨뜨린 사례로 화제가 됐다. 문재인 정부는 심지어 유명희 본부장을 세계무역기구(WTO) 사무총장 후보로 밀어서 결선까지 진출시키기도 했다. 비록 유명희 본부장은 아쉽게 최종 선출되지 못했으나, 이후 문재인 정부에서 외교부 경제통상대사까지 역임했다.

민유숙 대법관의 인선 역시 마찬가지다. 김명수 대법원장이 최초로 대법관 임명을 제청한 민유숙 대법관은 문병호 전 의원의 배우자다. 당시 문병호 전 의원은 국민의당 의원 출신으로 바른미래

당에서 활동하고 있었고, 이후에는 미래통합당에 입당해 총선에 출마하기도 했다. 그런데도 민유숙 대법관의 임명동의안을 국회에 제출하고 이후 임명했다. 이는 대법원의 의견을 존중하여 삼권분립 정신을 굳건히 하겠다는 의지도 담겨 있었다.

대통령이 옛날 사고방식에 갇혀 있는 분이었다면 도저히 상상할 수 없는 선택도 자주 했다. 대통령은 임기 첫날, 야당 당사를 방문했다. 선의의 경쟁에 밑바탕이 되는 상대에 대한 존중을 행동으로 옮겼다. 여러 차례 논의 끝에 여·야·정 국정상설협의체 구성도 합의했다. 물론 잘 되지는 않았으나, 야당을 국정 운영에 참여시키기 위해 진심으로 노력했다. 임기 말에 뜻밖의 사건도 있었다. 야당 인사를 내각에 참여시키기 위해 야당 당적을 유지한 상태에서 입각을 권유하기도 했다. 그러나 실현되지 못했다. 이런 파격적인 제안에 화답하지 못하는 정치 문화를 못내 아쉬워하셨다.

잠깐만을 외친 행정관

2017년 12월, 중국 순방이 있었다. 베이징 일정 후 충칭으로 갔다. 충칭은 우리 대한민국 임시정부의 마지막 청사가 있는 도시다. 임시정부 청사가 상하이에만 있었던 것으로 생각하는 분이 많으나, 일제의 폭압을 피해 항저우, 전장, 창사, 광둥, 류저우, 치장, 충칭으로 옮겨다녔다.

놀랍게도 대한민국 대통령의 첫 충칭 임시정부 청사 방문이 계획되어 있었다. 이전 대통령들은 주로 상하이 임시정부 청사를 방문했다. 대한민국 임시정부의 시발점인 상하이 임시정부 청사의 상징성이 가장 크기 때문에 그랬을 것이다.

충칭 임시정부 청사는 김구 선생이 마지막까지 계셨고 귀국 전까지 머무른 공간이라는 점에서 상하이 임시정부 청사와는 또 다른 의미를 지닌다. 항일 무력투쟁을 위한 협의들이 많이 진행된 장소이기도 해서 우리 임시정부 역사에서 매우 중요한 공간이다. 그곳은 재개발이 될 수도 있는 상황이었는데 우여곡절 끝에 간신히 보존됐다. 중국에 살고 계신 한 독립운동가 후손이 충칭 임시정부 청사의 재개발을 막고, 원형이 보존될 수 있도록 동분서주했다. 이분은 독립유공자 이달 선생의 장녀인 이소심 여사다. 이에 중국 정부도 그곳이 지닌 문화재적 가치, 한·중 우호의 가치를 인정해서 보존하기로 결정해 오늘에 이르게 됐다.

대통령 방문 이전에 충칭 임시정부 청사를 미리 답사하는데, 답사단 일행들이 계속 훌쩍거렸다. 눈물을 글썽였다. 김구 선생께서 환국에 앞서 그곳에서 찍은 기념사진을 보니, 광복된 뒤에도 임시정부 요인 자격으로 바로 귀국하지 못하고 석 달이나 지나서야 개인 자격으로 입국했던 사연이 떠올라서 서글펐다. 우리나라 근현대사의 아픔이 서려 있는 장소라서 자신도 모르게 그랬을 것이다. 답사단 전체가 그 사진을 보면서 1945년 환국을 앞둔 임정 요인들이 기념사진을 찍었던 청사 계단에서 대통령 방문 사진을 꼭 찍어야겠다고 생각했다. 1945년과 2017년의 사진이 자연스럽게 오버랩되도록 똑같은 장소에서 찍자는 의견이었다.

대통령의 일정이 있던 날, 그 장소에 서서 옛날 사진 구도 그대로 기념 촬영을 했다. 그런데 사진을 찍는 순간, 내 눈에 충칭 임시정부 청사 보존을 위해 노력하고 성사시킨 이소심 여사가 들어왔다. 그분은 사진을 찍는 우리 일행과 함께였지만 사진 구도상 맨 끝줄에 자리해 있었다. 나는 순간 '이건 아니다'라는 생각이 들어서 "잠깐만요!"라고 외치고 촬영을 중단시켰다. 제일 끝에 계셨던 그분을 대통령 옆으로 모셨다. 다른 편에는 임시정부기념사업회 회장님이 계셨다. 그런 뒤 다시 사진을 찍었다.

그때 내 생각은 그랬다. 1945년에 찍은 사진과 지금의 사진이 그대로 오버랩되기를 바라는 그 순간, 그 시절 독립운동가의 후손들, 특히 충칭 임시정부 청사 보존을 위해 헌신하고 성사시킨 이소심 여사, 임시정부기념사업회 회장 같은 분이 대통령 옆에 있어야 한다는 생각이 들었던 것이다. 그것은 임시정부의 정통성을 이어받은 대한민국의 대통령이 그렇게 훌륭한 삶을 산 이들에게 줄 수 있는 최고의 영예이며 의미 부여일 것이다.

사진을 다 찍고 나니 몇몇 분들이 한마디씩 했다. 일개 행정관이 대통령 내외분 사진을 찍는데 갑자기 중단시키다니 우리 대통령이니까 용인해주신 것이라고 했다. 사진 촬영 대형을 다 갖춘 상태에서 맨 끝줄에 있는 분을 모시고 내려오기까지 시간이 꽤 걸렸다고도 말했다. 미리미리 준비했어야 하지 않았냐고 했다. 그러나 대통령께서는 아무런 내색도 없이 기다려주셨다.

나는 중국으로 떠날 때부터 충칭 일정을 가장 기대했었다. 베이징에서 입을 양복과 충칭에서 입을 양복 두 벌을 챙겼다. 충칭에서 입을 양복은 베이징에선 꺼내지도 않았다. 그때부터 내 마음속에서 충칭 일정은 베이징 일정보다 위에 있었던 것이다. 나는 충칭 임시정부 청사에서 최대한의 예우를 갖추겠다는 생각으로 내 옷 중에서 가장 좋은 양복을 충칭에서 입을 것으로 준비했다.

사진 찍을 때 대통령 옆에 서게 된 두 분 중 임시정부기념사업회 김자동 회장님은 내가 섭외한 분이었다. 중국으로 떠나기 전 임시정부기념사업회에 전화 걸어 동행을 청했다. 회장님의 따님이자 기념사업회 이사였던 분은 대한민국 대통령이 임시정부기념사업회에 연락해서 중국에 있는 임정기념관 방문 행사를 함께하자고 한 건 최초라고 말해주었다. 그러면서 부친이 돌아가시기 전에 이런 날이 왔다는 것은 무한한 영광이라며 대통령과 같이 갈 수 있는 기회를 준 것만으로도 너무 감사하다고 했다.

그 말을 듣자 나는 뿌듯함을 느낌과 동시에 그간 대한민국이 독립운동가 후손들을 얼마나 홀대한 것인가 하는 생각이 들어 얼굴이 화끈화끈했다. 그때 임시정부기념사업회 측에서 몇 명까지 갈 수 있냐고 물어서 네 분까지 가능하다고 말씀드렸다. 그렇게 들었

충칭 임시정부 청사는 김구 선생이 마지막까지
계셨고 귀국 전까지 머무른 공간이라는 점에서
상하이 임시정부 청사와는 또 다른 의미를 지닌다.

1945년 환국을 앞둔 임시정부 요인들이
기념사진을 찍었던 충칭 임시정부 청사 계단에서
옛날 사진 구도로 기념 촬영을 했다. ©연합뉴스

어도 그분들은 직접 초청받은 임시정부기념사업회 회장님만 예산 지원을 받고 나머지 일행 세 분은 자비로 가야 하는 줄 알았다고 한다. "국가가 당연히 해야 할 일이니 저희가 네 분 다 모시는 예산을 책정하겠습니다"라고 말씀드렸다. 임시정부기념사업회 측은 여기에 매우 감동받았고, 회장님도 사업회 측도 지금까지 그때 얘기를 하시곤 한다고 들었다.

김자동 임시정부기념사업회 회장님은 사실 그 충칭 임시정부 청사에서 태어나셨다. 그로서는 본인이 태어나고 유년시절을 보낸 고향으로 돌아온 셈이었다. 회장님은 연로해 걸음걸이가 불편해 휠체어를 타고 오셨다. 본인이 유년시절을 보낸 그 고향에 대통령을 모시고 오니 그 감동이 이만저만이 아니었을 것이다. 회장님은 충칭 임시정부 청사에 이르자 휠체어에서 일어나 그 계단을 직접 걸어 올라가셨다. 김자동 회장님은 안타깝게도 2022년에 작고하셨다.

임시정부의 법통을 이어받았음을 헌법 전문에 명문화한 나라에 임시정부 기념관이 없다는 것은 실로 부끄러운 일이다. 문재인 대통령은 후보 시절부터 기념관 건립에 애착을 보이셨다. 공약사업 가운데 하나가 임시정부 기념관 건립이었고 2022년 3월 1일에 서대문에 개관했다. 너무나 당연한 일이 무려 77년이 지나서 이뤄졌다.

일본 수출 규제에 맞서다

2019년 7월 1일, 일본 경제산업성이 반도체와 디스플레이 제조 핵심 소재의 수출을 제한하겠다고 발표했다. 한국을 백색 국가에서 제외해 사실상 수출을 끊어버린 상황이었다. 언론에서는 난리가 났다. 수출로 먹고사는 나라에서 반도체와 디스플레이 생산이 중단된다며 한국 경제가 마비될 것처럼 보도되었다.

일본이 한일 무역분쟁을 일으킨 원인이 된 신일본제철 강제노역 관련 대법원 판결은 개인 청구권에 대해서는 국가가 통제할 수 없다는 점을 근거로 개인의 손해배상 청구를 가능하게 한 것이었다. 일본은 1965년 한일청구권협정으로 모두 끝난 문제라고 주장했다. 일본이 불화수소 등으로 수출 규제를 시작하자 한국에서는 한일군사정보보호협정(지소미아) 카드를 꺼내게 되었다.

이때는 정말로 청와대의 모두가 두려움을 느꼈다. 청와대와 부처에서 협의해 대통령에게 보고한 의견은 '외교적 방법에 의한 해결'이었다. 현실론을 바탕으로 정면 대응을 피하자고 한 것이다. 그렇게 대다수 참모의 의견이 반영된 메시지 초안이 대통령에게 올라갔다. 대통령의 반응은 '침묵'이었다. 문재인 대통령은 화를 거의 내지 않는 분이라 침묵한다는 것은 사실상 화가 났다는 표시나 다름없었다.

긴급회의가 소집됐다. 이 회의에서 대통령이 하신 말씀이 전해졌다.

"바둑 둘 줄 아십니까? 바둑을 둘 때 승부처라는 생각이 들 때가 있지요? 이 문제를 다루면서 지금이 바둑의 승부처라는 생각이 들지 않습니까? 나는 지금이 소부장(소재·부품·장비) 독립을 이룰 수 있는 승부처라고 생각하는데 어떻게 이런 메시지를 건의할 수 있습니까?"

이 역시 평소 화법을 생각하면 엄청난 질책이나 다름없었다.

이 문제에 관해 문재인 대통령은 단 한 번도 흔들림이 없었다. 수출이 제한되어 경제가 안 좋아지면 대통령 지지율에도 타격이 있을 수 있고 심지어 다음 총선에 미치는 영향도 속단할 수 없었다. 그럼에도 대통령은 흔들림 없이 이 상황이 전화위복의 계기가 될 수 있다고 말했다. 소부장 독립은 '반일'과는 별도로 우리 산업과 경제 문제에서 국익을 추구하는 길이라고 했다. 대통령은 참모들의 우려와는 전혀 다른 방향에서 활로를 찾아낸 것이다.

수출 규제에 대한 민관의 효과적이고 단일한 대응을 위해 민관이 한 건물에서 소통하며 함께 일했다. 그때는 모든 의사결정을 민관이 함께했는데, 다들 그런 일은 처음이라 했다. 사람이 물리적으로 떨어져 있으면 아무리 소통을 잘해도 시간이 걸리게 된다. 그러다 보면 적기에 올바른 조치를 취할 수 없게 된다. 그래서 아예 한자리에 모여 산업계에서 이게 필요하다 하면 바로 거기서 함께 의논하고 결정해서 처리하는 일을 반복했다.

외교부의 역할이 필요하면 외교부를 나서게 하고, 중소벤처기업부에서 필요한 게 있으면 중기부에서 처리하게 했다. 그렇게 민관이 한몸으로 똘똘 뭉쳐 속도감 있게 대응했다. 그때 이야기 중 재미있는 것 하나가, 카톡방에서 한 회사가 이게 문제라고 올리면 그것을 해결하기 위한 회의가 바로 다음 날 열렸다는 것이다. 그래서 관련 업계 사람들이 흔들리지 않을 수 있었다. 사람이 앞으로 일어날 일이 불확실하다 느끼면 두려워지고 연약해지는데, 그런 불확실성을 바로바로 해결해주다 보니 사람들이 불안해하지 않았다. 이 어려움을 함께 이겨낼 수 있다고 생각하게 됐다.

리더가 '이렇게 할까? 아니면 저렇게 할까?' 하면서 갈팡질팡하면 따르는 사람들도 불안해한다. 문재인 대통령은 그러지 않았다. 이번 문제는 이겨낼 수 있는 방법이 있다, 국민들이 도와주고 있기 때문에 뚫고 나가보자고 했다. 아직 미진한 부분도 있지만 그렇게 '소부장 독립'의 기틀을 쌓았다.

시나리오도 없었다

대통령 임기가 반환점을 향해 가던 2019년 가을, '국민과의 대화'를 준비했다. 지난 2년 반을 평가하고, 남은 2년 반 동안의 국가 운영 방향을 국민의 질문을 통해 대통령이 설명하는 자리였다. 당시 나는 홍보기획비서관실 선임행정관으로 이 일정을 준비하는 업무를 맡았다.

이 일정은 준비 단계에서부터 설왕설래가 많았다. 사전에 질문을 조율하지 않은 탓이다. 300명의 일반 국민과 나누는 즉석 문답이기 때문에 언론인과 하는 기자회견과는 달랐다. 어떤 분들이 참석할지도 모르고 엉뚱한 질문이 나오면 생방송인데 매우 난감할 수 있다는 지적이 주를 이뤘다.

과거 정부의 '국민과의 대화'는 시나리오가 있었다고 들었다. 현장에 패널로 참석하는 국민의 질문 주제가 무엇이고, 구체적인 질문 내용은 무엇인지 사전에 질의 응답지를 만들었다. 그런데 문재인 대통령의 '국민과의 대화'는 시나리오가 없었다. 참석한 300명 중 어떤 분에게 질문 기회를 줄 것인지도 사회자에게 모두 위임했다. 행사 진행을 맡은 MBC는 참여 신청을 받을 때 질문 내용을 적도록 했다. 그렇게 해야 하는 이유는, 주제가 한 방향으로 몰리면 안 되기 때문이었다. 그것뿐이었다.

참석자들이 사전에 제출한 질문이 무엇인지 방송국에서 전달받지도 않았다. 시나리오가 없는 '국민과의 대화' 진행 방식에 대해 대통령께 보고드렸다. 대통령 자신만의 역량으로 답변하시라는 것인데 참모로서는 참으로 송구했다. 그래도 대통령은 흔쾌히 받아주셨다.

마지막 순간 우리에게도 고민이 있었다. MBC와 얘기해서 질문이 무엇인지, 어떤 분들이 현장에 참석하시는지 물어봐야 하지 않을까. 그런데 그때 나와 함께 준비했던 정구철 홍보기획비서관이 했던 말이 지금도 잊히지 않는다. "대통령 잘 모셔야 된다" "국민과 대통령이 진솔하게 대화하게 하자"는 뜻이었다. 그날 아무런 잡음 없이 '국민과의 대화'가 성공적으로 끝난 것에 대부분의 언론은 청와대에서 무언가 시나리오를 만들었을 거라고 봤지만, 우리에게는 아무런 시나리오가 없었다.

딱 하나 마지막까지 고민했던 것은 첫 번째 질문을 누구에게서 어떻게 받을 것인가 하는 것이었다. 그런데 그때 스쿨존에서 과속 차량에 치여 숨진 민식이 부모님과 자동차 사고로 아이를 잃은 부모님이 오신다고 해서 그분에게 첫 번째 질문권을 드리기로 했다. 첫 번째 질문자만 대통령이 선정하기로 결정한 것이다. 대통령께는 청와대에서 방송국으로 출발하시기 전에 보고를 드렸다.

그렇게 시나리오도 없었고 참석자 300명을 뽑는 데도 관여하지 않았다. 우리가 딱 하나 의견을 낸 건 사회자였다. 가수 출신의 MC인 배철수 선생을 제안했다. 국민에게 호감을 주는 여러 분 중에서 고민했는데, 결국 그분을 제안한 이유는 그가 MBC 라디오 프로그램의 진행자로 정치적 성향이 없는 분이고 또 대통령과 동갑이기 때문이었다. 딱 그것밖에 없었다. 그때 배철수 선생은 문재인 대통령처럼 사회운동했던 사람을 보면 개인적으로 미안하다고 했다. 그런 마음에서 사회를 맡아주신 것이 아닌가 싶다. 너무나 감사했다.

'국민과의 대화'는 지난 2년 반을 평가하고, 남은
2년 반 동안의 국가 운영 방향을 국민의 질문을 통해
대통령이 설명하는 자리였다.
2019년 11월 19일, '국민과의 대화'.

문재인 대통령은 국정 현안에 대해 이해가 깊은 분이었다. 공부하는 것과 이해하는 능력이 엄청난 분이다. 옆에서 보면 범인은 도저히 따라갈 수 없다는 생각이 들 정도였다. 두꺼운 보고서를 올려드리면 밤새 다 읽는 일이 다반사였다. 외교 일정에 관련된 발언 참고 자료를 드리면 그걸 모두 읽고 숙지하고 본인 것으로 만들어 발언하셨다. 이렇게 외교를 하니 상대도 대통령과 한국 측에서 자신들을 깊이 이해한다고 여기게 된다. 회담을 마치고 나오면 들어갈 때보다 분위기가 좋아진 경우를 많이 보았다.

한마디로 말해 지도자로서 문재인 대통령에 대한 신뢰가 생긴 것이다. 그렇기 때문에 참모들에게도 의지가 되는 대통령이었다. 그래서 나는 '국민과의 대화'에서도 질의 응답을 사전에 조율할 필요가 없다는 의견을 냈고 결국 그대로 관철됐다.

결과적으로 '국민과의 대화'는 잘 끝났다. 훗날 부동산 문제에 대한 답변이 논란이 되었지만 당시로서는 국민들의 질문 앞에서 원고 없이 답변하는 대통령의 모습에 국민들은 좋은 평가를 내려주셨다.

부가적인 효과도 있었다. 참석자 300명의 사전 질문지가 있었는데 그중 30여 명밖에 질의를 못 했으니 270여 개의 질문이 답변되지 못한 채로 남아 있었던 셈이다. 문재인 대통령은 그 나머지 질문에 대해서도 서면으로 답변하겠다고 방송에서 약속했다. 그래서 그 270여 개의 질문을 비서관실이 분담해서 답변서를 준비했다. 답변서 초안을 정리해서 균질화하고 보강하는 작업에 한 달 반을 더 썼다. 그 한 달이 넘는 시간 동안 밤 12시 이전에 퇴근해본 적이 없다.

그 작업의 결과물인 답변서는 그해 연말에 참여자들에게 전송됐다. 많은 사람들이 그 답변서가 실제로 전달됐다는 사실에 호평을 했다. 답변서를 통째로 사진 찍어 각 인터넷 커뮤니티에 올린 경우도 많았다.

이전 정부 때와 비교해 기자회견 횟수를 근거로 소통에 아쉬움을 나타낸 언론 보도가 재임 중에 있었다. 질문 내용이나 질문자를 미리 선정하고 잘 짜여진 각본에 따르는 대통령과의 대화를 몇십 번 한들 무슨 의미가 있을까. 안 하는 것보다야 낫다고 여기지 않는 이상은 말이다.

NO 의전, 질병관리본부 방문

김복동 할머니 병문안 때처럼 대통령의 일정에 필요한 최소한의 의전만 갖추라는 대통령의 지시는 그후로도 여러 차례 있었다. 일국의 정상이자 전 국민이 선출한 최고 지도자에 대한 의전은 대통령 개인에 대한 예우 이전에 대통령을 직접 선출한 국민과 대한민국에 대한 예의다. 그렇기에 대통령에 대한 의전은 소홀히 할 수 없는 것이다.

주객이 전도되는 모습을 우리는 이전 정부에서 여러 차례 보았다. 의전 자체가 앞서고, 의전의 취지는 퇴색하는 것이었다. 소탐대실 의전으로 국민과 대통령은 점점 멀어졌다. 문재인 대통령은 원래 성품 자체가 담백한 분이셔서 의전에 가려 진의가 소멸되지 않도록 각별히 마음을 썼던 것이다.

코로나19 확진자가 국내에서 처음 발생한 뒤 방역의 최전선에서 맹활약하는 질병관리본부를 격려하기 위해 대통령이 충북 오송으로 출발했다. 2020년 3월 11일이었다. 이전에도 대통령은 여러 차례 질병관리본부 격려 방문을 원했으나, 본인의 방문이 일선 실무진에게 누가 될 것을 우려해 방문을 못 했었다.

당시 부대변인이었던 나는 대통령이 오송으로 출발한 이후 청와대 출입기자들이 있는 춘추관으로 갔다. 퇴근을 앞둔 오후 5시였다. 대통령의 질병관리본부 격려 방문을 늦은 시간에 깜짝 방문 형태로 준비한 이유를 설명하기 위해서였다.

대통령께서는 실무진에게 두 가지를 주문하셨다. 첫째, 보고받기 위해서 가는 것이 아니다. 브리핑 준비하지 않도록 하라. 순수하게 격려 일정으로 준비하라. 둘째, 야간 시간이어도 좋다. 업무 수행에 지장이 없는 시간으로 방문 시간을 정하라. 청와대 출입기자들에게는 질병관리본부 격려 방문 일정을 최대한 늦게 알리는 것을 양해해 달라고 했다. 취재 범위도 제한했는데 그 또한 질병관

청와대 부대변인이었던 나는 대통령이 오송으로
출발한 이후 청와대 출입기자들이 있는 춘추관으로
갔다. 퇴근을 앞둔 오후 5시였다.
대통령의 질병관리본부 격려 방문을 늦은 시간에
깜짝 방문 형태로 준비한 이유를 설명하기 위해서였다.

리본부 격려 방문 취지에 따른 불가피한 것임을 설명했다. 과중한 업무 중에 끼니를 거르는 직원이 많다는 점을 고려해 언제든지 와서 식사할 수 있는 밥차가 있었는데, 그날의 밥차는 대통령 지시에 따라 청와대에서 준비해 제공했다.

이후 질병관리본부가 질병관리청으로 승격되고 정은경 초대 청장 임명장 수여식이 오송 질병관리청에서 열렸다. 임명권자인 대통령이 임명받는 사람의 근무지로 출장 가서 임명장을 수여한 것이다. 모든 임명장 수여는 청와대에서 하는데, 이날은 격려의 성격을 담은 임명장 수여였다. 코로나19 대응으로 고단한 질병관리청에 국정 최고 책임자가 할 수 있는 최고의 예우였던 것이다.

한 달 뒤 대통령은 인천국제공항 검역 현장을 방문했다. 역시 분주한 현장이라 방문을 자제했다가 전체 입국자가 관리 가능한 수준으로 줄어드는 시간에 격려 방문한 것이었다. 세계가 극찬했듯이 전면적인 국경 봉쇄 없이 개방성·투명성·민주성 세 원칙을 지키면서 방역할 수 있었던 것은 공항의 검역 현장 인력들이 해외 유입 요인을 철저히 통제했기에 가능한 일이었다. 특히 인천국제공항에서는 세계 최초의 '워크스루'(walk through) 방식의 검진으로 K방역의 위상을 드높이고 있었다. 1번 확진자를 발견하고 효과적인 대처로 지역사회 감염을 차단했던 내과의사 출신 검역과장도 참석했다. 이날 격려 방문도 질병관리본부 방문 때와 마찬가지로 별도 보고 없는 순수한 격려 방문, 업무 부담을 주지 않는 최소

시간 방문, 수행원 최소화 격려 방문 세 원칙을 준수하며 진행되었다.

윗분들의 격려가 가끔은 반갑지 않을 때가 있다. 직장인이라면 한 번쯤 그런 경험을 했을 것이다. 격려가 고생의 연장인 경우가 많기 때문이다. 배려받아야 할 사람들의 입장은 생각하지 않고 높은 사람 위주로 격려가 이뤄지니 일어나는 일이다. 주객이 전도되는 격려, 그 문화를 확실하게 끊어냈다. 혹시나 있을지 모르는 방문 기관 윗분들의 불필요한 조치로 실무진들이 고생하는 일이 없도록 격려 방문의 취지를 살려달라는 명확한 메시지를 전했다. 정말 아무 준비를 안 해도 되는지 묻는 분들에게는 '제발 믿으시라'고 했다.

대통령의 격려 방문과 같은 일들을 보면서 확실히 배운 것이 있다. 공공 분야는 관행과 전례를 매우 중요시한다. 시대에 맞지 않아 고치려고 해도 쉽지 않다. 그런데 방법이 있었다. 바꾸기 위해서는 확실한 지침이 있어야 한다. 그렇지 않으면 바뀌지 않는다. 가령 '대통령의 뜻이 이러이러하니 잘 판단해서 준비하시라' 이런 식의 메시지가 가면 절대 안 바뀐다. 한 번은 바뀌는 것처럼 보일 수 있으나, 금방 되돌아가 버린다. '브리핑 없다. 준비할 필요 없다' 이렇게 명확한 메시지를 전달해야 한다. 어떤 조직이든 오랜 관행을 바꿔야겠다고 마음먹은 분이라면 기억해야 할 대목일 것이다.

수해 현장에서

대통령의 배우자는 공인이다. 대통령의 무겁디 무거운 짐을 나눠 지는 사람이다. 국정 운영의 동반자로서 대통령의 빈 곳을 채워야 하는 사실상의 의무가 주어진다. 그래서 영부인이란 위치는 쉽고 편안한 자리가 아니다. 청와대 부대변인의 임무 중 하나는 김정숙 여사님에 대한 대변인 역할을 하는 것이다. 여사님과 관련한 브리핑과 언론의 질문에 대한 답변도 부대변인이 하고 현장 행보에 동행한다. 짧은 시간이었으나 김정숙 여사님에 대한 깊은 감동을 느낀 일이 여러 차례 있었다. 그중 단연 압권은 2020년 여름, 전국에 걸친 수해가 났을 때였다. 여사님의 모습도 놀라웠지만, 대통령과의 역할 분담이 찰떡 콤비여서 눈길을 끌었다.

2020년 8월 12일이었다. 전국에 걸친 집중호우로 큰 수해가 발생했다. 대통령은 경남 하동군과 전남 구례군, 충남 아산을 잇따라 방문했다. 대통령의 이날 하루 이동 거리만 767km에 달했다. 귀경 시간까지 포함하면 9시간 이상 이동하는 강행군을 했다. 보고받는 시간도 아끼고자 KTX에서 관계 부처의 보고를 받았고, 식사도 열차 안에서 도시락으로 해결했다. 특히 대통령은 복구 활동에 최대한 누를 끼치지 말자는 취지에서 의전을 최소화하고 전용차가 아닌 KTX를 타고 이동했다. 영남과 호남, 충청을 하루에 모두 방문한 이날의 이례적 일정은 비서관급 최소 인원만 수행하는 의전 파괴 일정이었다.

대통령은 본인의 현장 방문이 부담을 주거나 누가 되지 않을까 해서 망설였는데 직접 와야 재정 지원도 속도를 낼 것 같다는 마음에서 강행했다고 말했다. 특별재난지역으로 지정하는 문제와 관련해 시군 단위로 여건이 안 되면 읍면동 단위로 세부적으로 지정하는 방안을 검토하라고 지시했다. 전국 단위로 발생한 수해 상황에서 대통령이 어느 한 지역만 방문하게 되면, 다른 지역 피해자들의 아픔은 배가될 것이다. 대통령은 하루에 3개 지역을 방문해 주민들을 위로하고 복구 상황을 점검한 뒤 신속한 재정 지원을 독려했다.

같은 날 아침 김정숙 여사는 강원도 철원으로 향했다. 철원군 이길리 수해 현장에서 자원봉사하기 위해서였다. 대통령은 남쪽으로, 김정숙 여사는 북쪽으로 각기 다른 방향의 폭우 피해지역으로 향한 것이다.

김정숙 여사의 철원 자원봉사에 나도 수행했다. 현장에 도착한 뒤 피해입은 어느 집으로 곧바로 향했다. 지나치는 지역 주민, 전국에서 모인 자원봉사자들이 여사님을 알아보는지 일부러 모르는 척하는지 알 수 없었으나 마을 대표님만 인사했을 뿐 여사님이 현장에 왔다는 것을 누구도 신경 쓰지 않았다. 수행하는 나로서는 다소 민망할 정도로 다들 시큰둥했다. 그러나 여사님은 아랑곳하지 않았다.

더 놀란 것은 작업이 시작되고 난 뒤였다. 사실 여사님의 수해 현장 자원봉사는 이때가 처음이 아니었다. 2017년 청주 수해 현장에서도 홍수로 젖은 빨래 봉사를 한 적이 있었다. 한 번의 경험이 있었으나 그렇다고 그렇게 발군의 실력을 발휘하실 줄은 상상도 못 했다. 한두 번 해본 실력이 아니라는 것을 금방 알아차렸다. 대통령의 배우자로서 마지못해 하는 자원봉사가 아니었다. 일할 줄 아는 사람은 사실 동행한 일행 전체에서 여사님뿐이었다.

오전 일이 끝나고 점심 식사를 위해 마을 회관으로 이동했다. 이동 중에 마주친 분들도 가벼운 인사를 하는 몇 분을 제외하고는 모두 여사님의 출현을 신경 쓰지 않았다. 마을 회관에서 만난 분은 여사님에게 쓴소리를 쏟아냈다.

점심 배식 봉사 중에 간혹 알아보는 분들이 생겼다. 자원봉사로 오신 분들이 주로 알아보고 인사했다. 그걸로 끝이었다. 식사 후 다시 작업이 시작되었다. 밀짚모자를 쓰고 목에는 수건을 걸쳤으며, 손에는 고무장갑을 끼고 창틀을 닦고 피해 농작물을 걷어 나르는 모습이 영락없는 베테랑 일꾼이었다.

하는 척을 하는지 진짜 하는지는 삼척동자도 안다. 수행원들은 여사님의 일하는 모습에 다들 놀라고 있었다. 일을 더 하고 싶었으나, 전국에서 모인 자원봉사자들이 꽤 많아 배당받은 일이 생각보다 일찍 끝났다. 더 일할 수 있게 해달라고 부탁했는데, 안 된다는 답을 받았다. 대충 사진 찍고 마을 한번 둘러보고 서둘러 현장을 떠나는 것이 아니라 더 일하고 싶다고 애원해야 하는 상황이 발생한 것에 세상의 변화를 실감했다.

그렇게 그날의 자원봉사를 끝내고 서울로 돌아가는 기차 안에서 기사 하나를 보았다. 여사님이 자원봉사하는 모습을 누군가 언론에 제공해 기사화된 것이었다. 빨래 봉사 때 물을 공급해준 소방대원이 찍은 사진도 지역 언론에 보도되었다. 출입기자들에게 쉴 새 없이 전화가 오기 시작했다. 사실 하루 종일 기자들에게 온 전화를 일부러 거의 다 받았다. 받지 않으면 어딘가 출장 간 낌새를 알아채고 어디 간 것인지 더 취재할 것이고, 그렇게 여사님의 자원봉사행이 언론에 먼저 보도되면 낭패였기 때문이다. 조용히 다녀오겠다는 여사님의 취지가 무색해지는 것이니 더 그랬다.

기사가 나와버렸으니 수습을 해야 했다. 기록용으로 찍어둔 사진 몇 장과 철원군 이길리에서 자원봉사한 사실이 있다는 공식 확인 메시지를 출입기자들에게 발송했다. 엄청난 반향이 있었다. 관련 언론 보도가 며칠간 계속되었다. 그중에는 가짜 뉴스도 있었고, 그날의 자원봉사를 깎아내리기 위한 기사도 있었다. 원래 철원 이후에는 전남 곡성 등 남쪽 지역 자원봉사를 더 계획하고 있었다. 취지에 맞게 조용히 다녀올 계획이었는데 첫 시작부터 전국민적 관심사가 된 이상 다른 지역을 가신들 조용히란 있을 수 없다는 판단이 들었다. 결국 다른 지역으로 자원봉사를 가지 못했다.

대통령도 사람인지라 그 역할을 충실히 하고자 해도 부족함이 있는 것은 어쩌면 당연하다. 그 당연함을 채우기 위한 여사님의 보이지 않는 노력은 참으로 값진 것이었다. 북으로 남으로 아침에 헤

대통령도 사람인지라 그 역할을 충실히
하고자 해도 부족함이 있는 것은 어쩌면 당연하다.
그 당연함을 채우기 위한
김정숙 여사님의 보이지 않는 노력은
참으로 값진 것이었다.

어진 대통령 내외분이 저녁에 다시 만나 그날 하루 일을 어떻게 소회하셨을지 궁금했다. 물론 묻지 못했다. 물을 필요도 없었다. 이미 행동으로 찰떡 콤비의 모습을 봤으니 말이다.

홍범도 장군의 귀환

영화 「봉오동 전투」에서 우리 독립군이 수적 열세와 화력의 약세를 뛰어난 전술로 극복해 일본군에게 대승을 거두는 장면은 나를 비롯해 관객 모두를 가슴 먹먹하게 했다. 내가 만약 그 시대에 태어났다면 나는 독립을 위해 저렇게 할 수 있었을까? 스스로 자문하면서 독립을 위해 목숨 바쳤던 분들에게 절로 고개가 숙여졌다.

지금 우리가 이만큼의 경제적 부와 민주주의를 이룬 것은 부당한 것들과 나라의 위기에 처절하게 저항하고 싸웠던 희생의 역사가 있었기 때문이다. 우리의 현재는 앞서 살아간 분들의 의로운 분투에 의한 것이니 공짜가 아니다. 「봉오동 전투」 마지막 장면에 나오는 전설적인 독립군 리더 홍범도 장군은 그래서 강렬한 인상으로 남았다.

내가 청와대 부대변인으로 브리핑한 것 중에서 지금도 잊지 못하는 것들이 있다. 간혹 가슴 벅찬 기쁨의 소식도 있지만 안타까운 내용을 전할 때가 더 그렇다. 코로나19 발생 직후에 청와대 부대변인으로 임명되고 한 달쯤 지나 안타까운 브리핑을 해야 했다. 문재인 대통령께서 직접 수많은 난관을 뚫고 이뤄낸 것을 그 실행을 목전에 두고 코로나19로 인해 연기한다고 알려야 했다. 당시는 팬데믹 상황으로 인해 모든 일들이 재검토되었다. 특히 우리나라를 제외하고 거의 모든 나라가 국경을 봉쇄해 외교 관련 일정이 모두 연기되었다. 국가 간 대면활동 자체가 불가능한 상황에 직면했다. 예정되었던 카자흐스탄 대통령 방한이 연기됨에 따라 홍범도 장군 유해 봉환은 향후 카자흐스탄 대통령 방한 시에 함께 추진될 것이라고 밝혔다. 홍범도 장군의 유해 봉환이 연기되었다는 것을 공식 발표한 것이다.

홍범도 장군의 유해 봉환은 장군의 삶처럼 그 자체가 역사다. 30년간 노력했는데도 장군의 유해 봉환은 한 발짝도 진척되지 않았다. 1921년 연해주에서 강제 이주당한 홍범도 장군은 1943년에 카자흐스탄 크즐오르다에서 서거했다. 이후 장군의 묘소는 1945~50년경과 1982년에 현지에서 두 차례 이장했다. 남북한은 각각 1993, 94년에 홍범도 장군의 유해 봉환을 위해 본격적으로 노력했다. 양측의 신경전도 있었다. 1995년에는 북한이 평양방송을 통해 장군의 고향이 평양이고 후손들도 평양에 있기 때문에 장군의 유해를 평양으로 옮겨야 한다고 주장하기도 했다. 국가보훈처는 1996년부터 5차례에 걸쳐 장군의 묘역 정비사업을 지원했다. 2017년 7월, 묘소 실태조사를 추진하면서 카자흐스탄 고려인협회 관계자 등과 홍범도 장군 유해 봉환 관련 논의를 했다. 이렇게

30년이 넘는 동안 정부가 노력을 기울였는데도 진척이 없었던 일이었다.

문재인 대통령은 투 트랙 전략에 나섰다. 하나는 카자흐스탄 대통령과 정부를 설득하는 것이었고, 다른 하나는 유해 봉환에 대한 현지 고려인의 공감을 얻는 것이었다. 현지 고려인의 정신적 지주인 장군의 유해를 국내로 모셔오는 것은 현지 고려인들의 동의가 필수였다.

2019년 4월, 문재인 대통령이 카자흐스탄을 포함한 중앙아시아 3개국 순방을 앞두고 열린 회의에서 대통령은 홍범도 장군 유해 봉환 추진을 지시했다. 30년간 이루지 못한 일이 쉽지 않다는 현실론에도 불구하고, 모든 외교 역량을 쏟아부었다. 정상회담에서도 대통령이 직접 장군의 유해 봉환 필요성과 추진 희망 의사를 설명하고, 카자흐스탄 측에 협조를 요청했다. 당시 토카예프 대통령은 법률적 검토를 하고 있다면서 양국 관계를 감안해 내년 방한 때까지 해결할 수 있도록 직접 챙기겠다고 약속했다.

30년간 진척이 없었던 홍범도 장군 유해 봉환의 일대 전기를 문재인 대통령이 직접 만들어낸 것이다. 대통령은 2019년 10월 강경화 외교부 장관의 카자흐스탄 방문을 계기로 토카예프 대통령 앞으로 친서를 보내 다시 한번 장군의 유해 봉환을 요청했다. 정부 전체가 장군의 유해 봉환을 위해 뛰었다. 국무총리는 카자흐스탄 외교부 장관을 접견하면서, 외교부는 카자흐스탄과 주고받는 각종 외교 서한과 대사 면담이나 카자흐스탄 외교부 장·차관 면담과 회담에서, 국방부는 서울안보대화에 참석한 카자흐스탄 군 고위급 인사와의 면담에서 줄기차게 유해 봉환의 성사를 요청했다. 드디어 2019년 12월 카자흐스탄 외교부는 주카자흐스탄 한국대사에게 카자흐스탄 대통령 방한을 계기로 홍범도 장군의 유해 봉환을 추진하겠다는 의사를 전했다.

이 과정을 통해 문재인 대통령은 2020년 3월 제101주년 3·1절 기념사에서 장군의 유해 봉환을 처음으로 발표했다.

"평민 출신의 위대한 독립군 대장 홍범도 장군의 유해를 드디어 국내로 모셔올 수 있게 됐습니다. 봉오동 전투 100주년을 기념해 카자흐스탄 대통령의 방한과 함께 조국으로 봉환해 안장할 것입니다."

그러나 코로나19로 인해 2020년 3월 유해 봉환 연기를 발표해야 했다. 대통령은 다시 2020년 6월 봉오동 전투 전승 100주년 기념 메시지를 통해 장군의 유해 봉환을 재천명했다. 같은 해 10월 카자흐스탄 대통령과의 전화 통화에서도 장군의 유해 봉환 건을 제기했고, 카자흐스탄 대통령은 코로나 상황이 진정되는 대로 유해 봉환이 이뤄질 수 있기를 바란다고 했다. 2021년 8월, 코로나19 상황이 계속되고 있는 상황에서도 드디어 카자흐스탄 대통령의 방한이 이뤄져 장군의 유해 봉환을 확정했다.

홍범도 장군의 유해 봉환은
장군의 '100년 만의 귀환'이었다.
대한민국 근현대사의
아픔을 웅변해주었다.
그 아픔을 딛고 일어선 오늘의
대한민국이기에 모실 수 있었다.
2021년 8월 18일,
국립대전현충원에서
묵념하는 문재인 대통령 부부.
ⓒ연합뉴스

문재인 대통령과 정부가 줄기차게 해온 노력은 카자흐스탄 대통령뿐만 아니라 현지 고려인의 마음을 얻는 데도 소홀함이 없었다. 문재인 대통령은 2019년 4월 카자흐스탄 순방 때 대한민국 대통령으로서는 최초로 알마티를 방문했다. 1937년 소련의 스탈린에 의해 17만 명의 극동 거주 한인이 중앙아시아로 강제 이주당했고, 이들이 최초로 도착한 곳이 카자흐스탄의 알마티 인근 우슈토베와 남부 크즐오르다였다. 이때 이주해온 한인들의 후손이 현재 카자흐스탄에 약 10만 명 거주하고 있는데, 이중 30% 이상이 알마티에 거주하고 있다.

홍범도 장군이 말년에 수위장을 했던 고려인의 자부심이자 정신적 자산인 고려극장을 방문했다. 1937년 강제 이주 이후 크즐오르다, 우슈토베를 거쳐 1968년 알마티로 옮겨오면서 국립 고려극장으로 승격되었고, 2016년에는 카자흐스탄 최고 권위인 '아카데미 극장' 칭호가 부여돼 현재는 '카자흐스탄 국립 아카데미 고려극장'이 되어 있다. 독립유공자후손회 등 고려인 동포들과의 대규모 간담회도 열었다. 이 같은 현지 고려인들과의 세심한 소통은 2019년 9월 카자흐스탄 고려인협회와 주요 고려인단체(고려극장, 고려일보, 청년협회 등)가 홍범도 장군의 유해를 고국에 봉환하자는 적극 지지 표명으로 이어졌다.

문재인 대통령은 2019년 4월 카자흐스탄 순방 때 처음으로 국외 현지에서 독립유공자 유해 봉환식을 직접 주관했다. 카자흐스탄 수도 누르술탄(아스타나)에서 현지에 안장되어 있던 계봉우 지사와 황운정 지사의 유해 봉환식을 주관했다. 두 애국지사뿐만 아니라 배우자까지 모두 4위의 유해를 유가족과 함께 대통령전용기(2호기)로 모셨다. 대통령은 우리 군악대가 「아리랑」을 연주하는 가운데 계봉우 지사께 건국훈장 독립장을, 황운정 지사께 건국훈장 애족장을 헌정했다.

30년 만에 홍범도 장군의 유해가 봉환되기까지는 국력의 신장과 문재인 대통령의 외교적 노력, 그리고 한·카자흐스탄의 협력이 비약적으로 늘어난 것이 밑바탕이 되었다. 주변 4강 위주에서 동남아시아를 중심으로 한 신남방정책과 중앙아시아로 외교의 지평을 넓힌 신북방정책이 그것이다. 카자흐스탄은 중앙아시아에서 우리의 최대 교역국이자 투자 진출국으로 신북방정책의 핵심 파트너다.

2019년 양국 교역액이 42억 달러로 사상 최대치를 기록했다. 이는 문재인 정부 들어 교역액이 3배 가까이 늘어난 수치(2017년 대비)다. 2020년 양국 간 교역 규모는 팬데믹 상황으로 다소 감소했으나, 코로나 이전 대비로는 증가하는 추세로 견고한 상승 흐름을 유지하고 있다. 또한 투자액도 늘어나는 등 코로나19 상황에서도 양국의 굳건한 협력이 지속되었다. 특히 2019년 4월 카자흐스탄 순방 때 양국이 합의한 한·카자흐스탄 '프레시 윈드'(fresh wind: 양국 간 무역·투자 활성화를 위한 중장기[2019~2022년] 협력 프로그램)를 통해 교통 인프라 분야에서 가시적인 협력 성과를 거두고 있고, 이를 바탕으로 2021년 정상회담에서는 4차 산업혁명, 보건의료, 우주 등 신산업 분야의 협력을 확대하기로 합의했다.

홍범도 장군의 유해 봉환은 장군의 '100년 만의 귀환'이었다. 대한민국 근현대사의 아픔을 웅변해주었다. 그 아픔을 딛고 일어선 오늘의 대한민국이기에 모실 수 있었다.

대통령은 국민에게 약속한 것을 반드시 지키기 위해 행동으로 옮겼다. 말의 성찬만을 앞세우지 않았다. 독립유공자를 제대로 예우하는 나라, 이를 통해 정의를 바로 세우기 위한 대통령의 끈질긴 노력이 머나먼 이국 땅에서 극장 수위로 생을 마감한 위대한 독립군 영웅을 영웅답게 모실 수 있었다고 나는 생각한다. 그 증거가 2017년 8월 15일 임기 첫 광복절 기념사다.

"독립운동가들을 더 이상 잊힌 영웅으로 남겨두지 말아야 합니다. 명예뿐인 보훈으로 머물지도 말아야 합니다. '독립운동을 하면 3대가 망한다'는 말이 사라져야 합니다. 친일 부역자와 독립운동가의 처지가 해방 후에도 달라지지 않았다는 경험이 불의와의 타협을 정당화하는 왜곡된 가치관을 만들었습니다. 독립운동가들을 모시는 국가의 자세를 완전히 새롭게 하겠습니다. 최고의 존경과 예의로 보답하겠습니다."

100년 만에 고국으로 돌아온 홍범도 장군에게 문재인 대통령은 대한민국 훈장 중 최고 등급인 '건국훈장 대한민국장'을 추서했다.

잊을 수 없는 순간들

"대통령은 연기나 연출이 아닌
있는 그대로의 자신의 모습을 보여주셨다.
감동을 만들어낸 것은 평상시처럼 격의 없이,
소탈하게 살아온 모습을
그대로 보여주신 대통령이었다."

구내식당 점심 한 끼

우리 민족의 언어문화 가운데 밥과 관련한 것이 꽤 많다. "밥 먹었어?"는 만나면 나누는 일상의 인사다. "밥은 먹고 다니냐"는 상대에 대한 걱정의 상징이고, "밥값은 했다"는 하는 일에 무탈함을 나타낸다. '식구'(食口)는 밥을 같이 먹는 사이라는 말로, 가족을 뜻하지만 가까운 사이를 뜻하기도 한다. 우리 민족의 정서 가운데 하나인 '정'은 밥을 통해 많이 드러난다.

2019년 11월, 앞서 말했던 최초의 '국민과의 대화'가 있었던 직후다. 대통령 임기가 반환점을 돌기 직전이었다. 임기의 절반을 마무리하는 그 시기에 맞춰서 행사를 한 셈인데, 나는 그 실무를 준비하는 홍보기획비서관실 선임행정관이었다. 나와 정구철 비서관, 그리고 다른 행정관들이 함께 준비했다. 행사가 잘 마무리되고 다음 날 점심을 먹으러 외부로 나갔는데 갑자기 대통령께서 홍보기획비서관실 직원들과 점심을 함께 하고 싶어 하신다는 연락을 받았다. 이미 식당에 도착해서 식사를 주문하려다가 취소하고 택시를 타고 다시 들어갔다.

막상 돌아가보니 정구철 비서관은 다른 일로 식사에 참석하지 못했기에 주로 대화해야 하는 사람은 선임행정관인 나였다. 대통령과 마주보고 밥을 먹는데 장소가 구내식당이었다. 보통 대통령께서 점심을 하시던 곳이 아닌 전 직원이 볼 수 있는 구내식당이

문재인 대통령은 청와대 구내식당의 식사를 통해
참모는 대통령에게 잘 보이려 노력하는 사람이 아니라,
대통령에게 어떤 길이 옳은 길인지
판단하는 사람이라는 것을 확인시켜주셨다.

였다. 당연히 구내식당을 이용하는 직원들이 우리가 식사하는 모습을 다 보았다. 어디나 그렇겠지만, 구내식당에서 누가 그리 밥을 오래 먹겠는가. 보통 20분이면 다 먹는다. 그런데 그날 우리 일행은 1시간 30분이 넘는 시간 동안 밥을 먹었다. 구내식당 테이블이 적어도 세 번은 회전할 동안 식사를 한 것이다.

식사하는 중에도, 끝나고도 생각해보니 굳이 그렇게 하신 데 의미가 있을 것이라는 생각이 들었다. 그 행사에 대한 주변의 논란을 불식시키고 우리의 판단에 힘을 실어주기 위해서이지 않았을까 한다. 그렇게 생각하니 대통령께 너무나 큰 부담을 드리는 결정을 했던 사람으로서 대통령을 향한 무한한 존경심이 다시 한번 생겼다. 문재인 대통령은 그날의 식사를 통해 참모는 대통령에게 잘 보이려 노력하는 사람이 아니라, 대통령에게 어떤 길이 옳은 길인지 판단하는 사람이라는 것을 확인시켜주셨다. 그렇게 생각하니 대통령과 함께하는 부담스러운 식사 자리였는데도 말이 술술 풀려나왔다.

내가 대통령과 한 몇 번의 식사 중에 가장 말을 잘했던 순간이 그때였을 것이다. 나는 당시 선임행정관이지 비서관이 아니었으니 책임을 걱정할 이유도 없었다. 요즘 홍보 상황이 어떤지 국정 상황이 어떤지 하고 싶은 말을 다 해서 다른 직원들이 "대통령 앞에서 무슨 말을 그리 많이 하느냐"며 놀라워했다. 식사가 끝난 후에는 대통령을 모시고 기념사진을 찍었다. 나는 그날 정말 행복했다. 말이 아닌 세심한 배려를 담은 대통령 특유의 칭찬법은 홍보기획비서관실 전 직원을 춤추게 했다. 그날 이후, 동료들은 누가 시키지 않아도 한 달 반이 넘는 시간 동안 270명의 답변서를 준비하느라 계속 야근했다. 그야말로 신이 나서 야근을 했다. '국민과의 대화' 준비 때부터 시작한 야근이 12월 말까지 2개월 넘게 이어졌어도 우린 행복했다. 3,000원짜리 구내식당 밥 한 그릇에 담긴 대통령의 격려에 우리는 감명받았다.

첫 순방, 장진호 전투비

앞서 말했듯 문재인 정부 청와대는 인수위 과정도 없이 대선이 끝난 5월 10일부터 임기가 바로 시작됐는데, 나는 2017년 6월 2일 에서야 청와대 의전비서관실 행정관으로 정식 임명됐다. 그나마 당시 청와대 행정관 중에선 제일 먼저 임명된 것이었다. 당시 문재인 정부 초기 청와대가 얼마나 정신없이 돌아갔는지 알 수 있다. 내가 제일 먼저 임명된 이유는, 그날 바로 미국으로 떠나야 했기 때문이다. 문재인 대통령의 미국 순방이 6월 말에 있었기 때문에 미리 미국에 가서 사전 점검을 해야 했다. 이렇게 가는 인원들을 '사전선발대'라고 하는데, 미국에서 공무원 신분이 아니면 입국을 안 시켜준다고 하니 곧바로 나부터 임용한 것이었다.

대통령이 순방을 떠나기 전에 의전비서관실, 제1부속비서관실, 춘추관 그리고 외교부 등 관련 부처 관계자와 팀을 구성해 선발대로 나가서 동선과 일정을 살펴보고 돌아와 보고한다. 의전비서관실에서는 나 혼자였다. 그렇게 임기 중 처음으로 미국에 가게 됐는데, 내 인생에서 13시간의 비행이 그렇게 짧게 느껴진 것은 처음이었다. 왜냐하면 당시 대선 정국에서 인수위 과정을 생략하고 바로 정부가 출범했기 때문에 2, 3시간밖에 자지 못하는 날들이 계속 이어졌기 때문이다. 13시간 비행 내내 잠만 잤고 비행기에서 잠을 자는 게 행복할 지경이었다.

미국에 가서 제일 고민했던 것은 서로 임기 초기인 한미 두 대통령이 좋은 관계를 맺을 첫 단추를 어떻게 끼울까 하는 것이었다. 당시는 트럼프 미국 대통령도 당선된 지 얼마 안 된 시점이었다. 한국 대통령이 임기를 시작하고 처음 있는 방미 일정은 대통령의 초반 지지율을 좌우하는 매우 중요한 일정이다. 문전박대를 당했다는 평가를 받으면 국내 정치적으로 타격이 클 것이고, 좋은 성과를 거뒀다는 평가를 받으면 안정된 분위기로 출발할 수 있기 때문이다.

게다가 당시는 북한의 연이은 미사일 발사로 한반도에 전쟁 위험이 있다는 평가가 돌던 시점이었다. 미국과 어떤 회담을 하느냐에 따라서 임기 초반 분위기가 크게 달라질 수 있는 상황이었다. 훗날 비웃음을 사기는 했지만, 모 중앙일간지의 한 칼럼니스트가 대선을 채 한 달도 앞두지 않은 2017년 4월 중순의 어느 날 「한 달 후 대한민국」이란 칼럼에서 '가상의 시나리오'라면서 "한 달 전부터 이런 말이 돌았습니다. 트럼프는 어떤 식으로든 북한을 때린다. '문재인이 되면 통보 없이 때리고, 안철수가 되면 통보하고 때리고, 홍준표가 되면 상의하고 때린다'"라는 기사를 쓸 정도로 당시 상황이 좋지 않았다. 이번 방미 일정을 통해서 트럼프 미국 대통령과 좋은 관계를 구축하고, 여러 우려를 불식시킬 필요가 있었다.

첫 일정을 장진호 전투비로 하자는 제안이 외교부와 안보실에서 있었다. 장진호 전투와 문재인 대통령의 가족사, 그리고 한미 관계가 모두 엮여 있기 때문이다. 장진호 전투는 미 해병대가 압록강 장진호 근처에서 중공군에게 포위당하고도 포기하지 않고 2주 동안 성공적으로 철수해서 미군의 병력과 장비, 피난민이 흥남에 집결하는 계기가 된 전투다.

중국에선 6·25를 철저하게 본인들의 관점에서 '항미원조전쟁'이라 부르고 있고 「장진호」라는 중화애국주의 영화를 만들어서 미국을 몰아내고 중국의 영역을 수호한 위대한 전투라고 선전하고 있지만, 현실과는 괴리가 있는 역사 왜곡이다. 문재인 대통령의 부모와 누이는 흥남철수 때 남한으로 내려와 거제도에서 생활했으며 거기서 문재인 대통령이 태어났으니 사실상 장진호 전투로 인해 훗날 대통령이 될 '인간 문재인'의 삶의 첫 순간이 결정된 것이다. 그렇게 해서 대통령이 된 이가 미국에 와서 처음으로 찾는 곳이 장진호 전투비라면 의미 있을 것이라고 생각했다. 한국과 미국은 '피로 맺어진 동맹'이며, 이 동맹의 결과로 태어난 피난민의 아들이 대통령이 되어 미국을 방문하는 역사적 순간을 장진호 전투비에서 시작한다는 것이 대외적 관심을 높일 수 있다고 판단했다. "우리는 피로 맺어진 동맹이다"라는 문재인 대통령의 장진호 전투비 연설은 큰 울림이 있었다. 문 대통령에 대한 워싱턴 외교가의 호감도를 높이는 계기가 되었다.

나는 대통령의 연설을 뒷받침하기 위해 흥남철수 당시 수많은 사람들을 수송한 것으로 유명한 선박 메러디스 빅토리(Meredith Victory)호와 관련된 사람들을 어떻게든 행사장으로 모시고자 했다. 운 좋게도 천만 관객을 불러들인 영화 「국제시장」의 도입부에

우리는 외교를 하면서 어떤 마음을 품고 이야기할
것인지를 생각했고 그것을 보여주기 위한 일정을 짰다.
진심을 담은 메시지를 통해 보이지 않는
마음의 벽을 허물고자 했다. 문재인 대통령의 부모와 누이는
흥남철수 때 남한으로 내려와 거제도에서 생활했으며
거기서 문재인 대통령이 태어났으니
사실상 장진호 전투로 인해 훗날 대통령이 될
'인간 문재인'의 삶의 첫 순간이 결정된 것이다.
2017년 6월 29일 버지니아주 콴티코 해병대박물관
장진호 전투비 앞에 선 문재인 대통령 부부.

ⓒ연합뉴스

그 흥남철수 장면과 메러디스 빅토리호가 등장했고 마침 당시에 그 영화가 미국에서 개봉됐던지라 배급사에서 관련된 이들을 시사회에 초대한 전력이 있었다. 그분들을 다시 초청하는 데 큰 어려움이 없었다. "그때 미국 군인들이 목숨 걸고 전투해서 피난갈 수 있었던 피난민의 아들이 동맹국의 대통령이 되었다"는 메시지를 한껏 전달하고자 했다.

기념식수에도 어떤 상징을 넣을지 고민했다. 장진호 전투와 연관 지을 수 있는 나무여야 했고 잘 자랄 수 있는 나무여야 했다. 당시 여러 나무를 후보로 올렸는데, 그중에서 최종적으로 우리의 낙점을 받은 것이 바로 윈터킹(winter king), 산사나무였다.

산사나무와 장진호 전투는 직접적인 연관은 없지만 장진호 전투는 혹독한 추위 속에서 치러져서 미군이 고생을 많이 한 전투였다. 처음 한국에 왔을 때 낙동강 전선의 여름을 경험한 미군은 한국이 동남아시아와 같은 아열대 기후라고 착각하고 방한 장비를 제대로 갖추지 않았다고 한다. 그러다가 여름에는 치열하게 덥고 겨울에는 혹독하게 추운 한국 날씨의 매운맛을 대구도 아니고 저 압록강 부근에 가서 겪게 된 것이다.

그렇게 혹독한 추위에서 치러진 장진호 전투를 기념하기 위해 겨울을 잘 이겨내는 산사나무를 골랐다. 이 나무를 찾기 위해 상당한 노력을 기울였다. 결국에는 버지니아주에서 산사나무를 구할 수 있었다.

이처럼 우리는 외교를 하면서 어떤 마음을 품고 이야기할 것인지를 생각했고 그것을 보여주기 위한 일정을 짰다. 진심을 담은 메시지를 통해 보이지 않는 마음의 벽을 허물고자 했다. 첫날 계획한 일정들이 그런 것들이었다. 다음 날이 되자 그 효과를 눈으로 확인할 수 있었다. 트럼프 미국 대통령은 문재인 대통령을 만나자마자 "어제 장진호 전투비에서 한 연설이 정말 감동적이었다"고 말하면서 대화를 시작했다. 첫 단추가 잘 끼워진 것이다.

90도 감사인사

청와대 일정 때 초대가수를 모시는 경우가 종종 있다. 해외 정상의 국빈 방한, 국민 대상 초청 행사가 대표적이다. 대통령 해외 순방에서 개최되는 동포 대상 일정에서도 그렇다. 2017년 아세안(ASEAN, 동남아시아국가연합) 3국 순방 일정 중 필리핀에서 동포들과 함께하는 행사에 가수 최백호 선생님을 모셨다. 사실 정부에서 초청하면 가수들이 원래 받아야 마땅할 개런티의 1/4, 1/5밖에는 못 드린다. 그렇지만 반드시 지급은 된다. 정부 초청에 응하는 이들은 그걸 알고 행사에 오신다. 이런 건 매우 기본적인 사항인데, BTS가 대통령 순방 일정에 따라 유엔에 함께 와서 연설했던 활동을 두고 일부 언론에서 개런티를 지급하지 않았다는 섣부른 보도로 시비를 걸었던 것은 매우 우스운 일이다.

그날 최백호 선생님은 열창을 하셨다. 고수는 열악한 환경에서도 빛났다. 오랜 해외 생활에 모국이 그리운 동포들에게 큰 위안이 되는 노래였고, 참석자 모두 큰 박수로 무대 위 열창에 감사를 표했다. 공연이 얼추 끝났다 싶었는데 갑자기 문재인 대통령께서 무대 위로 뛰어올라가서 최백호 선생님을 향해 연신 "정말로 감사합니다"라고 말씀하셨다. 그러자 최백호 선생님이 오히려 더 놀랐다. 대통령이 직접 무대 위로 올라와 감사를 표했으니 말이다. 그러고는 "나는 그저 노래를 부르러 왔는데 대통령께서 날 이처럼 대해주셨다. 이런 대통령은 없을 것이다"라고 감탄의 말을 했다. 그러면서 노래를 한 곡 더 부르겠다고 자청하셨다. 당연히 노래는 그 자리에 있는 모든 분에게 감동 이상의 기쁨을 주었다. 열악한 음향 상태에서도 무대 위에서 최선을 다한 가수 최백호, 그분에게 최고의 예우로 감사하다고 말하는 대통령, 그 모습을 기쁘게 바라보면서 함께 행복을 느끼던 교민들. 모두가 흐뭇했던 풍경 속에서 그날 행사는 잘 마무리되었다.

이런 에피소드를 소개하면 문재인 대통령이 그저 본인이 좋아하는 가수에 대한 '팬심'을 보인 것일 뿐인데 그게 무슨 문재인 대통령의 감사 인사법이냐고 생각하는 분이 있을지도 모르겠다. 그래서 다른 에피소드를 소개하면 이렇다.

사실 당시 순방 일정은 필리핀 이전에 인도네시아를 먼저 들렀다. 그곳에서도 동포 행사가 있었는데, 동포 어린이들로 구성된 합창단이 기념 공연을 맡아주었다. 「힘내라 맑은 물」과 「아름다운 나라」를 불렀다. 새로운 정부의 출범과 나라의 앞날을 축복하는 노랫말을 아이들이 부르는 모습은 참으로 감동적이었다. 공연에 앞서 지휘자는 "노랫말처럼 아름다운 나라 만들어주시라. 아이들이 많이 떨려 우황청심환을 먹었다. 힘내라고 많은 박수 부탁드린다"고 말했다.

리허설 때 지휘자에게 무대에 오르면 대통령께, 그리고 참석자들에게 한마디 하시라고 권유했더니 진짜 말해도 되냐고 내게 되물었다. 누가 세계에서 가장 창의적인 국민의 말문을 막히게 했을까 생각하면서 "준비하시느라 고생하셨는데 말도 한마디 못하면 서운하지요, 꼭 말씀하세요"라고 대답했다. 그랬던 그분이 그렇게 말씀을 잘하실 줄은 몰랐다.

공연이 모두 끝나자 문재인 대통령은 내게 가만히 있으라고 하시면서 무대 위로 뛰어올라가셨다. 정말로 뛰어서. 그러고는 합창단 40여 명과 일일이 악수하고 사진도 함께 찍으셨다. 실무진이 무대 위로 뛰어올라가 감사를 표하시라고 건의하거나 기획한 것도 아니었다. 본인 의지에 따라 직접 움직인 것이었다. 인간 문재인의 품격은 그랬다. 두 사례 모두 취재기자나 카메라가 없었던 시간에 일어난 일이다. 정치적 이익을 위해 무언가 할 유인 요소가 없었던 순간에 있었던 일이다.

'90도 인사'는 대통령 문재인의 특유 감사와 존경을 담은 인사법 중 하나다. 2020년 12월 대통령과 여사님은 추사 김정희 선생

문재인 대통령의 '90도 인사'는
'사람이 먼저다'를 실천하는 모습이다.
경제사회노동위원회 위촉장 수여식.

의 수묵화 「세한도」를 국가에 기부한 미술품 수집가 손창근(91세)
선생님을 청와대로 초청해 감사의 뜻을 전했다. 대통령은 차량과
함께 선임행정관을 자택으로 보내 예우를 갖췄다. 대통령은 손창
근 선생님의 도착 시점에 맞춰 미리 마중 나갔다가, 90도 인사로
어려운 발걸음을 해준 어른에 대한 예를 다했다. 대를 이어 문화
유산을 보존하고 수집한 국보·보물급 문화재를 조건 없이 국민의
품으로 기증한 어른에게 대통령의 머리는 한없이 낮아졌다.

　2021년 10월 경북 포항시 영일만 해상의 마라도함에서 제73주
년 국군의날 기념식이 열렸다. 이날 국기에 대한 경례 맹세문은 해

병대 1기 출신으로 6·25 전쟁 때 인천상륙작전, 통영상륙작전, 서울수복작전에 참전한 이봉식 선생님이 읽으셨다. 대통령은 행사가 끝나자 별도로 이봉식 선생님을 찾아가 허리를 90도로 굽혀 인사하면서 헌신에 대한 감사를 표했다.

대통령의 '90도 인사'는 상대의 지난 삶이 참으로 향기 나고 의미 가득한 것이었음을 보증하는 의미가 담겨 있다. 평생의 삶을 정중히 인정받는 것이기에 돈으로 헤아릴 수 없는 가치가 있는 것이 아닐까. 국민에 대한 대통령의 감사 인사법은 '사람이 먼저다'를 실천하는 하나의 모습이었다.

당신이 임명하는 신임 공직자에게 임명장을 수여하면서도 대통령은 한결같았다. 타인에 대한 존중이 몸에 밴 그분의 심성을 여실히 알 수 있었다.

아무개들이 이룬 역사에 대해

동서고금을 막론하고 역사에 등장하는 인물은 거의 모두 엘리트이거나 지배계급이다. 신분제 사회를 근간으로 국가 운영이 이뤄진 것이 주요 원인이겠지만 늘 이러한 역사 서사에 이의가 있었다. 평민 이하 계층에 속했던 인물 중 우리 역사에서 비중 있게 소개된 인물은 극히 드물다. 장보고·장영실 정도만 기억에 있을 정도다.

아이들이 크면서 텔레비전 리모컨의 주도권이 집안의 권력을 상징하게 되었다. 난 완벽하게 실권했다. 내가 좋아하는 스포츠를 보는 것이 어렵게 되었다. 네 식구의 취향이 제각각이어서 가족이 함께 볼 수 있는 텔레비전 프로그램이 많지 않다. 그러나 온 가족이 함께 본 몇 안 되는 프로그램 중 단연 으뜸은 드라마 「미스터 션샤인」이었다. 여름휴가 캠핑장에서도 본방을 사수할 정도로 이 드라마는 우리 가족뿐 아니라 많은 국민을 사로잡았다.

구한말 나라를 구하려는 이름 없는 아무개 의병들의 이야기인 이 드라마에 우리 집 식구들은 울고 웃었다. 왜 그랬을까. 주연 배우 김태리와 이병헌의 로맨스 때문이기도 했으나, 의병임을 숨기고 나라를 구하는 일에 뛰어든 아무개들의 인생에 대한 연민과 미안함, 감사함이 전해져온 것일까. 아니면 나도 우리 가족도 지나면 역사에서 아무개일 가능성이 높아 동질감을 느껴서 그랬던 걸까. 깊은 여운을 남긴 이 드라마가 종영되고 1년쯤 지나 역사 강사 최태성 선생님의 『역사의 쓸모』를 읽고 난 뒤 전편을 다시 보았다. 이 드라마의 메인 포스터에 쓰여 있는 글이 『역사의 쓸모』에 소개되었다.

"저물어가는 조선에 그들이 있었다.
그들은 그저 아무개다.
그 아무개들 모두의 이름이,
의병(義兵)이다.
원컨대 조선이 훗날까지 살아남아 유구히 흐른다면,
역사에 그 이름 한 줄이면 된다."

최초 방영될 때는 전혀 알지 못했던 메인 포스터의 글귀를 읽으면서 내가 왜 이 드라마에 그토록 깊게 빠졌는지 알게 되었다. 그것은 동질감이었다. 조선 아무개와 대한민국 아무개 간의 정신적 접선이 이뤄진 것은 아닐까.

이름 없는 평범한 사람들이 만든 역사가 오히려 더 찬란했던 우리의 역사를 생각해봤다. 임진왜란, 3·1운동, 항일 투쟁, 6·25전쟁, 민주화운동, 5·18, 6·10, 촛불혁명의 중심에는 모두 아무개들이 자리하고 있었다. 위인이 아닌 평범한 아무개들의 마음이 모여 이룬 눈부신 역사에 수차례 깊은 의미를 부여한 대통령이 있었다. 문재인 대통령이다. 2019년 5월, 대통령은 「평범함의 위대함: 새로운 세계 질서를 생각하며」라는 글을 해외 일간지에 기고했다.

"1980년 한국의 광주에서는 신군부의 쿠데타에 반대한 민주화운동이 있었습니다. 국가 폭력으로 수많은 시민이 사망했고, 한국인에게 두 개의 자각과 한 개의 의무를 남겼습니다. 첫 번째 자각은 국가 폭력에 맞선 사람들이 가장 평범한 사람들이었다는 것입니다. 두 번째 자각은 국가의 폭력 앞에서도 시민들은 엄청난 자제력으로 질서를 유지했다는 것입니다. 도덕적 행동이야말로 부정한 권력에 대항해 평범한 사람들이 보여줄 수 있는 가장 위대한 행동이라는 것을 한국인들은 알고 있었습니다. 2016년 한국의 촛불혁명은 평범한 사람들이 함께 광장의 차가운 바닥을 데우며 몇 개월 동안 전국에서 지속되었습니다. 단 한 번의 폭력 사건 없이 한국의 가장 평범한 사람들이 가장 평화로운 방법으로 민주주의를 지켜냈습니다.

한국에서는 1919년 3월 1일부터 일제 식민주의에 대항한 독립만세운동을 시작했습니다. 이때 시민의식이 싹텄고 마음을 합하는 것처럼 큰 힘이 없다는 것을 깨달았습니다. 평범한 사람들이 자신의 삶에 영향을 주는 결정 과정에 참여하고 목소리를 냄으로써, 국민으로서의 권리, 인간으로서의 존엄을 찾을 수 있었습니다."

—2019년 5월 『프랑크푸르트 알게마이네 차이퉁』 기고문

국민이 이룬 역사를 존중하는 것은 정치지도자의 기본 덕목이다. 그러나 진심인지 말뿐인지 구분해야 한다. 그래야 좋은 지도자를 만날 수 있다. 그것을 구분하는 중요한 기준은 지속성과 여러 각도에서의 일관성이라 생각한다. 자칫 놓칠 수 있는 우리 역사 속 아무개들의 평범하지만 위대한 업적에 지속적이고 각별한 의미를 부여했던 문재인 대통령의 모습은 내게 큰 울림을 주었다. 평범함의 위대함을 여러 각도에서 수차례 강조한 대통령의 연설을 소개하고 싶다. 평범함에 대한 경의를 표하는 대통령의 진심을 전달하기에 이것이면 충분하다고 생각한다.

"봉오동 전투와 청산리 전투는 평범한 사람들이 함께 만든 '승리와 희망의 역사'입니다. 나라를 되찾겠다는 의기 하나로 모여든 무명의 청년들과 간도 지역으로 이주한 수십만 동포들이 승리의

주역이었습니다. 모두가 함께 만든 승리는 나라를 잃은 굴종과 설움을 씻고, 일제 지배에 억압받던 삼천만 민족에게 강렬한 자존심과 자주독립의 희망을 심어주었습니다."

　—2021년 8월 18일 홍범도 장군 유해 안장식 연설 중에서

"우리 역사는 평범함이 모여 위대한 진전을 이룬 진정한 민주공화국의 역사입니다. 1919년 3월 1일, 이름 없는 사람들이 모여 태극기를 들었습니다. 만세 소리 가득한 거리에서 자신처럼 해방된 세상을 꿈꾸는 사람들을 만났습니다. 선조들은 식민지 백성에서 민주공화국의 국민으로 스스로를 일으켜 세웠습니다. 식민지와 전쟁을 겪은 가난한 나라 대한민국은 청계천의 작은 작업장에서, 독일의 낯선 탄광과 병원에서, 사막의 뙤약볕과 전국의 산업 현장에서 국민 한 사람 한 사람이 흘린 땀방울로 선진국이 되었습니다. 외환위기를 비롯한 숱한 국난도 위기 속에서 더욱 단합하는 국민들의 힘으로 헤쳐 올 수 있었습니다. 부산과 마산에서, 오월 광주에서, 유월의 광장과 촛불혁명까지 민주주의를 지켜낸 것도 평범한 국민들의 힘이었습니다."

　—2022년 제103주년 3·1절 기념식 연설 중에서

"존경하는 국민 여러분, 지난 일 년, 저는 평범함이 가장 위대하다는 것을 하루하루 느꼈습니다. 촛불광장에서 저는 군중이 아닌 한 사람 한 사람의 평범한 국민을 보았습니다. 한겨울 내내 촛불을

든 후 다시 일상을 충실히 살아가는 평범한 가족들을 보면서 저는 우리의 미래를 낙관할 수 있습니다. 우리가 민주주의의 역사를 다시 쓸 수 있었던 것은 그렇게 평범한 사람, 평범한 가족의 용기 있는 삶이 우리 주변에 항상 존재하고 있었기 때문입니다. 저는 그것이 너무나 자랑스럽습니다. 덕분에 우리는 오늘 희망을 다시 이야기할 수 있게 되었습니다."

—2018년 1월 10일 신년사 중에서

사무관과의 기념 촬영

짧은 이야기지만 2018년도에 문재인 대통령이 일본을 방문했을 때의 일도 잊을 수 없다. 한중일 정상회담이 일본에서 열렸다. 오랜 기간 일본과의 외교관계에 많은 일이 있다 보니 주일 대사관 직원들의 사기 증진이 필요하다는 의견에 따라 대통령이 격려차 대사관을 방문했다.

대사관 일정을 마무리하면서 직원들과 사진을 촬영하는 시간이 있었다. 이 간단한 것을 준비하면서도 난 꽤나 놀라지 않을 수 없었다. 대사관 분들이 내게 대통령과의 사진은 몇 명이 가능한지 먼저 물어서 원하시는 분 누구나 다 오셔도 된다고 했다. 그 말을 믿을 수 없었는지 재차 물었다. 이전 정부가 얼마나 권위적이었으면 이럴까 싶었다. 대사관 방송을 통해 기념 촬영을 원하시는 분은 현관으로 내려오시라고 했다.

단체 촬영을 위한 자리 배치를 하는데 모두가 잘 나오도록 하기 위해 첫째 줄은 양반다리를 하고 앉고, 둘째 줄은 반무릎으로, 셋째 줄은 서는 식으로 했다. 대통령 자리는 당연히 가운데에 설 수 있도록 비워놨고 그곳으로 안내해드리려고 했다. 그런데 대통령은 갑자기 "가만 있어보세요"라고 하더니 미리 마련한 곳이 아닌 제일 앞자리로 가서 반무릎을 하셨다. 직급으로 따지면 그 차이를 셈하기도 어려운, 일국의 정상이자 행정부 수반이 직원들보다 더 낮은 곳에서 반무릎으로 기념 촬영을 한 것이었다.

상상도 못 한 일이었다. 직원들은 환호했고, 탄성으로 대사관 로비가 쩌렁쩌렁 울렸다. 사진을 모두 찍을 수 있는지 의아해하던 상황이었는데, 대통령이 가장 낮은 위치에서 단체 촬영을 하다니 믿기 어려웠을 것이다. 대통령이 해줄 수 있는 최고의 격려를 받은 직원들은 대통령과 악수하기 위해 긴 줄을 섰고, 모두들 기쁜 마음으로 서로의 안녕을 빌어주었다. 그 격려는 대통령이 주일대사관에 근무하면서 여러 어려움이 있었던 직원들과 고충을 함께한다는 소통의 효과를 거뒀다. 행동 하나로 대통령과 직원들은 말이 필요 없는 소통을 한 것이라고 난 생각했다. 리더가 눈높이를 맞추니, 말이 없어도 소통할 수 있었다.

경북 안동과 홍어집

2018년 여름이었다. 대통령의 여름 휴가를 준비했다. 당시는 역사적 북미정상회담이 싱가포르에서 열린 뒤였다. 판문점 남북정상회담이 성공적으로 끝나고, 북미정상회담이 교착상태에 있었을 때 두 정상이 다시 판문점에서 '번개'로 만나 깜짝 남북정상회담을 한 뒤 북미정상회담까지 성사되었던 시기다. 대통령의 승부수에 외신들도 깜짝 놀라 대서특필하던 시기로, 국정 지지율이 80% 언저리가 나오던 때였다. 그래서 대통령이 외부 행사에 가면 공식 행사가 끝난 뒤에 밀려드는 환영 인파로 행사장에서 빠져나오기가 어려웠다. 그런데 대통령이 안동으로 휴가를 가시겠다고 결정했다. 안동은 일제강점기에 다수의 걸출한 독립운동가를 배출한 고장이다. 일종의 노블리스 오블리주를 실천한 대표적 지역이었다.

특히 안동에는 임시정부 초대 국무령을 지낸 석주 이상룡 선생의 가옥 임청각이 있는데, 이곳은 조선 중종 시기인 1519년에 지어진 99칸짜리 기와집이었다. 목조건물로서는 드물게 임진왜란을 견디고 남아 있는 유서 깊은 고택이었다. 그런데 일제가 독립운동가 가문의 정기를 끊고자 중앙선 철로를 통과시켜 집을 두 동강내 버렸다. 그래서 얼마 전까지만 해도 임청각에 가보면 집 바로 앞에 방음벽이 설치되어 있고 기차가 그 옆을 지나고 있었다. 그럼에도 불구하고 그 집안은 3대가 독립운동을 하면서 11명의 독립운동가를 배출했다. 지금은 중앙선 철로를 이전해 방음벽이 헐려, 임청각에서 낙동강을 시원하게 내다볼 수 있게 됐다. 문재인 대통령은 민주당 당대표 시절에 이 임청각을 방문한 적이 있다.

대통령께서 휴가 때 가실 곳을 미리 점검하고, 최적의 동선을 보고드리기 위해 안동으로 출장 갔다. 도산서원, 임청각, 하회마을 등 안동의 주요한 곳들을 둘러봤다. 대통령의 휴가지와 휴가 일정이 소문나면 곤란하므로 청와대 직원이라는 것을 숨겼다. 대신 문체부 장관실에서 나왔다고 둘러댔다.

출장 전 준비팀에 전달된 메시지는 딱 하나였다. 오찬 장소로 대통령께서 한 식당만을 지정하신 것이다. 직접 가봤더니 문이 닫혀 있는 데다가 홍어집이었다. 한여름에 홍어, 그것도 경북 안동에서 홍어라니 신기했다. 식당에 전화해도 받지 않았다. 옆 식당에 가서 휴대폰 번호를 물었지만 알려주지 않았다. 하는 수 없이 그 식당 주인과 연락이 되지 않고, 여름이라 문도 안 열어 다른 곳으로 알아봐야 할 상황이라고 함께 갔던 1부속실 행정관이 보고드렸다. 대통령께서는 그래도 "거길 꼭 가야 한다"면서 다시 연락해보라고 하셨다. 결국 수소문해서 가게 주인과 연락이 되었는데 주인은 "아이고, 뭐하러 오시려고 하느냐"면서 손사래를 쳤다는 얘기를 전해 들었다.

참으로 신기한 일이 아닐 수 없었다. 대통령이 방문하면 손님도 늘고 좋을 텐데 말이다. 그제서야 번쩍 정신이 들었다. 안동에서 홍어를 파는 집이라면 무슨 사연이 있겠다 싶었다. 확인해보니 그 가게 주인은 광주 출신이었다. 게다가 5·18 마지막 날인 5월 27일 새벽에 가두 방송을 했던 분이었다. 차명숙. 5·18 당시 가두 방송을 통해 항쟁의 불씨를 이어갔던 주역의 한 분이었다.

그분은 5·18 이후 혹독한 고문과 옥고를 치르고 거처를 서울로 옮긴 뒤 안동이 고향인 남편을 만나 결혼했으며, 안동으로 이사와 '행복한 집'이라는 홍어 전문 식당을 하고 계셨다. 대통령께서는 예전부터 안동에 갈 때마다 거기서 식사를 하셨고, 그래서 가게 주인으로서는 대통령은 자주 보던 익숙한 사람이었던 것이다. 그래서 "뭘 또 오시느냐"며 굳이 오지 말라고 손사래를 친 것이다.

문재인 대통령께서는 후보 시절에 5·18에 대해서 말씀하셨다.

"미안하다. 나는 5·18 때 전혀 몰랐고, 그래서 살아남았고, 나중에 알았는데 그래서 너무 부끄러웠다."

안동 홍어집을 통해 문재인이라는 사람이 5·18을 얼마나 진심으로 생각했는지 느낄 수 있었다. 차명숙 씨는 대통령 일행에게 홍어 한 상 차려주고 식사를 마치자 바로 가게 문을 닫았다고 한다. 대부분은 대통령의 방문을 대대적으로 홍보하기 마련인데 그것도 하지 않았다.

문재인 대통령은 2021년 초 새로 개통된 저탄소·친환경 고속 열차인 KTX-이음(원주-제천) 열차에 시승할 때 석주 이상룡 선생의 후손인 이항증 선생을 대동했다. 2021년 신년사에서 곧 개통될 KTX-이음 열차의 여러 경제적 의미를 설명하면서도 말미에 임청각 이야기를 붙였다.

"일제강점기, 신흥무관학교를 설립하고 무장독립운동의 토대를 만든 독립운동가 석주 이상룡 선생의 생가, 안동 임청각 한가운데를 중앙선 철도가 가로질렀습니다. 우리나라에서 가장 오래된 살림집이기도 한 아흔아홉 칸 고택의 오십여 칸이 허물어졌고, 임청각 앞마당으로 하루 수차례 기차가 지나다녔습니다.

이번 중앙선 선로 변경으로 임청각을 복원할 수 있게 되어 매우 뜻깊습니다. 오는 6월부터 임청각 주변 정비사업에 착수하여 2025년까지 온전한 모습으로 복원할 것입니다. 우리 역사를 바로 세우고, 민족정기가 흐르도록 하겠습니다."

빼앗긴 나라를 되찾기 위해 자신을 던진 이상룡 선생, 군사정권의 학살에 맞서 두려움을 딛고 항쟁에 나섰던 차명숙 님. 이분들이 살았고 지금도 살고 있으며, 그 숭고한 발자취가 영원히 살아 움직일 땅 안동. 국민 모두가 주인인 나라를 만들고, 지키기 위해 모든 것을 바쳤던 분들을 따라 대통령의 휴가가 있었다. 주권재민의 진정한 민주공화국을 만들기 위한 대통령의 여정은 휴가지에서도 이어졌다. 대통령의 깊이를 어찌 한 걸음이라도 따라갈 수 있을지, 소중한 경험이었지만 과제를 잔뜩 받아든 기분이었다.

대통령이 여름휴가를 떠난 건 2018년 이 휴가가 마지막이었다. 2019년에는 일본의 수출규제 조치 대응으로, 2020년에는 전국적 폭우 상황을 점검하기 위해 여름휴가를 취소했다. 2021년 임기 마지막 여름휴가 역시 코로나 대처를 위해 반납했다. 각종 위기 앞에 대통령의 휴가는 허락되지 않았고, 대통령은 휴가 대신 위기 극복에 매진했다.

'죽비'를 맞고

문 대통령은 취임 4주년 출입기자단과의 질의 응답에서 부동산 문제와 관련해 이렇게 말했다.

"정말 죽비를 맞고 정신이 번쩍 들 만한 그런 심판을 받았다 생각하고요. 또 그런 자세로 남은 일 년 새롭게 해나갈 필요가 있다고 생각합니다."

부동산 문제로 내가 다짐했던 바는 적어도 피하지는 말자는 것이었다. 결과적으로 부동산 가격이 폭등했기 때문에 국민들에게 죽비를 맞았다. 그러나 그럴 때일수록 꽁무니를 빼고 도망가서는 안 된다고 생각했다.

국정홍보비서관으로 임명된 뒤 부동산 문제에 관한 소통을 어떻게 할까 고민하며 과거의 사례를 검토하던 중 한 가지 문제를 발견했다. 한철 장사를 한 게 문제라는 생각이 들었다. 정부는 끊임없이 노력하고 있으나 그것을 제대로 알리지 못하고 있었고, 집값은 계속 오르니 국민의 분노와 불안함은 날로 커져가고 있었다. 우선 소통을 해야 했다.

국민들에게는 집이 부족하고, 좋은 집에 살고 싶은 욕망이 있으니 정부가 8·4 대책 등 신도시 개발 대책을 발표했다. 그런데 발표를 크게 터트리고 난 뒤엔 후속으로 국민에게 알려주는 것이 별로 없었다. 국민의 입장에서 봤을 때는 정부가 제공하는 메시지의 양이 한순간에만 급격하게 늘어났다가 다시 급격하게 줄어들어서 답답한 상황이 반복된 것이다. 집은 의식주의 한 요소며 기본 중의 기본이기 때문에 판단을 내리기 위한 정보의 양이 충분해야 정부의 뜻과 계획이 국민의 판단에 영향을 줄 수 있다. 잠깐 얘기하고 말고를 반복하니 국민들이 '패닉 바잉'(Panic Buying)의 유혹에 휩쓸리는 것이 이해가 되었다.

그래서 내가 제안한 것이 정례 브리핑이었다. 정부가 공급 대책을 발표했다면 이후 그것이 어떻게 진행되는지 매주 국민께 알려드리자고 했다. 국민들이 부동산에 초미의 관심이 있으니 진척 상황을 일주일에 한 번씩 브리핑하자고 했다. 처음에는 부처에서 난감해했다. 나는 "할 말이 없다는 게 말이 안 된다. 국민들은 집 때문에 난리인데 신도시가 이렇게 조성되고 있고, 인허가는 어떻게 진행되고 있다고 구체적으로 알려드려야 국민이 합리적인 판단을 할 수 있다"고 했다. 또 "부동산 문제에서 우리가 피할 곳은 있느냐"고 반문했다. 국민들은 사실관계도 중요시하지만 정부의 자세도 중요시한다는 말도 덧붙였다.

이 와중에 있었던 것이 우리나라 주택공급의 패러다임을 바꾼 2·4 대책, 이른바 '3080+ 대도시권 주택공급대책'이었다. 주택공급에는 우선 땅이 필요하고, 교통 대책이 제대로 실행되어야 성공할 수 있다. 신도시는 교통 문제 해결에 오랜 시간이 걸리고, 직장과 거리가 멀어 도심에 비해 선호도가 떨어지기 십상이다. 이런 문제를 해결하기 위해 이미 역세권인 지역의 단독주택을 고밀도로 개발해 주택공급을 늘리겠다는 것이 2·4 대책의 핵심이었다.

2·4 대책은 신도시 개발과 달리 추가 부지 확보가 필요 없는 주택공급으로 정부 정책을 전환하는 대책이었다. 규제 완화를 통해 용적률도 높였다. 성신여대역, 도봉산역, 신림역 등 주택이 공급될 지역이 여러 군데 생기니 국민에게 알려드릴 것 역시 많아지기도 했다. 그래서 정례적으로 2·4 대책이 실질적으로 어떻게 진행되고 있는지 설명하자고 다시 제안했다. 국토부가 더 적극적으로 대국민 소통에 나서기 위해 불철주야 뛰었다. 그렇게 해서 신설된 것이 국토부의 '위클리 브리핑'이었다. 적어도 도망가지는 말자, 국민에게 정확한 정보를 알려드리자는 생각이었다.

2·4 대책의 근간을 고안한 변창흠 국토부 장관이 불과 2달 만에 사퇴했지만 정례 브리핑은 정부 정책 추진의 일관성에 흐트러짐이 없다는 것을 알리는 계기가 되었다. 장관이 바뀌어도 정책이 계속 간다는 신뢰를 주고 정책의 생명력을 유지할 수 있었다. 매주 브리핑을 하면서 장관 교체 시기에도 주택공급을 위한 정부의 노력을 일관되게 알릴 수 있었다. 비록 죽비를 맞았고, 남은 임기는 1년에 불과했지만 대통령의 말처럼 새롭게 하기 위해 끝까지 노력했다. 자포자기할 수 있는 상황과 시점에서 오히려 심기일전의 마음으로, 해도 안 될 거라는 체념과의 싸움에 나섰다. 이 과정에서 국

토부는 정말 많은 노력을 했다. 참으로 인상적이었고, 고마웠다.

작은 것에서 구멍이 뚫려 정부와 대통령에 대한 신뢰가 무너지는 경우를 왕왕 목격한다. 이를 방지하기 위해서는 정책의 진행 과정을 적시에 정확히 알려드리는 것이 상책이다. 정은경 질병관리청장이 극도의 혼란 상황에서도 브리핑을 회피하지 않았던 것처럼, 부동산 문제 역시 욕을 먹고 있을 때도 피하거나 포기하지 않았다. 진심도 중요하지만 소통하겠다는 자세로 노력하는 것이 중요한 일이었고 부동산 문제 역시 예외가 아니었다. 문재인 정부가 비록 임기말에 힘든 일을 많이 겪었지만 국민의 높은 지지를 유지할 수 있었던 것도 이러한 태도 덕분이 아니었을까.

대통령과 정부가 위기를 극복하려면 피하고 싶을 때 피하지 말고, 더 많이, 더 자주 설명하려는 노력이 필요하다고 생각한다. 결국엔 그 길밖에 없다. 피한다고 피해지지도 않는다. 청와대에선 도망갈 수 있는 데도 없다. 투명한 유리병 속에 담겨 있는 것처럼 국민 모두가 청와대 사람들을 쳐다보고 있다. 그 속에서 열심히 뛰어 도망가본들 다 쳐다보고 있는 것이다. 진정성을 몰라준다고 언론 탓만 하지 말고 국민들과 소통하려는 노력을 얼마나 더 많이, 더 진솔하게 하느냐가 중요하다. 앞으로 정치를 하든 무엇을 하든 위기에 봉착했을 때 어떻게 해야 하는지를 배운 소중한 경험이었다.

생명체와의 대화

자연을 향한 5분의 여유는 삶에 에너지를 준다. 고달픈 청와대 생활에 지칠 때면 여민관과 본관 사이의 길을 걸었다. 내가 이러려고 청와대까지 왔나 하는 비감이 들 때 나를 위로해준 것은 이름도 모르는 풀꽃들이었다.

풀과 나무에 대한 기초 지식이 없어서 저마다의 사연과 이름은 알지 못했지만, 그들이 친구가 되어주었고 말 없는 응원을 보내주었다. 이 길은 대통령께서 본관 일정이 끝나고 걸어서 여민관으로 복귀하실 때도 이용하는 길이다. 그럴 때 대통령께서 길 옆에 핀 풀꽃들과 나무들을 설명해주시곤 했다. 듣고 있는 실장이나 수석들 모두 경이롭다는 표정으로 대통령의 설명을 들으며 발걸음을 옮겼다.

격무 중에 작은 풀꽃에 대해 대화하면서 망중한을 보내시는 대통령과 주요 참모들의 모습을 보고 있노라면 뭐랄까, 저분들이 정말 대한민국을 움직이는 권력을 갖고 있는 분들이 맞나 싶었다. 권력의 냄새는 없고, 동심이 가득했다. 작은 생명체에 대한 관심으로 세상 일은 다 잊은 듯했다.

문재인 대통령이 '나무 박사' '식물 박사'로 불리고, 야생화에 지대한 관심이 있는 것은 이미 알려져 있지만, 그 지식의 폭과 넓이는 상상 이상이다. 일반적으로 식물에 일가견이 있는 분들이 "이 나무 이름이 뭔지 압니까"라든지 "이 꽃의 꽃말이 뭔지 아세요" 정도의 지식에 그친다면, 대통령은 교과서와 참고서를 거의 탐독한 사람처럼 그 식물의 종과 속·과·목·강 차원으로 설명한다는 것이 다르다. 그 식물의 히스토리는 물론 유래, 지역마다의 이름, 나라마다 다르게 불려지게 된 계기 등 지난날 윤무부 박사가 새에 대해 설명하던 것만큼이나 지식의 폭이 넓고 깊다.

지식만 풍부한 것에 그치지 않고 나무와 대화도 하신다는 것은 지인분들을 통해 알려졌다. 양산 사저에 있는 감나무가 말라가자 김정숙 여사께서 벌목하자는 의견을 냈더니 대통령께서 그 나무를 어루만지면서 "얼른 병이 나아야지 안 그러면 우리 아내가 너를 확 베어버린단다"라고 말했다는 일화는 이미 유홍준 전 문화재청장의 TV 찬조 연설로 유명해진 바 있다.

대통령과 가까이에서 생활하는 한 동료가 들려준 얘기는 실로 경이로웠다. 양산 사저 뒷산을 오르다 보면 키 작은 대나무 군락이 있는데, 그 대나무가 다른 곳의 그것과는 많이 달라 주위에서 대통령께 물었다. 대통령은 그 대나무의 특징과 특성은 물론이고 작은 대나무의 용도와 크기는 비슷하지만 성질이 다른 대나무까지 나열해 사람들이 깜짝 놀랐다는 것이다.

문재인 대통령은 가끔 산책길에서 벗어나 나무 군락 속으로 갑자기 들어가곤 한다. 일반 사람들에게는 동종의 나무들이 군락을 이룬 것으로만 보이지만 나무들 군락에서 나온 대통령의 손에는 온갖 작은 열매들이 담겨 있는 경우가 많았다고 한다. 아무리 다른

청와대 녹지원 근처에는 회화나무가 있다. 새잎이 제일
늦게 나오는 것이 특징이다. 대통령은 회화나무의 새잎이 나는지
주변을 지나며 확인하시곤 한다. 회화나무에게도
어서 봄이 오기를 바라는 마음이 아니실까 싶다.

문재인 대통령의 자연과 생명에 대한 사랑은
단순한 취미와 학습에 의한 것이기보다는
자연에 대한 존경과 경외심에서 기인한 부분이 크다.
퇴임 후 평산마을 아침 산책길에서.

나무 사이에 가려져 있더라도 기억 속에 있는 나무는 반드시 찾아내 '안부를 묻는' 대통령의 성격이 그대로 드러난 것이다. 실제 양산 사저에 내려가 뒷산을 오르며 자연과 재회하고 애정이 깃든 나무 벤치에 앉아 있을 때 문재인 대통령의 얼굴은 참 편안해 보인다고 한다.

대통령이 꽃을 쳐다보고, 또 손가락 사이에 꽃을 넣어서 가만히 보고 있는 시간은 다른 사람들에 비해 아주 긴 편이며, 곧은 나무를 쳐다볼 때도 거리를 멀리했다 가까이했다 하면서 위아래를 충분히 훑어보곤 한다는 것이다. 심지어 산책이나 가벼운 등산을 하다가도 호수나 개울 등이 보이면 아무렇지 않게 물속으로 걸어 들어가시는데, 이런 것을 보면 이미 자연과 동화된 분이라는 생각을 할 수밖에 없다는 것이다.

대통령께서 청와대에서 참모들에게 들려주신 식물 이야기만 모아도 책 한 권은 될 것이다. 청와대 녹지원 근처에는 회화나무가 있다. 새잎이 제일 늦게 나오는 것이 특징이다. 대통령은 나무의 새잎이 나는지 주변을 지나면서 확인하시곤 한다. 늦게 자라는 아이를 걱정하는 부모의 마음으로 회화나무에게도 어서 봄이 오길 바라는 마음이 아니실까 싶다. 다음은 복수초(福壽草)다. 봄이 채 오기 전에 제일 먼저 피는 꽃이다. 복수라는 이름을 들으면 복수하(려)는 꽃인가 싶은데, 한자로 복 복자에 생명 수이니 복과 장수를 상징한다고 설명해주셨다.

자연과 생명에 대한 사랑,
국민에 대한 존경심과 애정은
사실 그분에게는 하나다.
이것이 인간 문재인의 매력이자,
누구도 따라하기 힘든
대통령 문재인의 자산이었다.
'문재인의 비서관, 윤재관'이어서 행복한 이유다.

문재인 대통령의 자연과 생명에 대한 사랑은 단순한 취미와 학습에 의한 것이기보다는 자연에 대한 존경과 경외심에서 기인한 부분이 크다. 잘 알려지지 않았지만 문재인 대통령이 라다크(히말라야산맥 북서부 고산지대)를 처음 방문한 시기는 1998년인데, 그때만 해도 라다크는 물론이고 네팔, 인도 등지에 트래킹을 가는 사람이 많지 않았을 때다. 당시 헬레나 노르베리 호지의 책『오래된 미래』를 읽고 감명 받고는 바로 여행 보따리를 꾸렸다고 한다. 자연에 대한 호기심, 자연의 손짓에 반응하는 '문재인 대통령다움'의 대표적인 에피소드다.

당선 전 양산 사저에서부터 함께했던 풍산개 '마루'와 길고양이 출신 '찡찡이', 당선 후 입양한 유기견 '토리', 김정은 위원장이 선물한 '송강'과 '곰이'와의 인연은 언론 등을 통해 많이 알려져 있어 더 설명할 필요가 없을 것이다.

자연과 생명에 대한 사랑이 대통령이라는 위치와 무슨 상관이냐고 묻는 분이 있을지 모른다. 문재인의 정치를 나는 이렇게 정리해본 적이 있다.

요란하지도 않게 봄 햇살 속에 숨어서 몰래 꽃을 피운 야생화.
푸른 듯 붉은 듯 오묘한 꽃잎은 도무지 속내를 알 수가 없어
더 묘하다.
국민의 마음도 어쩌면 그러할 테다.

그 진심을 읽으려면 함부로 꺾지도 밟지도 말아야 한다.
때맞춰 물을 주고 볕을 내어주고 바람길을 열어주고
무엇보다 기다려줘야 한다.

그게 바로 문재인의 정치 아니었을까.
들판의 야생화를 깊이, 깊이 사랑하듯
역사를 만들어온 평범한 국민, 아무개들을
진심으로 존경하는 대통령.

자연과 생명에 대한 사랑,
국민에 대한 존경심과 애정은
사실 그분에게는 하나다.
이것이 인간 문재인의 매력이자,
누구도 따라하기 힘든 대통령 문재인의 자산이었다.

'문재인의 비서관, 윤재관'이어서 행복한 이유다.

외교도 사람이 먼저다

우즈베키스탄의 샵카트 미르지요예프 대통령이 2017년 11월에 방한했다. 문재인 정부 출범 이후 처음으로 방한한 외국 정상이 미국의 트럼프 대통령이었고, 그다음 방문한 대통령이었다. 국가 정상의 방문 때는 꼭 들어가는 프로그램이 있다. 나라마다 다르긴 하지만 우리나라 상황을 예로 들면 현충원 참배, 정상회담, 국빈 만찬, 의회 연설 등 국빈으로 초청된 분들에게 예우하는 차원에서 제공되는 일정이다. 이러한 국빈 예우 일정 사이에 경제인과의 만남 같은 실용적인 일정들도 넣어야 하니 공식 일정이 매우 빡빡해질 수밖에 없다.

일반 사람들도 커피라도 한잔 마시고 소주라도 한잔해야 친해지듯이 국가 정상도 크게 다르지 않다. 국빈 방문 일정이 일 년에 몇 번 되지도 않거니와 특정 국가의 정상은 몇 년에 한 번 볼까 말까 해서 친분이 쌓이지 않고 의례에 치중한 교류가 되기 십상이다. 말하자면 의무방어전이 되는 것이다. 그래서 방한 일정을 의논하기 전에 문재인 대통령께서는 "외교에서도 마음을 여는 일정을 해보자. 친교 일정을 만들어보라"는 특별한 지시를 하셨다.

상당히 신선했다. 외교 일정이라는 것이 몇십 년간 해온 관례를 가지고 일정을 짜고, 예포도 쏘고 의전을 하는 방식이 있는 것인데, 대통령의 의중은 "상대의 마음을 열게 하려면 기존 방식으로는 안 된다. 그 나라와 우리나라의 특별한 인연을 강조하거나 산책을 하거나 하는 친교 일정을 만들었으면 좋겠다"는 것이었다.

우즈베키스탄에는 중앙아시아 역사 연구의 중심지인 사마르칸트가 있다. 사마르칸트는 고대 실크로드의 중심 도시 중 하나이기도 했다. 우리에게 잘 알려진 '아프라시압 궁전 벽화'는 1965년에

러시아 고고학자들에 의해 발견되었으며 7세기 중엽의 유물로 추정된다. 사마르칸트의 바르후만왕이 각국 사신을 영접하는 궁중 벽화에는 머리에 깃털을 꽂은 조우관(鳥羽冠)과 손잡이에 둥근 고리가 달린 큰 칼 환두대도를 찬 두 명의 고구려 사신으로 추정되는 사람이 있다. 그 당시 우리 국립중앙박물관에서는 아프라시압 박물관의 협조를 받아 '실벽 모사도'를 만들어 전시하고 있었다.

우리는 문재인 대통령이 미르지요예프 대통령과 함께 이 전시를 관람하는 일정을 만들었다. 왜 그 시절 고구려가 그 먼 사마르칸트까지 사신을 보냈는지에 대해 학계에서는 당시 고구려가 거세지는 당나라의 압박에 함께 대항할 동맹국을 찾기 위해서였다는 것이 일반적 추정이다. 우즈베키스탄 대통령과 함께 그 전시를 보러 가서 '한국과 우즈베키스탄은 그 먼 옛날부터 이렇게 가까웠다'는 메시지를 전달하니 친분을 돈독히 하고 마음을 열 수 있었다. 이런 일정을 기획해서 전달하면 우즈베키스탄 측도 싫어할 이유가 없는 것이다.

이런 식으로 친교 일정을 진행하니 문재인 정부의 외교 일정이 끝난 다음에는 '대통령이나 되는 분들이 만날 때와 헤어질 때 저렇게 눈빛이 달라질까'라는 생각을 하게 되곤 했다. 여사님들끼리는 서로 포옹하고, 대통령들도 친한 사람들이 주고받는 눈빛으로 헤어지곤 했다.

두 정상의 친교는 이후에도 이어졌다. 2019년 문재인 대통령이 우즈베키스탄을 국빈 방문했을 당시 미르지요예프 대통령은 문재인 대통령을 "제 소중한 친구이자 형님"이라고 말할 정도였다. 2021년 미르지요예프 대통령이 다시 한국을 찾았을 때도 문재인 대통령을 "형님"이라고 부르며 "한국 친구 여러분과 함께 있으니 고향에 온 느낌"이라고 말했다. 마음을 움직이는 외교를 하자는 문재인 대통령의 지시가 결과적으로 2018년 판문점 남북정상회담의 도보다리까지 이어졌다.

베트남과 중국 순방에서의 '특별한 조치'

우즈베키스탄 대통령의 방한, 그리고 문재인 대통령의 중국 방문 이후에 2018년 첫 해외 순방 국가는 베트남이었다. 베트남은 당시 박항서 감독이 23세 이하(U-23) 아시아축구연맹 챔피언십에서 베트남 국가대표팀을 준우승으로 이끌면서, 자국 대표팀과 박항서 감독의 인기가 하늘을 찌를 듯한 상태였다. 당시 베트남의 분위기는 한국의 2002년 월드컵 때와 다를 바가 없었고, 박항서 감독의 현지 인기도 2002년 히딩크 감독의 그것에 전혀 뒤지지 않았다. 한국 누리꾼들도 박항서 감독을 '쌀딩크'라는 애칭으로 부르면서 베트남 축구를 응원하고 있었다.

이때 베트남을 방문한 대통령 일행은 첫 번째 일정으로 베트남 축구 국가대표팀과 박항서 감독을 격려하기 위해 축구대표팀을 찾았다. 우리나 베트남이나 대부분의 국민은 외국 정상의 방문에 그렇게 많은 관심을 두지 않기는 마찬가지다. 그런데 대통령이 베트남 대표팀을 찾아가 격려하고 박항서 감독과 포옹함으로써 베트남 사람들을 깜짝 놀라게 했다. 만약 우리나라를 방문한 외국 정상이 한국 축구 국가대표팀의 선전을 위해 방문한다면 그 이례적인 행보에 놀라지 않을 수 있겠는가.

대통령은 이례적인 일정으로 베트남 사람들에게 서로 마음을 열고 협력하면 이루지 못할 것이 없다는 강렬한 메시지를 남긴 셈이다. 그해 연말 박항서 감독은 동남아시아 축구대회 중에서 가장 권위 있는 스즈키컵에서 무려 10년 만에 베트남을 사상 두 번째로 우승시키면서 베트남에서 국민적 영웅의 지위를 이어나가게 된다.

베트남과 더욱 돈독한 관계를 형성한 배경에는 첫 일정에서부터 상대방의 마음을 얻기 위한 이와 같은 노력이 있었다. 한편, 문재인 대통령은 해외 순방 때나 외국 정상들의 국빈 방문이 있을 때, 연설문에 우리나라와 그 나라의 연결고리를 찾아서 넣으려 했다. 설령 사소한 것이라도 연설문의 내용을 부드럽게 만들어 친밀도를 높이기 위해서였다. 우리나라는 수출로 먹고사는 나라다. 외교를 잘하면 관계가 좋아지는 정도를 넘어 경제적 이득이 매우 커진다. 외교가 곧 경제이고 민생이다. 문재인 대통령의 섬세한 노력이 국익을 키우고 있었다.

2017년 12월 중국 순방이 있었다. 대통령이 해외 순방을 가서 그 나라 비행장에 도착하면 우리나라 대사가 나와 있는 것이 관례다. 그런데 당시 문재인 대통령이 비행기에서 내릴 때는 주중 한국대사였던 노영민 대사가 공항에 없었다.

그것은 '의전 실수'가 아니라 특별한 조치 때문이었다. 문재인 대통령이 중국에 도착하는 그날이 하필 '난징대학살 희생자 추모일'(12월 3일)이었다. 이날 중국에서는 대대적으로 추모 행사를 했으므로 노영민 주중 한국대사를 그 난징대학살 희생자 추모 행사 현장으로 보낸 것이었다. 난징대학살을 한국과 중국이 함께 기념하는 것은 과거 일본 제국에 의해 피해 본 공통점을 상기시키는 일이었다. 그러한 행위로서 상대방에게 성의와 감동을 느끼게 하고 상호 공감대를 증대시킬 수 있다고 봤다. 돌이켜보면 외교 일정에서 이런 방식으로 '진심'을 담는 기획들을 한 것이 회담 성과에도 큰 영향을 미쳤다.

이때의 중국 방문 일정에 대해서도 참으로 할 말이 많다. 박근혜 정부 시절의 사드 배치 여파에 따라 중국이 '한한령'(限韓令: 한류 금지령)이라는 경제보복을 단행해 한국의 수많은 사업자들이 고통받던 때였다. 특히 중국의 단체 관광객이 국내에 더 이상 들어오지 않게 되면서 그들을 상대하던 자영업자들의 손해가 막심했다. 그런 상황에서 어떻게든 상황을 해결하기 위해 대통령이 방문한 것인데 야당 등에서는 '홀대론'으로 비난만 하니 참으로 어려운 시절이었다.

중국 방문을 준비하는 일은 정말로 힘들었다. 중국이 우리에게 불신을 거두지 않던 상황이라 외교 현장에서 어떤 결정이든 매번 뒤로 밀리기 일쑤였다. 그러다 나중에 중국 측 상부에서 모든 걸 결정하는 일이 반복되었다. 그 와중에 대통령이 중국의 서민 식당에서 식사하자 국내 언론에선 외교하러 가서 누구도 만나지 못하고 '혼밥'을 하고 있다면서 조롱 섞인 비판을 했다. '홀대론'의 정점이었다. 그런데 막상 중국에서는 '혼밥'이 중요한 것이 아니라 한 나라의 정상이 중국의 서민 식당에서 본인들이 먹는 것과 비슷한 한 끼 2,000원짜리 밥을 먹었다는 사실이 화제가 되었다. 그런 노력이 있었기에 서먹했던 한중 관계가 차츰 회복되었던 것이다.

당시, 그리고 지금도 '혼밥' 논란을 거론하는 세력에게 묻고 싶다. 외교의 목적이 무엇인가? 국익 증진 아닌가? 중국 순방이 우리 국익 증진에 도움이 되었다는 객관적 사실은 외면하고 지엽말단적인 논란을 만드는 것은 국가적으로 백해무익하다. 자신들이 집권할 당시 파탄낸 한중관계를 복원하기 위해 후임 대통령이 고군분투하는 데 소금을 뿌리는 것이 정치가 할 일인지 성찰하길 바란다.

외신 대변인

문재인 정부 청와대에서 노력했던 일들 중에 남기고 싶은 것들이 있다. 문재인 청와대는 국민들과 소통을 잘하기 위해 노력을 기울였다. 대통령은 처음에 디지털소통팀을 만들라고 지시했다. 그래서 46개 중앙행정기관에 디지털소통팀을 모두 만들었다. 언론이 소통의 게이트키퍼였던 과거와 달리, 이제는 정부 부처가 국민과 직접 소통하는 시대가 된 것이다. 신문을 따로 펼치지 않고 디지털 영역에서 정보를 습득하고 소비하는 국민이 많기 때문에, 국민에게 알릴 것이 있으면 디지털 영역에서 직접 전달해보자고 만든 전담 조직이 디지털소통팀이었다. 그 팀의 작품 중 하나가 청와대 국민청원이었다.

보건복지부 디지털소통팀에서 제안한 캠페인 중에 '덕분에 챌린지'란 것이 있었다. 코로나19 팬데믹 시기에 혼신의 힘을 다하고 있는 의료진을 향했던 캠페인이 전 국민 캠페인으로 발전했다. 이런 캠페인을 예전의 방식으로 준비했다면 국민 캠페인이 될 수 있었을까. 보건복지부 디지털소통팀이 보건복지부의 고생을 홍보하지 않고, 오히려 의료진의 노고를 알아달라고 국민들에게 접근했던 셈이다. 이 놀라운 캠페인은 보건복지부 디지털소통팀의 젊은 직원들이 만든 것이었다. '홍보가 아니라 소통'이라는 문재인 정부의 기조에 더할 나위 없이 적합한 사례가 아닐 수 없다.

문재인 대통령은 "정책의 완성은 소통"이라는 말씀을 늘 강조해왔다. 국정홍보비서관이 주로 하는 일의 하나가 정부의 주요 정무직 및 장차관이 임명되면 그분들에게 대통령의 소통 의지가 어떠한지를 알려주는 일이었다. 2020년 코로나19 팬데믹 상황에서 대한민국은 K방역의 성과를 통해 국제적으로 더 높은 평가를 받게 됐다. 이 과정에서 많은 기여를 한 것은 외신이었다. 우리도 몰랐던 K방역의 탁월한 부분을 외신들이 짚어낸 경우도 많았다. 그러한 외신의 평가들을 보면서 우리 국민들도 대한민국이 여기까지 왔구나 하고 생각하게 됐다.

나는 정부 각 부처에 외신 대변인을 신설하자고 제안했다. 우리 국민과 정부의 노력이 제대로 된 평가를 받으려면 외신의 조명이 필요하고, 외신으로부터 제대로 평가받아야 국격도 높아지고 투자도 유치할 수 있을 것이기 때문이다. 우리 국민들도 자신감과 자부심을 얻어 또 다른 놀라운 과업을 성취해낼 수 있지 않을까. 이 의견을 대통령이 흔쾌히 수용해 2021년 여러 부처에 외신 대변인을 두게 됐다. 당장은 이들이 무슨 역할을 할지 가늠할 수 있는 사람들이 많지 않겠지만, 어느 정도 시간이 흐르고 나면 이들이 국익에 크게 기여하게 될 거라고 생각한다.

문재인 대통령의 소통에 대한 철학, 그리고 디지털소통을 넓히려는 노력을 나는 외신으로까지 확장하고자 했다. 그러나 외신이 높게 평가할 일을 만드는 일이 더 중요하다. 외신에 알릴 일이 없거나, 해명에 시간을 더 할애한다면 신설 취지가 퇴색된다. 외신 대변인이 어떤 역할을 할지는 두고 볼 일이다.

제3부

평창, 판문점, 평양…
도보다리와 백두산

뜨거운 겨울, 평창에서

"모든 일정이 끝나고 나는 협상 파트너였던
김창선 부장과 인천공항에서 작별 인사를 나눴다.
'다시 만납시다.'
진한 악수 뒤 나눈 그 약속은
석 달 뒤 거짓말처럼 지켜졌다.
4·27 판문점 선언이 이뤄진
남북정상회담에서
다시 만나게 됐으니 말이다."

한반도 운전자론

김정은 위원장 : "대통령께서 우리 때문에 NSC(국가안전보장
회의) 참석하시느라 새벽잠 많이 설치셨다는데 새벽에 일어
나는 게 습관 되셨겠습니다(웃음)."
문재인 대통령 : "김 위원장이 특사단 갔을 때 선제적으로 말
씀해주셔서 앞으로 발 뻗고 자겠습니다."
김정은 위원장 : "대통령께서 새벽잠을 설치지 않도록 내가
확인하겠습니다."

2018년 4월 27일 판문점에서 열린 남북정상회담 당시 문재인
대통령과 김정은 위원장이 실제 나눈 대화다. 정상회담 사전 워밍
업 과정에서 나눈 대화치곤 뼈 있는 내용이었다. 2017년 북한의
연이은 미사일 발사로 당시 한반도의 안보 상황이 얼마나 긴박했
었는지를 상징하는 장면이다.

전쟁을 막고 평화를 위한 대화의 물꼬를 트기 위해 대통령은 취
임 직후부터 혼신의 노력을 다했다. 첫 무대는 한미정상회담이었
다. 회담 이후 언론의 평가를 정리하면 이러했다.

"THE NEGOTIATOR, DRIVER MEDIATOR MOON JAE-IN
2017년 6월 한미정상회담에서 양국 정상은, 한미 간 연합방위

독일 통일의 교훈이 살아 있는 도시 베를린.
2000년 사상 첫 남북정상회담을 이끌어낸
연설이 이뤄진 도시 베를린에서 문재인 대통령은
새 정부의 한반도 평화구상을 천명했다.
바로 '한반도 평화 프로세스'와
'한반도 운전자론'이었다.
ⓒ연합뉴스

태세를 통한 압도적 억제력 강화와 북한의 위협과 도발에 대한 단호한 대응을 합의했다. 한미 양국이 직면한 가장 심각한 도전은 북한의 핵과 미사일 위협이라는 공통된 인식하에, 북핵문제 해결에 최우선 순위를 두고 관련 정책을 긴밀히 조율하기로 했다. 이를 위해 두 정상은 제재와 대화를 활용한 단계적이고 포괄적인 접근을 바탕으로 북핵문제를 근원적으로 해결하자는 데 뜻을 같이했다. 특히 한반도 평화를 위한 우리의 주도적 역할과 대화를 활용한다는 점을 대외에 천명한 것은 매우 중요한 성과였다."

문재인 대통령의 남북관계 구상과 관련한 다음 무대는 함부르크 G20 정상회의 참석차 방문하는 독일이었다. 2017년 7월, 대통령은 G20 정상회의에 앞서 독일 정부와 쾨르버 재단의 초청으로 베를린을 방문해 신(新)베를린 선언을 발표했다. 베를린은 2000년 김대중 대통령이 남북 화해와 협력의 기틀을 마련한 '베를린 선언'을 발표한 곳이었다. 특히 연설 장소인 알테스 슈타트하우스(Altes Stadthaus)는 독일 통일조약 협상이 이뤄진 역사적 현장이었다.

독일 통일의 교훈이 살아 있는 장소, 2000년 사상 첫 남북정상회담을 이끌어낸 연설이 이뤄진 도시에서 문재인 대통령은 새 정부의 한반도 평화구상을 천명했다. 바로 '한반도 평화 프로세스'와 '한반도 운전자론'이었다. 문 대통령이 "한미 양국이 남북관계 개선의 중요성을 공유했고, 트럼프 대통령은 한반도 평화통일 환경을 조성함에 있어서 대한민국의 주도적 역할과 남북대화를 재개하려는 (문 대통령의) 구상을 지지했다"고 말한 것이 그것이다.

혹자는 대통령의 구상이 비현실적이라고 폄훼했다. 북한이 미사일을 계속 쏘고 있는데 무슨 평화 타령이냐는 타박도 더해졌다. 이러한 비판들이 단견이었음은 곧 시작된 변화로 증명되었지만, 이를 인정하고 싶지 않거나 애써 외면하고자 했던 이들의 거친 언사는 쉬 사그라들지 않았다.

천지와 평창

"평창 올림픽에 북한이 참가하여 '평화올림픽'으로 만드는 것입니다."

"세계의 정상들이 함께 박수를 보내면서 한반도 평화의 새로운 시작을 함께 열 수 있기를 기대합니다. 북한의 평창 동계올림픽 참가에 대해 IOC에서 협조를 약속한 만큼 북한의 적극적인 호응을 기대합니다"

―2017년 7월 6일, 독일 쾨르버 재단 초청 연설

한반도의 군사분계선에서 100km 거리에 있는 대한민국 평창. 신베를린 선언에서 문재인 대통령은 평창을 평화의 상징으로 만들겠다 선언했다. 대통령의 말이 정치적 수사에 그쳐선 안 될 일이었다. 참모들도 바빠졌다. 당장 변한 것은 없어 보였다. 표면적으로는 그랬다. 북한 미사일은 사라지지 않았고, 선제 타격 운운하며 한반도를 전쟁의 도가니로 몰아가는 듯한 위험천만한 발언도 계속되고 있었다.

모든 것을 걸고 전쟁만은 막아야 했다. 북핵문제의 평화적 해결이라는 대의에서만큼은 미국 정부도 우리와 뜻이 다르지 않다는 사실을 국민들에게 알려야 했다. 한반도에서의 군사적 행동은 대한민국의 동의 없이는 결정할 수 없다는 점을 분명히 해야 했다. 그런 측면에서 문재인 정부는 이전 정부와 달랐다.

북한이 대화로 전환하고자 한다면 새해 첫날이 매우 중요하다. 2018년 1월 1일, 김정은 국무위원장이 백두산에 올랐다는 보도가 전해졌다. 설산(雪山)을 배경으로 백마를 탄 김정은 위원장. 민족의 영산이라고 불리기도 하는 백두산은 우리 민족에게 특별한 산이다. 북한에서는 종교적 의미까지 동반하는 경배의 대상이다. 북한 지도자의 백두산 등정은 큰 결단을 앞둔 지도자의 의식과도 같은 일이었다.

신호가 온 것이다. 곧이어 김정은 위원장은 연두 교서를 통해 대한민국에서 열리는 평창 올림픽에 대표단을 보내겠다는 뜻을 밝혔다. 이제 준비를 해야 한다. 갑작스레 찾아온 봄기운. 비로소 역사와의 대화를 시작하게 되었다는 생각에 온 신경이 예민해졌다.

"북한에서 손님이 오면 어떻게 할 것인지 생각해봐."

2018년 1월 조한기 의전비서관과 윤건영 국정상황실장으로부터 갑작스러운 지시가 내려졌다. 예상치 못한 지시에 어안이 벙벙했다.

누굴까…

머릿속으로 온갖 상상의 나래를 폈다.

내가 상상한 '그'라면?

순간 앞이 캄캄했다.

"국가 정상급 방한 때 어떻게 했는지 참고하면 될 거야."

'정상급'이라… 촉이 왔다. 김정은 국무위원장은 아닐 테니 당시 국가 공식서열 1위인 김영남 최고인민회의 상임위원장일 거라는 나름의 결론에 도달했다. 하지만 며칠 뒤 알게 된 '정상급' 인물은 뜻밖에도 '김여정 북한 노동당 중앙위원회 제1부부장'이었다.

정신이 번쩍 들었다. 전혀 상상하지 못했던 인물. 김영남 상임위원장의 단독 방문과 김여정 제1부부장의 방남이 전혀 다른 차원의 문제인 것은 그녀가 김정은의 단순한 여동생이 아니라는 사실 때문이었다. 십 대 시절 스위스에서 유학생활을 함께한, 김정은과 말이 가장 잘 통하는 사람, 가장 신뢰하는 사람. 그 김여정이 직접 우리와 협상하러 온다는 것은 김정은 국무위원장이 모종의 판단을 내리고 제대로 된 대화를 하겠다는 의지의 표명으로 해석할 수 있었다.

한마디로 이건 '대박'이었다. 연습 투구도 없이 시속 150km가

넘는 강속구가 훅 들어온 것이다. 준비하는 동안 무수히 많은 김칫
국을 들이켰다.

여기서 승부가 잘 난다면 내 소원을 이룰 수 있겠구나.

대통령을 모시고 평양에 갈 수 있겠구나.

1994년은 북핵 위기로 전쟁 위협이 최고조였고, 사상 첫 남북정
상회담을 앞두고 김일성이 사망했으며, 강릉의 북 잠수함 침몰 사
건으로 접경지역에서는 실전이 벌어진 해였다. 당시 정치외교학
과 대학생이었던 나는 통일문제연구소 소속 통일연구회 활동을
했다. 남북평화의 시대를 만들기 위해 작은 기여라도 할 수 있기를
소망하며 20대의 가장 빛나는 시간을 보냈다.

그런 내가 실제 그 현장에 있다는 것에 감격할 뿐이었다. 그러
나 어떻게 해야 제대로 기여할지는 생각조차 못 하고, 버거운 임무
를 무탈하게 수행할 수 있을지 걱정만 앞섰다. 밤에 잠을 자다가도
갑자기 깨어나 밤새 뜬눈으로 보내는 날들을 생전 처음으로 경험
했다.

로열박스 11석과 평화올림픽

일반적으로 국가 정상급 인사의 방문이 있을 경우 정부 대표단
간 사전 협의를 한다. 당연하다. 이 평창 동계올림픽 준비도 마찬
가지였다. 북한 의전서열 1위인 김영남 상임위원장의 방남이니 실

무자 간 의전 협의를 거치는 것은 너무나도 당연했다. 첫 만남부터 살얼음 위를 걷듯 매 순간 조심스러울 수밖에 없었다.

대화는 감정을 배제한 채 최대한 건조하게 진행됐기에 처음엔 어눌하고 어색했다. 떨어져 산 세월을 감안하면 어쩌면 당연한 서먹함이었겠지만 적어도 두 정상이 만나는 순간에는 분단의 벽이 느껴지지 않도록 하고 싶다고 다짐했다.

의전에서 중요한 것은 자리다. 어떤 자리에 서느냐가 그 나라, 그 정상의 힘과 권위를 상징한다. 특히 다자간 외교현장에서 의전 서열은 그 나라가 국제정치에서 가지는 위상과 현주소를 여실히 드러낸다. 그렇기에 모든 참가국 정상들이 자리 배치에 민감하게 반응할 수밖에 없다. 옆에 누가 앉는지도 중요하다.

관계가 안 좋은 국가 정상과 나란히 앉아 있다고 상상해보자. 그들의 일거수일투족, 표정 하나하나가 국제적인 관심 사안이 될 수밖에 없다. 어떤 모습으로 앵글에 포착되느냐에 따라 국내 정치에 미치는 영향도 상당하다. 그 냉혹한 힘의 역학관계 속에서 '평화 올림픽'임을 증명하는 임무가 의전비서관실에, 나에게 주어졌다. 혹여 역할을 제대로 하지 못한다면 평생 그 멍에를 안고 살아야 할지도 모른다. 평화를 향한 온 국민의 염원만큼이나 2018년 2월 9일 평창 동계올림픽 개막식의 성공은 나에게도 간절하고 또 간절했다.

문재인 대통령의 신베를린 선언 7개월 뒤 본격적인 평창 동계올림픽 개막식 준비가 시작됐다. 인천공항으로 갔다. 비행기 편으로 입국하는 북측 대표단의 의전을 담당하는 일이 내게 맡겨졌다.

김영남 최고인민회의 상임위원장과 김여정 당 중앙위원회 제1부부장 등 북한 고위급 대표단은 인천공항에 도착하자마자 곧바로 평창행 KTX에 올랐다. 이때부터 나의 파트너는 '김정은의 집사'로 불리는 김창선 국무위원회 부장이었다. 김창선 부장은 김정은 국무위원장 집권 이후 국방위원회 서기실장을 맡은 인물이다. 서기실은 청와대의 부속실과 비슷한 역할을 한다. 김정은 위원장의 동선과 일정 하나하나가 김창선을 거친다는 뜻이다.

"반갑습니다."

어색한 인사를 주고받은 후 서로를 탐색했다. 상대의 굳은 표정을 보니 앞으로 2박 3일이 순탄치 않겠다 싶었다. 첫날은 구체적인 의전 사안을 협의하고, 우리의 구상을 설명한 뒤 북측의 의견을 듣는 자리였다. 찾아온 손님이 기분 좋게 일정을 치를 수 있도록 사전 소통을 잘해야 했다.

개막식에 참석한 정상급 인사 가운데 가장 중요한 인물들이 착석할 12석 자리를 우린 로열박스라 불렀다. 12석 중 한 자리에는 통역이, 두 자리에는 대통령 내외분이 앉아야 했으니 나머지 9석으로 미·중·일·러 4강과 북측 인사의 자리를 마련해야 했다. 그깟 자리 정하는 게 뭐 중요한 일이냐고 생각할 수 있겠지만 현실은 그렇지 않다. 당시 참석 인사들의 면면을 보면 누구 하나 홀대

할 수 없는 인사들이었다. 토마스 바흐 IOC 위원장을 비롯해서 미국 펜스 부통령 내외와 일본의 아베 신조 총리가 참석했고 러시아와 중국에서도 특사가 왔다. 문재인 대통령을 중심으로 나머지 인사들의 자리를 어떻게 배치하느냐가 의전의 핵심이었고 우리의 숙제였다.

북측 김창선 부장에게 우리가 배정한 김영남 위원장과 김여정 제1부부장의 자리가 어떤 의미인지를 설명하고 불만을 갖지 않도록 해야 했다. 북측도 자존심이 강했기 때문에 기싸움이 팽팽할 수밖에 없었다.

로열박스 중에서 사진이 잘 찍히는 자리는 따로 있다. 한국 언론은 문재인 대통령을 중심으로 사진을 찍기 때문에 우리 대통령과의 거리가 가까울수록 한 컷에 보기 좋게 담긴다. 특히 북측은 의전서열 1위가 참석한 것이니 문재인 대통령 내외 옆에 앉아야 한다고 주장했다. 미국 펜스 부통령은 의전서열 1위도 아닌데 왜 문재인 대통령 바로 옆에 앉아야 하느냐고 항의했다. 또한 북측은 중국 특사와는 되도록 먼 거리에 앉아 있기를 바랐다. 일본은 북한 일행 옆에 앉기 싫다고 했다.

이 복잡한 퍼즐을 다름 아닌 평창행 KTX 안에서 맞춰야 했다. 인천공항에서 출발하면 평창까지 1시간 40분, 그 안에 협상을 끝내야 했다. 북한 측 협상단과 마주 앉았다.

김창선 : "우리 넘버원이 오셨는데 남조선 대통령 옆에 앉아야

하지 않겠습니까? 그래야 말이 되지요."

윤재관 : "자, 자, 자리 배치를 보면서 다시 설명드릴게요. 첫 줄
에는 ○○○이, 둘째 줄에는 ○○○이 앉는데…"

김창선 : "됐구요. 우리 요구 조건은 하납니다."

윤재관 : "휴우~"(한숨)

식은땀이 흘렀다. 이 협상이 틀어지면? 그래서 김여정 제1부부
장 일행이 개회식에 참석하지 않게 된다면? 그야말로 대형 사고였
다. 남은 시간은 10분. 이제 담판이다. 설명판을 덮어버리고 김창
선 부장에게 협박 같은 부탁을 했다.

윤재관 : "그냥 저 믿어주시면 안 됩니까. 얼마만에 북측에서 손
님이 오셨는데, 저희가 설마 서운하게 모시겠습니까. 이 자리 마
음에 안 드신다고 하는데 저희로서도 이건 양보할 수 없는 사안
입니다."

김창선 : "어떻게 믿으라는 겁니까?"

윤재관 : "제가 3일 동안 여러분을 모시고 다녀야 합니다. 그런
제가 첫날부터 귀한 북측 손님들을 기분 나쁘게 하겠습니까?
절대 그런 일은 만들지 않습니다. 그러니 저를 믿고 통 크게 가
시죠."

잠시 흐르는 정적.

마른침을 꿀꺽 삼켰다.

이윽고 열린 김창선 부장의 입.

"알겠습니다."

놀랍게도 북한 측이 나의 제안에 응했다. 김창선 부장은 즉시 기차 옆 칸에 있는 김여정 제1부부장에게 상황을 보고하고 오케이 사인까지 받아냈다. 시계를 보니 도착까지 남은 시간은 3분. 국가적으로도, 내 인생으로 봐도 큰 고비를 넘기는 순간이었다.

그날의 협상 결과는 다음 사진을 보면 알 수 있다.

첫 줄에 문재인 대통령 내외분, 미국의 펜스 부통령 내외분, 일본의 아베 총리, 뒷줄 왼쪽에는 김영남 상임위원장, 김여정 제1부부장, 독일 대통령 내외분이 착석했다.

당시 내가 설득한 논리는 이랬다.

"언론에서 사진을 다양한 크기로 찍을 겁니다. 네 명이 들어갈 수도, 여섯 명이 들어갈 수도, 여덟 명이 들어갈 수도 있어요. 김여정 제1부부장은 네 명 컷부터 들어가서 모든 사진에 다 들어가는 인물이 될 겁니다. 그러니까 문재인 대통령 바로 뒷자리가 아주 좋은 자리인 셈이지요."

의전에서 중요한 것은 자리다. 어떤 자리에
서느냐가 그 나라, 그 정상의 힘과 권위를 상징한다.
왼쪽 첫 줄에 문재인 대통령 내외분,
미국의 펜스 부통령 내외분,
일본의 아베 총리, 뒷줄 왼쪽에는
김영남 상임위원장, 김여정 제1부부장,
독일 대통령 내외분이 착석했다.
2018년 평창 동계올림픽 개막식.

그날의 일을 지금도 가끔 떠올린다. 그때 그 설명판을 덮으며 "통 크게 갑시다"라고 제안했던 내 말이 먹혀들지 않았다면 어떻게 되었을까. 지성이면 감천이라고, 간절하면 하늘이 돕는다는 말을 새삼 확인했던 순간이다.

이 경험은 내게 소중했다. 협상이 난관에 봉착했을 때 작은 것, 지류에 불과한 것으로 옥신각신 언쟁을 해봐야 의미가 없다는 것을 배웠다. 크게 보고 신뢰를 쌓으려는 분명한 의지가 있음을 상대가 느끼도록 하는 것이 실타래를 푸는 열쇠임을 깨달았다.

백두혈통, 청와대 오던 날

다음 날 북한 고위급 대표단 일행이 문재인 대통령을 만나기 위해 청와대를 방문했다. 국가 귀빈이 청와대를 방문하면 대부분 본관 정문 앞에서 영접자와 인사를 나눈 뒤 방명록에 서명하고 기념 촬영을 한다.

내가 그날 주목한 건 김여정 제1부부장 손에 들려 있던 가방이었다.

'가방 속 내용물이 무엇일까.'

내심 긴장하고 있을 무렵 북측 의전 담당자 김창선 부장이 나에게 갑작스런 요청을 했다. 자신들만을 위한 별도 공간을 마련해달라는 거였다. 사전에 합의되지 않은 일이라 나로선 난감할 수밖에 없었다. 그 순간 번뜩 스치는 생각!

'아, 우리 몰래 저 가방 안에서 꺼낼 무언가가 있구나!'

직감은 들어맞았다. 김여정 제1부부장이 가방에서 꺼내 든 파란색 파일은 김정은 국무위원장의 친서였다.

잠시 후 파란색 서류파일을 든 김여정 제1부부장이 잔뜩 긴장한 얼굴로 접견장에 들어섰고 취재기자단이 퇴장하자 대통령께 파일을 전달했다. 다음은 사진 촬영. 처음엔 테이블을 사이에 두고 친서를 전달하는 모습을 찍었는데, 대통령은 그 거리감이 불편했는지 "사진 제대로 한 번 더 찍읍시다"라고 말하며 김여정 제1부부장을 이끌었다. 테이블을 사이에 두지 않고 문재인·김여정 제1부부장 두 사람이 자연스럽게 나란히 서자 훨씬 친근감이 느껴졌다.

겉으로 내색하지 않았지만, 백두혈통으로는 첫 청와대 방문이었으니 김여정 제1부부장으로서도 꽤나 긴장했을 것이다. 일거수일투족이 카메라에 모두 촬영되는 상황에서 청와대라는 공간이 주는 중압감도 만만치 않았을 터, 그런 그녀에게 대통령이 건넨 배려는 미소 가득한 사진으로 남아 있다.

1980년대 후반 출생으로 당시 갓 서른 살을 넘긴 여성이었다. 낯선 환경, 낯선 사람들 틈에서 얼마나 긴장하고 있는지는 시시각각 변하는 표정을 통해 읽을 수 있었다. 그 경직된 표정과 마음을 풀어준 건 문재인 대통령이었다.

오찬을 하면서도 대통령은 북한과 우리의 언어 차이를 먼저 이

일거수일투족이 카메라에 모두 촬영되는 상황에서
청와대라는 공간이 주는 중압감도 만만치 않았을 것이다.
그런 김여정 제1부부장에게 문재인 대통령이 건넨 배려는
미소 가득한 사진으로 남아 있다.
김정은 위원장의 친서를 전달하는 김여정 제1부부장.

ⓒ연합뉴스

야기하며 한동안 웃음이 끊이질 않았다. 당시 청와대 비서실장이었던 임종석 실장과 북한의 김영남 위원장도 정중하게 대화를 나눴는데 이튿째 일정에서 북측 인사들이 꽤 기분이 좋았던지 오후에는 예정에도 없던 강릉 일정(여자 아이스하키 남북 단일팀 경기)에도 기꺼이 함께했다.

북측은 방문한 지 사흘째 되는 날 임종석 비서실장과 식사를 함께했다. 식사 이후엔 문 대통령과 인근 국립극장에서 열리는 '삼지연관현악단 및 북한 예술단' 공연에 참석하는 일정이었다. 식사를 하는데 지난 이틀 동안 보아온 백두혈통의 도도함은 온데간데 없고, 그저 30대 초반 수줍은 청년의 모습이었다.

그날 김여정 제1부부장은 문재인 대통령에게 최대한 예의를 갖추려는 모습을 여러 차례 보였다. 공연장에 대통령이 도착한다는 이야기를 듣고는 개인적 용무를 뒤로했다.

3일의 방남 기간 중 문 대통령과 북측 대표단의 자리 배치 변화를 보면 흥미롭다. 첫날 평창 올림픽 개막식에서는 앞줄과 뒷줄에, 이튿째 강릉 아이스하키 경기장에서는 IOC 위원장을 사이에 두고 같은 줄에 앉았다. 마지막 날, 공연장에서는 나란히 자리했다. 남과 북이 가까워지고 있음이 자리 배치에서도 확연히 나타났다. 곧 다시 만날 것을 예감이라도 하듯. 자리 배치가 메시지이자 변화하는 남북관계를 상징하고 있었다.

2018년 2월 11일,
국립극장 해오름극장에서 열린
'삼지연관현악단 및 북한 예술단'
공연 전 현송월 북한 예술단 단장과
대화를 나눴다.

판문점 남북정상회담의 시작

평창 동계올림픽 폐막식에 북측의 김영철 당시 노동당 부위원장이 대표단으로 방문했다. 김영철 부위원장은 천안함 폭침의 주역으로 알려져 있었다. 김영철만큼은 방문해서는 안 된다는 보수 단체들의 시위가 심해 먼 길을 돌아 평창으로 왔다.

김영철 부위원장이 평창에 오기 전날, 당황스런 임무가 떨어졌다. 다음 날 대통령이 김영철 부위원장을 접견하는 일정을 준비하라는 것이었다. 문제는 평창에 접견 장소를 마련하는 것과 그곳이 노출되어서는 안 된다는 것이었다. 단 하루 만에 그 준비를 끝내야 했다. 마치 첩보 작전 같았던 하루가 시작되는 순간이었다.

올림픽이 열리기 전, 의전비서관실 전 직원들은 평창을 수차례 오가며 주요 동선을 숙지했다. '외부에 노출되지 않는 접견 장소 마련'이라는 임무를 받고도 별 탈 없이 접견 장소를 찾을 수 있었던 것은 그 사전 준비 덕분이었다. 보안이 지켜지면서도 어느 정도 격을 갖춘 공간은 평창에 딱 한 군데밖에 없었다. 접견의 격을 맞출 수 있는 최소한의 의전 물품을 청와대에서 평창으로 가져왔다. 비밀 유지를 위해 접견 준비를 도운 분들의 귀환도 접견 종료 이후로 미뤄야 했다. 당시 동료들의 말에 따르면 나는 다가가 말을 붙이기도 어려울 만큼 잔뜩 예민해 있었다고 한다. 내 머릿속은 온통 걱정뿐이었다.

김영철 부위원장 일행 영접은 어떻게 할까. 적어도 30분은 북측 손님들과 대화를 해야 하는데 무슨 말을 해야 할까.

아무도 어떻게 하라고 알려주지 않았지만 어떻게든 해내야 하는 상황이었다.

북측 대표단이 접견장에 도착했다. 차에서 내리는 김영철 부위원장 일행은 긴 여정 탓인지 지쳐 보였다.

"청와대 의전국장 윤재관입니다. 먼 길 오시느라 수고 많으셨습니다. 안으로 모시겠습니다."

낯선 장소가 어색했는지 다소 어리둥절한 표정이었지만 특별한 질문은 없었다. 대통령이 도착하기 전까지 의자에 앉아 쉬라는 권유에도 앉지 않았다. 그들만의 몸에 밴 의전 원칙을 굽히고 싶지 않았던 걸까.

잠시 후 대통령이 도착하고 김영철 부위원장과의 대화가 시작되었다. 장소의 특성상 접견장 안의 대화 내용을 들을 수 있었다. 정말이지 놀라운 내용들이었다. 북한에서 개막식과 폐막식에 대표단을 보내왔으니 우리도 북측에 감사의 뜻으로 답방을 추진하겠다는 문재인 대통령의 제안. 남북정상회담 추진을 논의하기 위해 우리 측에서 북측에 특사를 파견하겠다는 것을 의미했다. 당시 북측 대표단의 한 사람은 문재인 대통령에 대한 북측의 인식을 드러내는 말을 하기도 했다.

평창 동계올림픽 폐막식에 북측의 김영철 당시
노동당 부위원장이 대표단으로 방문했다.
김영철 부위원장은 천안함 폭침의
주역으로 알려져 있었다.
"청와대 의전국장 윤재관입니다. 먼 길 오시느라
수고 많으셨습니다. 안으로 모시겠습니다."
김영철 부위원장, 리선권 조평통위원장은
대통령이 도착하기 전까지 의자에 앉아
쉬라는 권유에도 앉지 않았다.

"대통령은 인권 변호사 출신이다. 사람 살리는 일을 평생 하신 분이다. 이런 분이 우리에게 거짓말은 하지 않겠지 생각한다. 그리고 집안 고향이 함경도 아닌가?"

그날 접견장 문지기 역할을 하면서 나는 속으로 얼마나 흥분했는지 모른다. 올림픽이 끝난 후에 한반도 평화의 새로운 여정은 본격적으로 시작되겠구나, 올곧게 살아온 대통령의 삶, 함흥에서 빅토리호를 타고 거제로 피난 왔던 뿌리가 북한을 대화의 장으로 이끄는 데 영향을 미쳤을 수 있겠구나라고 생각했다.

접견장을 나오면서 누구에게도 말하지 못할 테지만 나 혼자라도 이날의 일을 온몸으로 기억하겠다는 의미로 셀카도 한 장 찍었다. 크게 소리치며 환호라도 하고 싶었다. 하지만 혼자 속으로 해야만 했다.

평창 동계올림픽 이후에도, 2NE1 출신 씨엘이 폐막식에서 부른 노래를 나는 한동안 흥얼거렸다. 제일 잘나가는 나라가 곧 내 눈앞에 펼쳐질 것만 같은 흥분 탓이었다. 남과 북이 외세의 결정과 타율적인 흐름에 의해 휩쓸려가는 게 아니라 스스로 운명을 개척하게 된 것 아닌가. 한반도의 운전대를 우리가 잡게 되는 것이 아닌가.

모든 일정이 끝나고 나는 협상 파트너였던 김창선 부장과 인천공항에서 작별 인사를 나눴다.

"다시 만납시다."

진한 악수 뒤 나눈 그 약속은 석 달 뒤 거짓말처럼 지켜졌다. 4·27 판문점 선언이 이뤄진 남북정상회담에서 다시 만나게 됐으니 말이다.

영화보다 멋진 봄, 도보다리에서

"판문점에서 근무하던 어느 장교는
도보다리 끝 101번째 군사분계선 표지판이
있는 공간은 '바람골'이라고 해서
바람이 많이 부는 추운 곳이라
평소엔 새들도 잘 찾지 않는다고 전해주었다.
그런 곳에 온갖 새가 모여든 것이다.
마치 평화를 노래하고 싶었던 것처럼!"

판문점 오른쪽에서 찾아라

2018년 3월 초, 남측 특사단이 북한을 답방했다. 남북정상회담 개최가 결정된 것이다. 곧바로 나는 판문점 남북정상회담 준비에 돌입했다. 과거 두 번의 정상회담 자료를 찾아보고, 당시 일정을 담당했던 의전비서관에게 아이디어를 구했다. 하루 24시간이 모자랄 만큼 바쁜 나날이었지만 일의 무게를 견디고도 힘이 남았다.

판문점은 크게 세 덩어리로 구성되어 있다. 중간에는 회담을 위한 회의실이, 왼쪽에는 '돌아오지 않는 다리'가, 오른쪽에는 '도보다리'와 중립국감독위원회가 있다. 3월 중순부터 회담을 준비하면서 판문점 내의 모든 장소를 현장 점검했다. 왼쪽에 있는 '돌아오지 않는 다리'는 1976년 도끼만행사건이 발생했던 곳이어서 두 정상이 근방에서 뭔가를 한다는 것 자체가 부적절하다는 결론에 이르렀다.

남은 선택지는 오른쪽. 하지만 중립국감독위원회 건물은 특별한 의미를 부여하기 어려울 뿐만 아니라 판문점 중앙에서도 너무 많이 떨어져 있었다. 결국 남북 정상의 친교 일정은 판문점 중앙에서 도보다리까지 걷는 산책을 제안하는 것으로 의견을 모았다. 의전비서관실 전체가 고심한 결과였다. 어쩌면 쉬운 선택이었고 한편으론 불가피한 결정이었다.

당시 도보다리의 폭은 1.2m에 불과했다. 남북 정상 두 분이 함께 나란히 걷기에는 너무 좁았기 때문에 도보다리 폭을 넓히기로 했다. 하지만 판문점을 오가는 내내 뭔가 부족하다는 생각이 가시질 않았다. 남북정상회담의 무게나 역사적 의미를 담기엔 부족하다고 느꼈다. 그렇다고 마땅한 대안도 없던 상황.

눈에 꽂힌 녹슨 표지판

2018년 3월 25일, 그날을 잊을 수가 없다. 도보다리 산책, 도보다리 회담의 단초를 마련한 나의 첫 제안이 있었던 날이기 때문이다. 정전협정 직후 중립국감독위원회(당시 체코, 폴란드, 스위스, 스웨덴)의 규모는 지금처럼 소수가 아닌 200여 명 이상의 대규모 조직이었다. 이 인원들이 수시로 판문점 지역을 드나들며 임무를 수행했는데, 단시간에 짧은 거리로 이동할 수 있는 동선(현재 도보다리가 설치된 곳)은 습지였고, 강우량이 많을 땐 물골이 형성되었기 때문에 항상 멀리 돌아다녔다고 한다. 그 불편을 개선하고자 현재 위치에 도보다리가 설치된 것이었다. 건설 시기는 정전협정 이후 1960년 전후로 추정할 뿐 정확한 기록이 없었다. 과거 유엔사 규정에 수록된 지역 요도에 'FOOT BRIDGE'라고 표기되어 있으며 이를 번역해 '도보다리'라는 이름으로 불러왔다.

사실 도보다리는 중립국감독위 근무 인원의 업무 편리성을 위해 놓여진 다리였던 탓에 한반도 평화와의 연관성은 고사하고, 남과 북의 역사에서 제대로 등장한 적도 없었다. 특히 존재 자체를 거의 모든 국민이 모르고 있었다. 이 도보다리를 남북 정상이 함께

1953년 정전협정 체결로 확정된 군사분계선 위치를 나타내는 '군사분계선 표지판'이 눈에 들어왔다. 남북정상회담 도보다리 변형 아이디어를 처음 낼 당시 현장 모습.

걷는다는 것이 무슨 의미가 있을까. 아무리 생각해봐도 별다른 의미가 없어 보였다. 남북정상회담의 동선은 그 자체로 역사가 되어야 하는 만큼 어떻게든 연결고리를 찾아야 했다.

무언가를 찾기 위해 도보다리 주변을 걷던 중 표지판 하나가 눈에 들어왔다. 도보다리에서 직선으로 40~50m 떨어진 곳에 설치된 표지판이었다. 말이 표지판이지 표식도 없는 녹슨 고철판이었다. 그래도 판문점 지역에 있는 것이니 예사 것은 아니겠다 싶어 확인해봤다. 그것은 1953년 정전협정 체결로 확정된 군사분계선 위치를 나타내는 '군사분계선 표지판'이었다.

도보다리, 군사분계선 표지판까지 연결

휴전을 앞두고 임진강 하구의 0001호에서 시작해 동해안의
마지막 1,292호까지 200m 내외 간격으로 휴전선 155마일(약
250km)에 걸쳐 표지판을 설치(총 1,292개로 UN 관리 696개, 북
측 관리 596개)했다는 사실도 처음 알게 되었다. 내가 본 표지판
은 101번째 것이었다. 판문점 공동경비구역(JSA)에는 90번부터
103번이 설치되었고, 현재 9개만 남아 있었다. 재질은 철제, 규격
은 가로 76.2cm, 세로 50.8cm, 황색 바탕에 검은색 글자 및 숫자로
제작 후 지상에서 132cm 높이로 설치되었다.

1953년 설치 당시 표지판에는 황색 바탕에 검은색 글자로 '군
사분계선'이라고 쓰고 그 밑에 번호를 표기했으나, 정전 65년의
세월로 인해 글자는 보이지 않는 상태였다.

현장을 걷다 불현듯, 과거 도보다리 중간지점에서 1953년에 설
치된 101번째 군사분계선 표지판까지 도보다리를 새로 연결해 표
지판에 접근할 수 있게 하면 되겠다 싶었다. 당시 일자형이었던 도
보다리를 단순히 1.7m로 폭을 넓히는 것을 넘어 T자형으로 변형
하자는 아이디어였다. 사실상 도보다리를 새롭게 설치하자는 복
안이었다. 1953년의 휴전체제를 극복하고 한반도 평화의 봄을 만
들기 위해 남북 정상이 판문점에서 만나는 역사적인 날, 두 정상
이 1953년 남과 북을 갈라놓은 군사분계선 표지판 앞으로 함께 걸

어간다는 것 자체가 한반도 평화의 새 시대가 열리고 있음을 상징할 것이라 판단했다. 지금은 아무런 글씨도 없는 녹슨 고철인 군사분계선 표지판에서 대화하는 남북 정상의 모습, 그 한 장면으로 2018년 4월 27일 판문점 남북정상회담의 목적이 전달될 수 있다고 나는 생각했다.

다른 측면으로도 생각해봤다. 회담 장소가 판문점이기 때문에 남북 정상이 군사분계선에서 처음 만나 악수하는 장면은 누구나 예상할 수 있었다. 그래서 히든카드가 필요했다. 누구도 생각하지 못한 의외의 장면이 판문점 남북정상회담의 상징으로 역사에 남을 것이라 생각했다. 도보다리는 그 존재 자체가 알려지지 않았기에 히든카드로 안성맞춤이었다. 도보다리가 승부처라고 판단하고 준비에 몰입했다.

판문점에 함께 동행했던 통일부의 한 간부는 "좋은 생각이다, 이번 정상회담의 상징이 필요한데, 잘되면 좋겠다"고 호응해주었다. 사무실에 복귀해 나의 구상을 다듬은 뒤 3월 29일 UAE에서 귀국한 조한기 의전비서관에게 곧바로 보고했다. 그 자리에서 오케이 사인이 났다.

국방부는 즉시 유엔사 측에 도보다리를 'T자형 다리'로 변형하는 방안을 설명했다. 3월 30일 정상회담 준비위원회에서 도보다리 변형공사를 4월 17일까지 완료할 것을 지시했고 31일에는 유엔군 사령관이 공사를 승인했다.

4월 2일 유엔사 군정위는 정상회담 준비 일환으로 군사분계선

101번 표식물 일대 공사 진행을 북한에 통지했다. 내가 아이디어를 처음 낸 날이 3월 25일이었으니, 7일 만에 도보다리 변형 공사가 시작된 것이다. 모든 과정이 순조로웠다. 제한된 범위와 환경이라는 울타리를 넘어 상상이 현실이 되어가는 하루하루가 신기했고 가슴 벅찼다. "봉산개도 우수가교(蓬山開道 遇水架橋), 산을 만나면 길을 내고, 물을 만나면 다리를 놓는다"는 좌우명을 실천할 수 있는 날들이었다.

두 정상이 만든 감동

도보다리 확장 및 T자형으로의 변형을 위한 공사는 지뢰 탐지를 시작으로 4월 2일 개시되었다. 당시 국방부가 마련한 설계도 초안은 완성된 도보다리와는 달랐다. 취재진을 위한 공간이 추가됐기 때문이다. 근거리 취재도 필요하겠지만 원거리 공간에서도 취재가 필요할 수 있으니 "언론용 중간 데크를 추가로 만들자"는 조한기 의전 비서관의 지시는 신의 한 수가 되었다. 당시 권혁기 춘추관장, 이주용 행정관은 실시간 중계 카메라가 회담에 방해되지 않도록 중계 카메라 위치까지 미리 체크했다. 한 편의 무성영화는 모두의 진심이 모아진 덕분에 완성될 수 있었다.

도보다리 산책과 회담 일정은 4월 27일 오후 판문점 남북정상회담 기념식수 직후에 있었다. 기념식수가 있는 판문점 중앙 부근에서 도보다리까지는 200~300m의 거리다. 짧지 않은 거리였다. 물을 준비해야겠다고 생각했다. 그러자면 물 놓을 테이블이 필요했다. 혹시 대화를 할 수도 있으니 의자도 놓자고 했다. 그렇게 준비한 것이 두 정상이 앉아 대화했던 야외용 테이블과 의자였다. 사전 리허설 과정에서 최적의 장소를 찾아 테이블을 놓을 때만 해도 이곳에서 두 정상이 30분 넘게 긴 대화를 나눌 거라곤 상상하지 못했다. 결국 도보다리의 감동은 오롯이 두 정상이 만든 것이다.

도보다리 하늘 위를 날던 방울새, 청딱따구리, 흔치 않은 여름 철새인 되지빠귀, 소쩍새, 산솔새, 섬휘파람새, 오색딱따구리, 알락할미새는 그날 배경음악의 연주자가 되어주었다. 판문점에서 근무하던 어느 장교는 도보다리 끝 101번째 군사분계선 표지판이 있는 공간은 '바람골'이라고 해서 바람이 많이 부는 추운 곳이라 평소엔 새들도 잘 찾지 않는다고 전해주었다. 그런 곳에 온갖 새가 모여든 것이다. 마치 평화를 노래하고 싶었던 것처럼.

파랑. 구름 한 점 없던 하늘과 도보다리의 색깔이 어찌도 그리 잘 어울렸던지. 많은 분들이 도보다리가 파란색이어서 좋았다는 평을 해주셨다. 잘한 결정이라는 일종의 칭찬이었다. 그러나 사실은 도보다리의 원래 색깔을 찾아주었을 뿐이다. 도보다리 공사를 시작하기 전 유엔사 측에 도보다리 색깔을 바꿔도 되는지 문의했다. 유엔사는 도보다리의 폭을 넓히고 T자형으로 변형하는 것에는 동의하지만, 다리 색깔 변경에는 난색을 표했다. 파란색이었던 색깔만큼은 원래의 모습대로 해주길 희망했다. 그래서 세월 따라

희미해진 색을 선명한 파랑으로 새 옷을 입혔다. 결과적으로 다른 색으로 바꾸지 않은 것이 참으로 다행이었다. 유엔사 덕분이다.

두 정상의 도보다리 산책이 있던 날, 집에 가는 택시 안에서 나는 청승맞게 울었다. 너무나 좋은 날, 정말 좋다고 전화하고 싶은 사람이 있었다. 더 이상 전화가 안 되는 분, 이 세상 소풍 끝내고 하늘로 먼저 가신 아버지. 도보다리 무성영화를 빛낸 그 새들이 어디서 왔을지 나름의 짐작만 할 뿐이었다.

나는 이후 여러 언론에서 '도보다리 기획자'로 소개되었다. 분단을 상징하는 녹슨 군사분계선 표지판을 평화의 상징으로 만들기 위해 새로운 도보다리를 놓자는 아이디어를 냈기 때문이다. 그러나 그날의 감동은 두 정상이 만든 결과물이었다. 감동을 기획한다는 것은 인간의 오만이라고 생각한다. 대통령을 가까이 모시는 내내 배운 것은 진심만 한 감동은 없다는 사실이었다.

유류 탱크와 고압선

지금 와서 고백하지만, 사실 도보다리까지의 산책과 회담은 애초 불가능한 일정이었다. 4월 25일 남북합동 최종 리허설 때 북측은 매우 난감해하면서 불가 의견을 전달했다. 나로서는 청천벽력 같은 소리였다. 타당한 이유는 있었다. 판문점 중앙에서 출발해 도보다리까지는 약 200~300m다. 그 길에 위험 요인이 두 가지 있었다.

하나는 유류 탱크였다. 판문점 안에서 사용되는 각종 기름을 보

문재인 대통령과 김정은 위원장이
도보다리를 산책하는 사진과 영상을 보면
위쪽에 고압선이 선명하게 보인다.
북측에서는 "이런 고위험 시설 아래로
국가 최고지도자가 걸을 수는 없다.
도저히 안 된다"며 손사래를 쳤지만
어떻게든 방도를 찾고 싶었다.

관하는 곳인데 당연히 폭발 위험이 있는 위험 시설이었다.

또 하나는 도보다리 위로 흐르는 고압선이었다. 이 역시 위험 시설이다. 두 정상이 도보다리를 산책하는 사진과 영상을 보면 위쪽에 고압선이 선명하게 보인다. "이런 고위험 시설 아래로 국가 최고지도자가 걸을 수는 없다. 도저히 안 된다"며 손사래친 김창선 부장의 마음을 이해하지 못할 바는 아니었지만 어떻게든 방도를 찾고 싶었다. "유류 탱크에 기름이 없으면 위험하지 않다. 고압선은 사실 악천후일 경우를 제외하고는 실제 크게 위험하지 않다"며 설득했지만 실패했다. 좀더 꼼꼼히 제반 환경을 살폈어야 했는데 하는 아쉬움에 혼자 얼마나 자책했는지 모른다.

그래 최선을 다했다. 잊자, 도리가 없지 않은가. 그렇게 마음을 내려놓으려던 때, 회담을 하루 앞둔 4월 26일에 갑작스럽게 전해진 소식.

"도보다리 일정 살아났다. 북측이 하기로 했다."

왜 갑자기 결정이 바뀌었는지 영문도 모른 채 소리를 지르고 싶은 마음을 꾹 누르고 자리에 앉아 부랴부랴 도보다리 일정의 의미를 설명하는 언론 설명자료를 정리했다.

"남북 간 대립의 상징이었던 군사분계선의 표식물 바로 앞까지 양 정상이 함께 산책한다는 것 자체가 한반도의 평화가 찾아오고 있으며, 대립의 지난 과거를 딛고 협력과 번영의 새로운 시대가 열리고 있음을 상징하는 것임. 이곳은 앞으로 '평화, 새로운 시작'의

2018년 4월 27일 조한기 의전비서관, 윤재관 행정관,
김창선 부장, 김여정 제1부부장, 북측 외무상과 무력상 등이
판문점 회담을 위해 이동하고 있다.
"상징적이고 역사적인 남북 정상 간 산책이 가능하도록
이번 정상회담 준비과정에서 도보다리를
확장했으며, 남측의 준비에 북측이 적극 화답하여
군사분계선 앞까지 도보다리 산책이 성사되었다"고
언론 설명자료를 정리했다.

"잘될 거야. 모든 사람이 염원하잖아.
하늘이 도와주실 거야."
도보다리 회담 20분 전 마지막 현장 점검 후
기념사진 찰칵!

문재인 대통령과 김정은 위원장이
도보다리 회담에서
'군사 분계선 표지판'을
보고 있다. ⓒ연합뉴스

현장으로 역사에 기록될 것임. 이러한 상징적이고 역사적인 남북 정상 간 산책이 가능하도록 이번 정상회담 준비과정에서 도보다리를 확장했으며, 남측의 이러한 준비에 북측이 적극 화답하여 군사분계선 앞까지 도보다리 산책이 성사되었음."

그날 손끝으로 전해지던 심장 소리를 아직도 기억한다. 대학에 합격했을 때와 첫 직장에 출근하라는 전화를 받았을 때의 가슴 두근거림과는 전혀 다른 차원의 전율이었다. 청와대 생활이 힘들 때마다 그 기억을 곱씹으며 5년을 지냈다. 때론 버거웠던 순간을 버텨내게 했던 힘이다. 참 행복했다. 난 행운아다.

당일에야 이뤄진 의전 협의

4월 27일 아침이 밝았다.

남북 정상이 오전 회담을 시작했던 바로 그 시간 조한기 의전비서관, 나 그리고 김창선 부장, 의례성원(북측은 의전을 의례라고 말한다) 4명이 모여 도보다리 일정의 세부적인 진행방안을 의논했다.

"기념식수 종료 후 곧바로 도보다리로 출발하신다. 아무도 뒤따르지 않는다. 길잡이 역할은 조한기 비서관과 김창선 부장이 하고, 101번째 표지판에 도착하시기 전에 현장에서 빠진다."

세상을 다 얻었다는 표현은 이럴 때 쓰는 말이 아닐까.

북측이 왜 하루 전날 입장을 바꾸었는지는 지금도 자세히 알지 못한다. 추측건대 김창선 부장의 역할이 있었을 것이다. 평창 동계올림픽 당시 첫 대면했던 그는 사전 설명대로 일정이 진행되는 것에 대해 대단히 고마워했다.

"도보다리 일정은 전 세계 방송에 생중계될 것입니다. 국제사회에 한반도 평화를 알릴 최고의 기회입니다. 진짜 그렇게 될 것입니다. 우리 믿고 한번 해봅시다. 경호도 좀 설득해주세요. 평창 때 같이 일 해봤으니 아시지 않습니까, 우리 빈말하지 않습니다."

혹 간절한 나의 요청이 그의 마음을 움직였던 걸까.

두 정상이 도보다리를 향해 출발했다는 소식을 듣고 현장에서 마지막 점검을 마친 뒤 계획대로 현장을 빠져나오면서 기념사진을 찍었다.

"잘될 거야, 모든 사람이 염원하잖아. 하늘이 도와주실 거야."

판문점 남북정상회담이 모두 끝나고 북측 차량이 출발하기 전 그를 찾았다. 왜 도보다리 친교 일정을 하기로 결정했는지 묻고 싶었다. 하지만 답을 들을 수는 없었다. 언제고 남북한 왕래가 일상이 되면 그를 다시 만나 꼭 물어보고 싶다.

4월 27일은
하나하나가 모두 역사다

"지금 이 순간에도 한반도의 군사분계선에서는
총성 없는 전쟁이 계속되고 있습니다.
남북이 군사분계선에서 군사적 긴장을
고조시키는 일체의 적대 행위를 중지한다면
남북 간의 긴장을 완화하는 의미 있는
계기가 될 것입니다."

김대중·노무현·정주영·윤이상을 초대하다

남북 정상이 11년 만에 만난 2018년 4월 27일은 모든 것이 역사였다. 사소한 것은 없었다. 모든 것에 남북정상회담의 목적과 역사적 의미를 담아야 했다. 그것이 대통령을 보좌하는 참모로서의 역할이라 생각했다. 나만 그렇게 생각한 게 아니다. 준비하던 모든 스태프들의 말 없는 약속이었다. 작은 소품 하나도 사활을 걸고 찾았다. "역사 앞에 마음을 다하자"고 다짐하면서 흙 한 줌, 물 한 방울도 의미 있게 준비했다.

4월 27일 하루 동안의 식음료를 준비해야 했다. 음식 역시 메시지다. 오찬은 남과 북이 각각 따로 하기로 사전 남북 의전 실무회담에서 결정했는데 백미는 만찬 메뉴를 어떻게 구성하느냐였다. 어떤 메뉴를 구성해야 그날의 역사적 의미를 살릴 수 있을지 고민했지만 쉽게 답을 찾지 못했다.

사실 조금 막막했다. 맛 칼럼니스트 황교익 선생께 도움을 요청했다. 답은 간명했다.

"음식 재료를 가지고 스토리를 만들자. 특별한 무언가를 만들려 하지 말고 한반도 평화를 위해 기여하신 분들을 상징할 수 있는 재료들을 만찬에 올리자."

지금 생각해도 탁견이었다. 역시 프로는 다르다고 감탄했다.

첫 번째 스토리는 '우리 산하의 봄을 이끈 분들과 함께하는 음식'이었다. 분단을 극복하고자 했던 우리 민족의 끊임없는 염원을 기억한다는 의미도 담았다.

"윤이상 작곡가는 음악으로 남북을 이었고,* 정주영 회장은 소 떼를 몰고 가서 북녘 고향 분들의 환영을 받았습니다.** 김대중 대통령이 김정일 위원장과 역사적인 남북정상회담을 열었고, 노무현 대통령은 직접 군사분계선을 넘었지요. 우리 민족의 통일을 염원하고 실현하고자 하였던 분들의 뜻을 모으기 위해 그분들의 고향과 일터에서 먹을거리를 가져왔습니다."

김대중 대통령의 고향인 신안 가거도의 민어와 해삼초, 노무현 대통령의 고향 김해 봉하마을에서 오리농법 쌀, 정주영 회장을 상징하는 충남 서산목장의 한우, 작곡가 윤이상 선생의 고향 통영 바다의 문어를 재료로 음식을 준비하기로 했다.

두 번째 스토리는 '분단된 우리 민족을 이어주는 기억'으로 정했다.

"우리 민족이 오천 년 동안 함께 기억하고 공유하는 것은 바로 음식입니다. 비옥하지 않았던 한반도에서 추운 겨울이 지나고 봄

* 작곡가 윤이상은 1990년 남북한 합동 공연을 성사시켰다.
** 정주영 현대그룹 회장은 1998년 판문점을 통해 소 1,001마리를 이끌고 방북했다. 소 떼 방북 당시 소들은 서산목장에서 자랐다.

이 오면, 봄의 기운이 깃든 재료와 음식으로 시련과 난관을 이겨내
곤 했습니다."

　우리 민족의 대표적인 봄나물 쑥으로 만든 된장국과 함경도 향
토음식인 가자미식해를 같이 준비해 남과 북이 함께한다는 의미
를 담았다. 어중왕(魚中王)이라 불리는 도미는 대표적인 잔치음식
재료로 좋은 날 귀한 음식을 준비하는 우리 민족의 마음을 담은
요리고, 메기는 한반도 어디에서나 살아가는 민물어종이니 찜요
리를 만들어 우리 민족의 기억과 내일을 염원하자고 했다. 지리산
국화꽃을 띄운 백두대간 송이꿀차와 제주 한라봉편도 준비했다.
백두산에서부터 백두대간을 타고 내려온 평화의 기운이 한반도의
끝, 제주까지 전해져 내리기를 기원하는 마음에서였다.
　그럼에도 뭔가 허전했다. 왜 그럴까 생각해보니, 문재인·김정
은 두 정상과 관련한 음식이 없었던 것이다. 두 정상이 만드는 역
사의 장면인데, 그러면 안 되겠다 싶었다.
　다시 황교익 선생께 조언을 구했다. 이번에도 답은 명쾌했다. 부
산 달고기 구이와 스위스식 감자전을 준비하자는 제안. 부산의 대
표적인 생선 달고기는 유럽에서도 고급 생선으로 분류되며 북한
해역에서는 잡히지 않는다고 알려져 있다. 유년시절을 부산에서
보낸 문재인 대통령의 기억과 스위스에서 유년기를 보낸 김정은
위원장의 기억이 함께 공존할 수 있는 음식이라고 판단했다.
　예로부터 감자는 북에서도 남에서도 곤궁했던 시기에 귀했던

음식 재료로 김정은 위원장이 유년시절을 보낸 스위스의 뢰스티를 우리 식으로 재해석했다. 일종의 삭힌 감자 가루로 만든 스위스식 감자전이었다.

잔치에 술이 빠질 수 없는 법. 만찬주는 두 가지를 준비했다. 하나는 진달래 꽃잎과 찹쌀로 담가 향기가 가득한 면천 두견주로 백양지장이라고도 한다. 다른 하나는 고려시대부터 1,000년을 내려온 중요 무형문화재인 문배술이었다. 원래 문배술은 평안도 지방의 전통주지만 현재는 남한의 명주로 자리 잡은 술이었다. 지난 1, 2차 남북정상회담의 공식 만찬주로도 선정된 바 있다.

결국 만찬장에는 조선 8도가 모두 모였다. 함경도 식해, 평안도 문배술, 강원도 감자, 충청도 두견주와 소고기, 전라도 민어, 경상도 쌀과 문어, 제주 한라봉. 황해도는 만찬장 분위기를 휘감으며 평화의 기운을 주던 황해도 장산곶의 비경을 담은 그림으로 함께했다.

만찬에 담긴 의미를 회담 3일 전인 4월 24일 언론에 공개했다. 미리 공개해 국민적 관심을 끄는 동시에 북측에는 우리가 최선을 다해 준비하고 있음을 알리고자 함이었다. 실제 공개 다음 날인 4월 25일에 개최된 남북합동 최종 리허설 때 북측은 만찬 메뉴에 큰 관심을 보였다. 황교익 선생님의 도움이 없었다면 준비에 애를 먹었을 것이고, 결과도 변변치 않았을지 모른다. 참으로 감사했다.

평화를 염원한 후식 세리머니

이제 만찬 준비는 끝난 줄 알았다. 그런데 뭔가 강한 울림이 없다는 평가와 함께 두 정상이 만찬을 할 때 함께하는 무엇인가가 있으면 좋겠다는 의견이 나왔다. 논평은 쉽지만 대안은 어렵다. 황교익 선생께 또 SOS를 치려니 면목이 없었다. 음식을 준비하던 팀에게 올림픽 남북공동 입장 때 함께했던 한반도기가 만찬장에 등장하는 이벤트가 있으면 좋겠다는 의견을 전달했다.

놀랍게도 멋진 아이디어가 나왔다. 망고 무스를 덮는 초콜릿 껍질을 만들고, 그 껍질을 깨면 한반도기가 보이도록 하자는 제안이었다. 봄꽃으로 장식한 망고 무스 위에 한반도기를 놓아 단합된 한민족을 표현하고, 두 정상께서 함께 단단한 껍질을 직접 깨뜨림으로써 추운 겨울 같던 남북 관계에 온기를 불어넣고 반목을 넘어 남북이 하나됨을 형상화했다. 어렵지 않게 깨질 수 있는 껍질을 준비하기 위해 참 많이도 애를 썼다. 두 정상께서 초콜릿 껍질을 깨뜨리면 한반도기가 선명하게 잘 보이는지 몇 번이고 실험했다. 아이디어를 주신 음식 준비팀은 민간 기업에서 근무하던 분들이었는데 남북정상회담이라는 막중한 부담감 속에서도 온 마음을 다해 함께해주셨다. 지금 생각해도 참 감사한 분들이다.

이제 정말 완벽하게 준비했다고 생각했다. 망고 무스 디저트를 마지막으로 만찬 준비를 진짜 마무리할 생각이었다. 그런데 최고의 걸작은 늘 맨 마지막에 등장하는 법이다. 감각적으로 매우 탁월한 대통령의 제안이 전해졌다.

판문점에 온 옥류관 제면기

판문점 구역에는 크게 다섯 개의 건물이 있다. 두 정상이 처음 만났던 군사분계선 근방 회의실과 남북이 각각 관장하는 건물이 2개씩 있다. 남측은 자유의 집(남측 군사분계선 근접)과 평화의 집(4·27 회담 장소), 북측은 판문각(북측 군사분계선 근접)과 통일각(2018년 5월 2차 남북정상회담 장소)을 관장한다. 북쪽에서 시작해 남쪽까지 통일각→판문각→T1, T2, T3 회의실 → 자유의 집 → 평화의 집 순으로 배치되어 있다. 판문점 군사분계선(MDL) 위에는 하늘색 T1(중립국감독위원회 회의실), T2(군사정전위원회 본회의실), T3(군사정전위원회 소회의실) 세 개의 건물이 있다. T는 임시의 의미인 'Temporary'의 앞 글자를 따서 붙인 것이다.

갑자기 판문점 건물 배치를 이야기하는 이유는 냉면 때문이다. 대통령의 마지막 한 수, 바로 평양 옥류관 냉면이었다. 대통령의 제안이 전해지자 북측은 평양 옥류관 제면기를 판문점 통일각에 설치하고 옥류관 수석 요리사를 판문점으로 파견했다. 4월 27일을 앞두고 마지막 의전·경호 남북실무협의차 북측 통일각에 갔을 때, 이미 북은 제면기 설치를 마친 상태였다.

통일각에 그윽한 냉면 향기가 가득했다. 갓 뽑아낸 냉면이 만찬

북측은 평양 옥류관 제면기를 판문점
통일각에 설치하고 옥류관 수석 요리사를
판문점으로 파견했다.
갓 뽑아낸 냉면은 평양 번호판을 단 차량으로
만찬장인 평화의 집에 배달되었다.

장인 평화의 집으로 배달되는 구조였다. 거리로 보면 판문점 구역 내 가장 멀리 떨어진 건물 사이로 옥류관 냉면을 전달해야 했다. 군사분계선을 넘나드는 공수작전이 필요했다. 면을 제면기에서 뽑아낸 후 정해진 시간 안에 먹어야 옥류관 냉면의 맛을 제대로 느낄 수 있기 때문이다.

북측에서도 반드시 제면기에서 뽑아낸 후 몇 분 안에 만찬장 식탁에 제공되어야 한다고 말했다. 시간을 체크하면서 예행 연습까지 했다. 어떻게 해야 정해진 시간 안에 통일각 제면기에서 평화의 집 3층 만찬장까지 도달할 수 있을지 연구했다.

생각해보면 참으로 기막힌 일이었다. 2018년 4월 27일 이전의 판문점은 말 그대로 살벌한 공간이었다. 특히 1976년 도끼만행사건 이후 공동경비구역(JSA)이라는 정전협정 합의 내용이 무력화되면서 군사분계선이 그어지고, 그 선을 사이에 두고 북과 남, 유엔군이 극한 대치를 계속하고 있었다. 냉전시대의 유물이 아직도 지배하고 있는 그 선을 넘나들며 냉면이 오가는 광경은 그 자체로 역사이자 경이로운 풍경이었다.

2017년 7월 신베를린 선언 때의 대통령 말씀이 떠올랐다.

"지금 이 순간에도 한반도의 군사분계선에서는 총성 없는 전쟁이 계속되고 있습니다. 남북이 군사분계선에서 군사적 긴장을 고조시키는 일체의 적대 행위를 중지한다면 남북 간의 긴장을 완화하는 의미 있는 계기가 될 것입니다."

이 연설이 있은 지 9개월 만에 군사분계선에서는 냉면과 사람이 오가고 있었던 것이다. 남북관계와 관련해 가장 많이 회자되는 단어가 불과 몇 개월 전에는 미사일과 제재였는데 이제 옥류관 평양냉면이 그 자리를 차지하겠구나 싶었다.

회담이 끝나고 많은 분들이 옥류관 냉면 맛은 봤냐고 내게 물었다. 아쉽게도 난 그때 맛볼 시간도 여유도 없었다. 냉면 공수작전이 성공한 후, 앞서 소개한 두 정상이 함께 깨뜨릴 망고 무스 디저트의 초콜릿 껍질이 잘 깨질지 마지막으로 점검하기에 바빴다. 4월 27일 판문점에 있었던 사람은 크게 두 부류로 나뉘었다. 옥류관 냉면을 먹은 사람과 먹지 못한 사람. 농담으로 전자는 실세, 후자는 쩌리로 통했다. 물론 농담이다. 그만큼 냉면의 파급 효과는 컸고, 국민께도 많은 영향을 주었다. 판문점 회담 이후 전국의 평양냉면 집들이 문전성시를 이뤘다. 한편, 만찬 메뉴도 유명세를 탔다. 음식을 준비했던 팀이 근무하던 한 호텔은 판문점 만찬 메뉴의 상업적인 판매도 검토했었다고 한다. 여러 예상치 못한 문제가 발생할 수 있다는 판단으로 최종 출시는 하지 않았지만 말이다.

백두에서 한라까지 담은 꽃

남측 지역으로 군사분계선을 넘어와 문재인 대통령과 악수한 김정은 위원장에게 환영의 꽃다발이 전달되었다. 당시 현장을 취재하던 기자는 그 꽃의 의미가 무엇인지 내게 물었고, 내 대답이 실시간으로 방송되었다. 방송을 탈 줄은 나도 몰랐다. 오전 회담이 끝나고 점심시간에 TV를 보는데 어디서 많이 보던 사람이 나와 깜짝 놀랐다. 그날의 모든 것을 영상에 담기 위해 카메라가 판문점 곳곳에 설치되어 있었지만 어떤 카메라가 나를 촬영할지는 모르는 상황이었다. 만약 환영의 꽃과 전달하는 사람을 별 의미 없이 선정했다면 현장 취재기자의 질문에 답을 못했을 것이다.

김정은 위원장에게 건넨 꽃다발은 북한을 상징하는 작약과 남한을 상징하는 유채꽃으로 준비했다. 작약은 북한에서는 환영을 의미한다고 알려져 있다. 유채꽃은 제주의 봄을 상징하는 꽃 중의 하나이므로 꽃다발에 백두에서 한라까지 민족이 하나됨의 염원을 담은 것이다. 전달은 민통선 안에 있어 '휴전선과 가장 가까운 학교'인 대성동초등학교 학생이 전달했다. 남방한계선 위쪽에 있는 유일한 학교에 다니는, 평화가 가장 절실한 환경에서 성장하고 있는 미래 세대에게 맡겼다.

평화의 집 곳곳에 꽃 장식을 했는데, 그것도 같은 개념으로 준비했다. 사용한 꽃은 꽃의 왕이라 불리며 화사한 색깔을 지닌 작약과 우정의 박태기나무, 평화라는 꽃말을 가진 데이지, 행복과 기쁜 소식이라는 꽃말을 가진 은방울꽃, 삭막하고 추운 겨울을 극복한 한반도의 봄을 상징하며 DMZ 일대에 자생하고 있는 야생화와 제주 유채꽃까지. 여기에 아름답고 우아한 선을 가진 매화와 난을 활용해서 차분하고 선이 고운 한국의 전통미를 표현했다. 꽃을 담는 화기는 번영의 의미를 지닌 달항아리를 메인 화기(花器)로 해 평화의 집 내부 각 공간을 장식했다.

미술 작품, 회담장의 소리 없는 치어리더

문재인 대통령 : "오늘 판문점을 시작으로 평양과 서울, 제주도와 백두산으로 만남이 이어졌으면 좋겠습니다. (환담장에 걸린 박대성 화백의 「장백폭포」와 「일출봉」 그림을 가리키며) 왼쪽에 「장백폭포」가 있고 오른쪽에 「일출봉」 그림이 있습니다."

김정은 위원장 : "대통령께서 백두산에 대해 나보다 더 잘 아시는 것 같습니다."

문재인 대통령 : "나는 백두산에 안 가봤습니다. 중국으로 가는 분들이 많습니다. 나는 북녘을 통해 백두산에 꼭 가보고 싶습니다."

김정은 위원장 : 대통령께서 오시면 솔직히 걱정스러운 게 우리 교통이 불비해서 불편을 드릴 것 같습니다. 평창 동계올림픽에 갔다 온 분이 말하는데, 평창 고속열차가 다 좋다고 했습니다. 남측의 이런 환경에 있다가 북에 오면 참 민망스러울 수 있겠습니다.

군사분계선에서의 첫 만남과 악수 그리고 공식 환영식이 끝나고, 두 정상은 수많은 사람의 시선과 언론 취재진이 없는 조용한 실내 공간에서 첫 대면을 했다. 본격적인 정상회담에 앞서 환담의 시간을 가진 것이다. 사람이 처음 만나면 어색할 수밖에 없다. 특히 많은 사람들과 함께 있다가 처음 대면하는 사람과 둘만의 공간으로 이동해 말을 하려고 하면 어색하기 짝이 없다. 이때 제일 필요한 것은 대화 소재를 찾는 것이다. 말문을 트게 하는 무엇이 있으면 이를 통해 대화가 시작되고, 서로의 마음을 말로 표현함으로써 관계가 형성되는 것 아닌가. 사람 사는 이치가 그러하듯이 국가 정상 간의 대화도 마찬가지다. 그래서 환담장의 미술작품 선정에 심혈을 기울였다.

환담장 두 정상의 자리 뒤편에 예술사진 작가 김중만의 「여초 김응현의 훈민정음」을 두었다. 한국 서예를 세계에 알린 김응현 선생님의 글씨를 원본으로 작가가 사진으로 촬영한 작품이다. 김중만 작가는 훈민정음에 남북 정상 두 분의 성씨 첫 글자를 각각 파란색과 빨간색으로 강조하여 제작했다. 문재인 대통령의 'ㅁ'이 포함되어 있는 'ㅅᄆᆡ디'의 뜻은 '서로 맞다, 통하다', 김정은 위원장의 'ㄱ'이 포함된 'ᄆᆡᆼᄀᆞ노니'는 '만들다'라는 뜻이다. '서로 통하여 (평화를) 만들다'라는 새로운 의미를 담은 것이다.

접견실에 입장한 직후 문재인 대통령은 환담 의자 뒤편에 있는 이 작품을 가리키며 "이 'ㄱ'자는 김정은 위원장을 의미하고 이 'ㅁ'이 나를 의미한다"고 직접 설명했다. 두 정상이 웃음으로 환담

김중만 사진작가가 촬영한
「여초 김응현의 훈민정음」은
남북 정상 두 분의 성씨 첫 글자를 각각
파란색과 빨간색으로 강조하여 제작했다.
문재인 대통령의 'ㅁ'이 포함되어 있는
'ᄉᆞᆺ디'의 뜻은 '서로 맞다, 통하다',
김정은 위원장의 'ㄱ'이 포함된
'밍ᄀᆞ노니'는 '만들다'라는 뜻이다.
'서로 통하여 (평화를) 만들다'라는
새로운 의미를 담은 것이다.

박대성 화백의
「장백폭포」는 백두산
장백폭포를 담은
작품으로 한반도
북단을 상징했다.
ⓒ박대성, 1990

을 시작한 것은 당연하다.

　환담장 의자 뒤편 공간의 주인공을 찾는 것이 가장 어려운 과제였다. 수많은 작품을 후보로 올려놓고 검토했으나 답을 찾지 못하고 시간이 한참 흘렀다. 그때 김정숙 여사께서 훈민정음을 제안해주셨다. 남북이 같은 민족이고 같은 문자를 쓴다는 것, 한글 그 자체의 의미를 살리는 것이 어떠냐는 의견을 주신 것이다. 특히 두 정상이 대면해 사실상 첫 대화를 나누는 공간에 남북이 공유하고 있는 한글이라는 소재를 통해 한 민족임을 강조하자는 것. 말과 글, 피가 하나임을 상징하자는 여사님의 의견에는 혜안이 담겨 있었다. 판문점 회담을 준비한 스태프들을 격려하는 여사님의 일정

박대성 화백의
「일출봉」은 제주
성산일출봉의 풍경을
담은 작품으로 한반도
남단을 상징했다.
ⓒ박대성, 1990

때 이 일화를 동료들에게 공개했다. 여사님께 아부하는 것 같아 짧게 얘기했지만 진심을 담아 말했다.

첫 대화의 시작을 웃음으로 시작했으니 환담장 분위기가 훈훈했다. 두 정상은 의자에 앉아 앞서 소개한 박대성 화백의 두 작품을 보면서 백두산을 소재로 대화를 이어나갔다. 두 정상의 대화 장면을 현장에서 직접 듣고, 보고 있다는 것에 얼마나 감사했는지 모른다.

두 정상이 환담장에 앉으면 정면으로 제일 잘 보이는 공간에 박대성 화백의 「장백폭포」와 「일출봉」 두 작품을 배치했다. 백두산 장백폭포와 제주 성산일출봉의 풍경을 담은 두 그림은 한반도 북단과 남단을 상징했다. 4월 27일 오전, 정상회담 직전에 있었던 환담에서 두 정상이 나눈 대화가 바로 미술 작품에서 비롯되었다. 대면으로 처음 만난 두 정상은 환담장의 미술 작품을 대화 소재로 삼아 서로에게 다가갔고, 남북관계의 미래 청사진을 이야기했다. 북측으로의 백두산 등반은 활발한 남북한 교류 협력의 재개, 고속열차는 남북 철도 등 인프라 연결을 통한 민족 번영을 상징하는 것이었다. 9월 문재인 대통령이 평양을 방문했을 때 두 정상이 함께한 백두산 천지 일정은 사실상 이 대화로 시작된 셈이었다. 그림이 하나의 장식품을 넘어 남북 간 대화의 말문을 트게 한 것이다. 실로 엄청난 역할을 한 것이다.

사실 그렇게 깊은 복안을 갖고 그림 선정 작업을 시작했느냐 하면, 아니다. '그림 선정도 스토리텔링이 되어야 한다'는 점과 '작가가 걸어온 길이 한반도 평화를 위한 여정에 있었던 분이었으면 좋겠다'는 정도만 생각하고 있었을 뿐, 몇 수 앞을 볼 안목은 없었다. 그런데 모든 미술 작품을 선정한 이후 작품 소개와 선정 배경을 청와대 내부와 관계 기관에 공유했더니 놀라운 일이 생겼다. 정상회담을 준비하는 한 파트에서 미술 작품을 소재로 어떤 대화를 하는 것이 좋을지 의견을 제시했다. 청와대와 정부의 각 파트가 서로 시너지를 낸 것이다. 미술 작품을 활용해 대화를 이끌어가고 회담의 긴장감을 풀어내는 대통령의 모습을 보며 내가 이분의 참모임에 감사했다. 하나를 준비한 실무진들의 노력을 대통령께서 백이상으로 만들어주셨다. 그만큼 정상회담의 성공을 위해 모두 온 마음을 다했다.

미술 작품 선정은 단언컨대 조한기 의전비서관이 없었다면 수준 높고 스토리 있는 작품을 선정하기 어려웠을 것이다. 조한기 비서관은 문화체육관광부 장관 보좌관과 민예총(한국민족예술인총연합)에서 활동했고, 제63회 칸 영화제 각본상을 수상한 이창동 감독의 영화 「시」에 학생주임 역으로 출연하기도 했다. 민예총 출신답게 걸출한 작가들의 작품 활동 이력을 꿰뚫고 있었다.

판문점 남북정상회담이 열리는 평화의 집 모든 층 주요 공간에 회담 성공을 소리 없이 응원하는 미술 작품을 선정하는 일은 꽤나 업무 부담이 있는 작업이었다. 어느 작가의 어떤 작품을 찾아보라는 조한기 비서관의 '안내'에 따라 나는 그 작가의 작품으로 소풍을 떠났다. 기막힌 작품들이 나를 기다리고 있었다. 함께 준비한 큐레이터 두 분의 안목도 돋보였다. 그들의 뛰어난 예술적 안목과 감각이 모두 내게 모였으니 얼마나 행복한 시간이었겠는가. 한국 미술 최고의 작품들을 원 없이 감상했다.

이렇듯 4월 27일 판문점 평화의 집에서 회담 성공을 위해 소리 없는 치어리더 역할을 해준 주요 작품들을 두 정상의 발걸음을 따라 소개한다.

김준권 작가의 「산운」은 수묵의 깊은 산중이 안정된 구도를
연출하고 한국의 산이 북측의 최고 지도자를 정중하고
편안하게 감싼다는 의미로 선정했다.
ⓒ김준권, 2009, 한국 목판문화연구소 소장

　회담이 열린 판문점 평화의 집 로비로 입장하면 김정은 위원장
은 방명록을 쓴다. 방명록을 쓰는 공간 뒤편에는 한국을 대표하는
목판화 작가 김준권의 「산운」(山韻)이 있다. 수묵의 깊은 산중이
안정된 구도를 연출하고, 한국의 산이 북측의 최고 지도자를 정중
하고 편안하게 감싼다는 의미로 선정했다. 먹 번짐 효과를 활용한
수묵판화 기법을 발전시킨 김준권 작가의 대표작이다.

로비에서 두 정상이 악수하면서 실내에서 첫 기념 촬영을 한다. 그곳에는 유화와 같은 서양재료로 한국의 산수를 현대적으로 재해석한 리얼리즘 작가인 민정기 화가의 대표적인 산수화 「북한산」이 기다리고 있다. 북측 최고 지도자를 서울의 명산으로 초대한다는 의미와 서울에 있는 산이지만 북한산이라는 중의적 의미를 담았다. '남한'에 있는 '북한'산, 이는 우리가 늘 함께 있었음을

민정기 화가의 「북한산」은 북측 최고 지도자를
서울의 명산으로 초대한다는 의미와 서울에 있는 산이지만
북한산이라는 중의적 의미를 담았다.
'남한'에 있는 '북한'산, 이는 우리가 늘 함께 있었음을
상징한다고 생각했다.

상징한다고 생각했다. 4월 25일 남북 공동 최종 리허설 때 북측에 이 작품을 선정한 배경을 설명했더니, 그 깊은 의미에 감탄했다.

평화의 집 1층 접견실에서 환담이 종료된 후 두 정상은 2층 정상회담장으로 이동했다. 두 정상과 배석자 각각 2명씩 6명이 앉아 공식 회담을 하는 공간에는 신장식 화가의 「상팔담에서 본 금강산」이 있었다. '금강산의 작가'로 불리는 신장식 화가는 1988년 서울올림픽 미술 조감독을 맡으며 민족적 비원을 담고 있는 금강산을 그리기 시작했다. 금강산을 10여 차례 직접 돌아보며 「금강산 12경」과 사계절의 금강산을 담은 작품을 그렸다. 우리 민족 누구나 다시 가고 싶어 하는 명산 금강산을 회담장 안으로 끌어들여 이번 회담의 성공을 기원하는 의미를 담았다. 회담장 한 면을 가득 채울 만큼 긴 그림 폭 때문인지 작품이 주는 울림이 압권이었다.

정상회담을 마치고 3층으로 향했다. 3층 연회장에서는 만찬이 열렸다. 만찬장 입장에 앞서 남북 공식 수행원들, 만찬에 초대된 분들이 두 정상과 인사를 나눴다. 반가운 인사를 나눈 자리에 하이테크 작품이 있었다. 이이남 작가의 디지털 병풍 「고전회화-해피니스」와 「평화의 길목」이었다. 우리 옛 그림들을 LCD 화면 속에 구현했다. 금강산을 화폭에 옮긴 겸재 정선의 작품을 소재로 디지털 기술을 통해 현대적으로 재해석한 작품, 그리고 밤하늘에 떠오른 보름달이 땅에 내려와 남북 분단의 역사를 회복하고 화합으로

'금강산의 작가'로 불리는 신장식 화가의 작품
「상팔담에서 본 금강산」은 우리 민족이 가고 싶어 하는 명산 금강산을
회담장 안으로 끌어들여 회담의 성공을 기원하는 의미를 담았다.
ⓒ신장식, 2001

나아가는 모습을 보여주는 작품이었다. 다양한 변화가 상상력을
자극하기에 충분했다.

만찬장 헤드 테이블, 즉 두 정상이 앉은 자리 뒤편에는 신태수
화가의 작품 「서해, 두무진에서 장산곶」이 걸렸다. 화가는 백령도
평화예술 프로젝트를 통해 2012년부터 3년간 백령도를 수차례 오
가며 서해 최북단 섬들의 역사적·지리적 특수성에 공감하고 이를
화폭에 담았다. 분단과 대결의 상징, 서해의 최전방을 평화의 보금
자리로 만들고자 하는 의지를 담아 선정했다. 백령도 두무진과 이

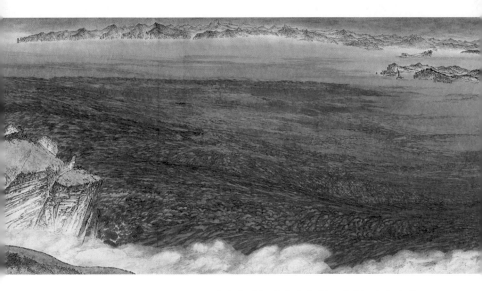

두 정상이 앉은 자리 뒤편에는 신태수 화가의 작품
「서해, 두무진에서 장산곶」이 걸렸다. 분단과 대결의 상징, 서해의
최전방을 평화의 보금자리로 만들고자 하는 의지를 담아 선정했다.

를 마주 보고 있는 황해남도 용연군 용연반도의 맨 끝인 장산곶의
천혜 비경을 한곳에 담은 이 작품에 대해 북측 인사들의 관심이
매우 컸다. 장산곶까지 펼쳐진 작품이 연회장을 빛내고 있을 줄은
상상하지 못했던 모양이었다.

2,018mm 타원형 회담 테이블

평창 동계올림픽 당시, 김영남 상임위원장, 김여정 제1부부장의
방남을 앞두고 내 생애 처음으로 북측과 판문점 회담장에 마주 앉

왔다. 다수가 참석한 그 회담이 진행되는 동안 내 머릿속에서는 한 가지 생각이 떠나지 않았다.

'이게 뭔가. 난 회담하러 왔지, 앞에 앉은 사람과 눈싸움하러 온 게 아니지 않은가.'

중앙에 앉은 대표와 대화하는 중에도 내 시선은 내 정면에 있는 북측 인사에게 고정되어 있었다. 북측과 회담 경험이 처음이어서 스스로 경직되어 있었겠지만 회담장 분위기 자체가 몹시 딱딱했다. 이런 환경에서는 될 일도 잘 안 되겠다고 생각했다.

모서리가 각진 사각형 테이블을 사이에 두고 마주 앉은 남측과 북측 인사들의 모습은 대결의 현실이 그대로 반영되어 있었다. 서로의 견해를 말하고 의견을 모아가는 분위기를 위해서는 회담장 모든 사람이 서로의 눈을 보며 대화해야 할 텐데, 그조차 힘들었다. 회담장 분위기를 이렇게 만드는 데에는 각진 테이블이 한몫하고 있다고 생각했다.

판문점 남북정상회담의 시그니처를 무엇으로 해야 할지 계속 고민하고 있던 때였다. 회담이 열린 평화의 집은 그동안 남북 장관급 이하의 회담 장소였던 관계로 정상회담에 걸맞은 기본적인 가구가 구비되어 있지 못했다. 그래서 가구를 새로 제작하려고 했더니 상상 이상의 예산이 필요했다. 선택과 집중이 필요했다. 꼭 필요한 가구만 새로 제작하고, 기존에 청와대 등에 보관하고 있던 가구를 수선해 사용하기로 했다. 결국 정상회담 테이블과 정상용 의자 2개, 방명록 서명대 및 의자만 새로 제작했다.

정상회담 테이블 폭을 최대 2,018mm로 하여
2018년 남북정상회담을 기념하도록 하고,
딱딱한 사각형을 타원형으로 바꿨다.
ⓒ연합뉴스

　제작을 맡은 분들과 회의를 앞두고 지난 평창 동계올림픽 당시 판문점 회담장에서의 경험을 떠올렸다. 비록 단 한 번에 불과한 경험이었지만, 그 경직된 환경을 반드시 바꿔야겠다고 마음먹었다. 가구업체와 회의하기 전에 어설프지만 핵심을 담은 도면을 혼자 그렸다. 타원형 2,018mm 정상회담 테이블이었다. 테이블 폭을 최대 2,018mm로 하여 2018년 남북정상회담을 기념하도록 하고, 딱딱한 사각형을 타원형으로 바꾸기로 했다.

　테이블이 각지면 사람의 시선이 앞사람에게 고정될 수밖에 없다. 둥근 테이블이 되면 시선이 가운데로 몰리기 때문에, 회담이

1 대 1 회담을 넘어 전체가 한마음으로 이야기하는 자리가 된다. 마치 사랑방에 둘러앉은 기분이 들도록, 3 대 3 회담장에서 정상 두 분을 제외한 4명의 시선이 자연스럽게 테이블 중앙으로 모이도록 제작했다. 적어도 같은 민족끼리 대화하는 공간은 뭐가 달라도 달라야 한다고 생각했다.

이런 뜻으로 만든 회담 테이블에 대해 언론용 참고 자료에는 고상한 말로 바꿔 설명했다. "딱딱한 사각형이 아닌 타원형 회담 테이블 상판은 휴전선이라는 물리적 경계와 분단 65년이라는 세월이 만들어낸 심리적 거리감을 줄이고 남북이 둘러앉아 진솔하고 허심탄회한 대화를 나누었으면 하는 의미"라고. 개인적으로는 이 테이블 제작이 완성되었을 때 제일 큰 희열을 느꼈다.

정상회담장의 두 정상용 의자도 새로 만들었다. 배석자의 의자는 기존의 것을 수선만 했다. 장관급 회담에서 사용되던 의자에 국가 정상이 그대로 앉는 것은 적절하지 않다고 생각한 것도 있지만, 실은 테이블과 함께 판문점 정상회담을 상징하는 것을 만들기 위함이기도 했다. 2개월 전 평창에서 남북 선수단이 함께 입장할 때 하늘 높이 향했던 한반도기를 두 정상이 앉을 의자에 새겨넣고자 했다. 특히 평창 동계올림픽 입장 때 사용된 한반도기에 독도가 없어 많은 국민들이 안타까워했으니 독도까지 분명하게 새겨진 한반도기를 등받이 최상부에 새겨 넣었다. 판문점 회담의 결과를 발표하는 역사적 순간에 쓰일 연단 앞에도 독도까지 포함된 한반도기를 새겨 넣었다.

가구는 나무로 만들기 때문에 어떤 나무를 주재료로 하느냐도 중요했다. 가구 전문가인 제작진이 호두나무를 제안했고, 그대로 결정했다. 호두나무는 습기에 강하고 휘거나 터지는 일이 없는 목재여서 우리 전통 가구에 많이 활용되었다고 했다. 휨이나 뒤틀림 없는 신뢰로 맺어진 남북관계를 기원하고, 역사적인 판문점 남북 정상회담 현장의 원형을 길이 보존하기에 적격인 재료였다.

회담장, 거리를 없애다

그동안 남북 장관급의 회담은 판문점 남측 평화의 집이나 북측 판문각에서 주로 열렸다. 판문점 정상회담을 준비하면서 두 장소에서 열린 몇 차례의 실무회담에 참여했다. 회담이 얼마나 남북 대결의 모습을 그대로 드러내던지 참 답답하다는 생각을 지울 수 없었다.

가령 평화의 집에서 회담이 열리면 남측 인사들이 평화의 집 현관 앞에서 회담에 참여할 북측 인사들을 맞이한다. 악수하고 반갑게 인사한 뒤부터는 각각 다른 길로 향한다. 평화의 집 건물 안으로 입장하면 회담장이 있는 2층으로 이동하는 계단이 건물 왼쪽과 오른쪽에 각각 있어 남측과 북측이 각기 다른 계단을 이용한다. 그러곤 회담장에 곧장 들어가지 않고 각자의 대기실로 간다. 잠깐 휴식을 취하다 회담 시간이 되면 회담장으로 이동하는데 그 길이 참으로 황당하다.

대기실에서 나오면 회담장 가운데로 연결되는 통로가 있어서 남북이 각각 회담장으로 입장해 회담장 테이블을 사이에 두고 상체를 숙인 채 손을 쭉 뻗어 악수한다. 그러다 보니 판문점 회담에서 양측 대표가 가까운 거리에서 친근하게 악수하는 사진을 볼 수 없다. 반면 외국과 하는 각종 회담에서는 대표 간의 거리가 매우 가깝다. 1990년대 중반 대학 시절 판문점 견학 때 평화의 집에서 모의 회담을 해본 적이 있었는데, 그때도 똑같았다. 적어도 내가 경험한 평화의 집 회담은 20년이 넘는 시간 동안 그대로였다.

실무자들이 모여 회담할 때는 과거 방식이 적절치 않더라도 외부에 비치는 영향까지 생각하지 않아도 되니 무방했을지 모른다. 그러나 역사적인 두 정상의 만남이 이런 모습이라면 곤란했다. 싸우기 위해 만나는 것이 아니라면 무조건 바꿔야 했다. 세 가지 원칙을 정했다.

첫째, 남과 북이 각기 다른 계단으로 이동하는 관행부터 없앤다. 두 정상과 양측 공식 수행원은 모두 하나뿐인 엘리베이터를 통해 이동한다. 계단 이용은 실무진만 예외적인 경우에 사용하도록 한다.

둘째, 각각의 대기실에서 회담장으로 각자 개별 입장하던 통로를 폐쇄한다. 자연스럽게 두 정상이 회담장 입구에서 만나 회담장에 공동 입장한다. 회담장에서 두 정상이 악수할 때의 거리는 여느 정상회담 때처럼 매우 가깝다.

셋째, 회담장에서의 기념 촬영은 신장식 화백의 「금강산」 그림을 배경으로 한다. 테이블을 사이에 두고 멀리 떨어져 촬영되지 않도록 하기 위해서다.

회담장 인테리어는 민경식 건축가께서 맡아주셨다. 대청마루를 모티프로 전체적으로 한옥 느낌이 나도록 조성했다. 특히 양쪽 벽면에 못이나 접착제 사용 없이 끼워 맞추는 방식으로 제작된 전통 창호를 설치했다. 이번 정상회담을 계기로 견고한 남과 북의 신뢰 관계가 전통 창호처럼 뒤틀림 없이 오래도록 이어지길 희망하는 의미를 담았다. 그 과정에서 자연스럽게 개별 입장하던 통로는 기능을 상실했다. 회담장 카펫은 푸른 계열로 설치해 한반도 산천의 아름답고 푸르른 기상을 회담장 안으로 끌어들여 이번 회담이 한반도 평화의 새로운 시작이 될 수 있기를 소망했다. 혼신의 노력을 다해주신 민경식 선생님의 모습이 지금도 눈에 선하다.

1953년생 소나무를 찾아라

2018년 4월 27일, 분단 이후 처음으로 남북 정상이 함께 기념식수를 했다. 우리 측의 제안에 북측이 조응했다. 표지석부터 시작해서 그 안에 들어가는 글자체는 무엇으로 할지, 나무 종류를 무엇으로 할지, 흙은 무엇을 할지 등 정해야 할 게 너무 많았다.

표지석 문구는 대통령께서 '평화와 번영을 심다'로 정해주셨다. 나무는 소나무로 하기로 결정했다. 문제는 어떤 소나무를 심느냐였다. 주저 없이 1953년생 소나무를 찾아야 한다고 제안했다. 1953년 휴전 체제를 극복해보자는 의미였다. 앞서 도보다리 확장을 제안했던 취지와 같았다. 소나무는 한반도 전역에 고르게 분포

하고 우리 민족이 가장 사랑하는 나무로, 군사분계선이 갈라놓은 백두대간의 식생을 완전하게 복원하는 소망이 담겨 있다. 수령이 65년(1953년생)으로 추정되는 소나무는 휴전 65년의 아픔과 함께 해왔음을 의미하는 동시에 과거의 상처를 치유하고 평화와 번영을 상징하는 첫걸음을 상징했다.

산림청에 1953년생 소나무를 찾아달라고 부탁했는데 대전 산림청 마당에 있는 소나무가 1950년대 초반생으로 추정되었다. 나이테를 통해 대략적인 수령을 알 수 있다는 점도 그때 처음 알았다.

나무를 심을 때는 물과 흙이 필요하다. 실무회담 때 북측에 제안했다. 물은 대동강물과 한강물로 하고, 흙은 백두산과 한라산에서 준비하자고 했다. 좋은 의견이라고 화답할 줄 알았는데 김창선 부장이 부탁의 뉘앙스로 백두산 흙 말고 다른 흙을 준비하면 안 되겠냐고 물어왔다. 백두산에 흙이 많지 않다는 것이다. 화산재로 덮여 있어 그렇다는 것이다. 식수에 쓰일 만큼의 흙을 모으려면 많은 병력을 동원해 백두산의 식물, 만경초라는 풀을 뽑아 뿌리에 있는 흙을 모아야 한다는 것이었다. 전혀 예상하지 못한 이유로 난색을 표했다. 그러나 백두산 흙이어야 역사상 최초의 남북 정상 기념식수의 의미를 살릴 수 있다고 설득했다.

우여곡절 끝에 백두산의 흙으로 기념식수를 했다. 한라산의 흙과는 색깔부터 달랐다. 확실히 검은 빛이었다. 그해 9월 백두산에 가서야 김창선 부장을 이해하게 되었다. 백두산에는 정말 흙이 귀

이 모든 과정을 지나 남북한 두 정상이
정전 65년, 대결과 긴장의 땅 군사분계선 위에
'평화와 번영'을 상징하는 소나무를 함께 심었다.
나무를 심을 때는 물과 흙이 필요하다.
물은 대동강물과 한강물로 하고
흙은 백두산과 한라산에서 준비했다.

했다. 김창선 부장에게 미안한 마음이 들 정도였다.

마지막으로 식수할 때 쓸 삽을 어떻게 준비할지도 생각했다. 사실 삽에도 의미를 담아 제작하는 건 과하다 여길 수 있다. 하지만 나는 삽 하나도 기념물이니 의미를 담고 싶었다. 삽에는 철과 나무가 필요한데, 철은 남측의 것으로, 나무는 추운 북측 숲에 주로 분포된 침엽수 중에서 만들어달라고 했다. 실무를 담당했던 산림청은 나의 이런 까탈스러운 요구에도 싫은 내색 한 번 없이 자부심을 갖고 열심히 준비해주었다. 기념식수 전 과정의 실무를 맡았던 의전비서관실 정천우 행정관의 일처리도 완벽했다. 모두 온 마음을 다해 일했다.

이 모든 과정을 지나 남북한 두 정상이 정전 65년, 대결과 긴장의 땅 군사분계선 위에 '평화와 번영'을 상징하는 소나무를 함께 심었다. 표지석은 파주의 화강암으로, 서체는 한글 서예의 대가이자 2014년 한국미술상을 수상한 효봉 여태명 선생의 글씨로 '평화와 번영을 심다'라는 글귀를 새겼다.

돌아보면 강박적인 준비 과정이었다. 다시 한다면 그만큼 할 수 있을지 모르겠다. 그렇게 안 하면 역사에 죄를 짓는 것이라 생각했다. 그때는 어디서 힘이 샘솟았는지 몇 날 며칠 온갖 것까지 세세하게 준비하고 신경 쓰는 일이 반복되었지만 피곤하지 않았다.

벽시계, 남북 시차를 다시 없애다

2018년 4월 27일, 나는 작은 것 하나에도 정성을 모아 전력을 다하면 상상할 수 없는 일을 현실로 만들 수 있음을 경험했다. 그날 회담이 끝나고 김정은 위원장의 깜짝 선물 소식을 들었다.

"서울과 평양 시계가 두 개여서 가슴이 아프다. 그동안 평양 표준시를 쓴다고 시간을 30분 늦췄던 걸 다시 돌려서 남북한이 같은 시간을 쓰도록 만들겠다. 이 사안을 남측에서 발표하시라."

북측이 자신들이 변경했던 표준시를 30분 재조정해 서울과 평양이 같은 시간이 되도록 하겠다고 결정하고 남측에 이 사실을 알렸던 것이다. 그리고 북한 최고인민회의 상임위원회 결정을 거쳐 2018년 5월 5일부터 우리보다 30분 느린 '평양시'를 앞당겨 남북 시간대를 통일했다.

계기를 만든 건 벽시계였다. 판문점 회담이 열린 평화의 집에는 남측 북측 각각 정상 대기실이 따로 있었다. 회담 중간 휴식 시간에 정상들이 머무를 공간이다. 북측 대기실 김정은 위원장이 앉을 소파 바로 맞은편에 벽시계 두 개를 달았다. 소파에 앉으면 무조건 볼 수 있는 위치에. 하나는 서울 시간, 다른 하나는 평양 시간에 맞췄다. 별것 아닌 것 같지만 다름을 인정하고 존중하는 마음을 담고 싶었다. 의전비서관실 최원순 행정관의 제안이었다. 나와 조한기 의전비서관도 좋은 생각이라고 꼭 해보자 말했다.

대기실 준비가 완성 단계에 이르렀을 때, 시계 설치를 담당한 실

북측이 자신들이 변경했던 표준시를
30분 재조정해 서울과 평양이 같은 시간이
되도록 하겠다고 결정했다.

무진이 최원순 행정관에게 연락해 "벽시계를 꼭 두 개 달아야 하느냐. 한 개만 달면 안 되느냐"고 물어왔다. 최원순 행정관은 "반드시 두 개 달아야 한다. 뜻이 있으니, 꼭 두 개 설치해달라"고 답했다. 그 조그만 조치가 남북의 시간을 다시 일치시킨 계기가 되었다고 하니 더할 나위 없이 감격스러웠다. 벽시계 같은 하나의 소품을 배치하면서 담았던 존중의 마음이 뜻밖의 기쁜 소식으로 되돌아온 소중한 경험이었다. 다름을 인정하고 존중하는 것이 말처럼 쉬운 일은 아니다. 그러나 이를 실천하면 서로는 더욱 가까워진다는 사실을 깨닫게 해주었다. 내게 많은 교훈을 준 소중한 경험이다.

손님 위한 작은 배려

판문점 남북정상회담을 준비하면서 정상의 대기실 같은 보이지 않는 공간에도 심혈을 기울였다. 대기실 의자들도 북측이 익숙한 방식으로 배치하는 등 김정은 위원장의 편의와 북측의 요청을 고려해 하나하나 결정했다.

남북정상회담 일정이 모두 마무리되고 평양으로 가는 북측 버스가 출발하기 전, 평창 동계올림픽과 판문점 회담을 준비하면서 만났던 북측 인사들과 인사를 나누었다. 김창선 부장뿐만 아니라 실무회담 때 함께 협의했던 분들 모두와 기쁨의 악수를 했다. 그들은 남측의 완벽한 준비에 대해 입에 침이 마르도록 칭찬했다. 건축 분야에 뛰어난 능력을 발휘했던 분은 나를 붙들고 말했다.

"평양에서 다시 꼭 봅시다. 진짜 깜짝 놀랐습니다. 이렇게 완벽하게 준비해주고, 우리 일행을 환대해줄 줄은 몰랐습니다. 대기실 소파니, 그림이니, 라이터나 재떨이도 구비된 상태나, 화장실까지 이렇게까지 준비를 많이 하고 최선을 다해줄 줄은 몰랐습니다."

나는 웃으며 화답했다.

"평양에 가면 옥류관 냉면 꼭 먹게 해주세요."

"배 터지도록 대접하겠습니다."

그분의 말에 서로 크게 웃으면서 우리는 헤어졌다.

서울로 돌아오면서 그분과 나눈 대화가 다시 떠올랐다. 냉면 애

"진짜 깜짝 놀랐습니다.
이렇게 완벽하게 준비해주고, 우리 일행을
환대해줄 줄은 몰랐습니다.
평양에서 다시 꼭 봅시다."
남북정상회담이 끝나고, 작별 인사하는
문재인 대통령과 김정은 위원장.

가슴으로 일하게 해달라고, 계산에
익숙한 인간의 짧은 생각으로만 일하지
않게 해달라고 기도했다.
정성을 다하면 상대도 하늘도
알아준다더니, 북측 사람들도
우리가 정성을 다했음을 느꼈다는
사실에 감회가 새로웠다.
2018년 4월 27일,
판문점 남북정상회담을 끝낸 뒤.

기에 흘려버릴 뻔했던 이야기 중 "라이터나 재떨이도"라는 말이 번뜩 생각났다. 애연가로 알려진 김정은 위원장이 사용하는 대기실에 재떨이와 라이터를 두었던 것을 말하는 것 같았다. 비싼 물건도 아니었다. 다만 깔끔하고 단순한 것으로 준비했다. 정성을 다하면 상대도 하늘도 알아준다더니, 북측 사람들도 우리가 정성을 다했음을 느꼈다는 사실에 감회가 새로웠다.

준비 기간 내내 이런 다짐과 기도를 했다. 능력이 부족해 못한 것은 사람이니 어쩔 수 없지만, 마음을 다하지 않아 못한 것이 있으면 안 된다고 매일 다짐했다. 가슴으로 일하게 해달라고, 계산에 익숙한 인간의 짧은 생각으로만 일하지 않게 해달라고 기도했다. 개인적 다짐과 기도가 조금은 이뤄졌던 것은 아닐까. 그분의 말을 돌아보며 안도의 한숨을 쉬었다.

그해 9월, 문재인 대통령께서 평양에 가셨을 때, 김정은 위원장이 백화원 초대소를 직접 사전 점검했다. 북측 인사들의 준비 손길이 매우 빨라졌던 것은 당연하다. 북측도 우리처럼 귀한 손님을 맞이하는 데 부족함이 없을지 점검하고 또 점검했을 것이다. 대통령께서 도착하시기 이틀 전에, 어려운 형편이었겠지만 최선을 다해 준비한 흔적을 여러 곳에서 내 눈으로 직접 확인할 수 있었다. 그것에 가슴이 뭉클했다. 이심전심, 공감, 천상 우리는 같은 정서를 지닌 한 민족이었다.

봄보다 눈부신 가을
평양과 백두산에서

"문재인 대통령의 연설은 70년간
넘을 수 없었던 선을 살짝도 아니고
훌쩍 뛰어넘는 내용이었다.
파격의 연속이었고, 대결의 찌꺼기를
먹고 살아온 사람이 아니고서야
감동을 주체할 수 없는 순간이었다.
연설이 시작된 이후에도
중간중간 기립박수가 이어졌다."

버스 타고 평양 가는 길

문재인 대통령을 모시고 평양에 가는 것. 2012년 대선 캠프 때부터 꿈이었다. 그것은 먼저 대선에서 이겨야 하고, 내가 청와대에서 일해야 하며, 남북관계가 호전되어야만 가능한 일이었다. 막상 청와대에서 일해보니, 실제 대통령을 모시고 평양에 간다는 건 낙타가 바늘구멍을 통과하는 것이나 다름없었다. 청와대만 가면 모두 갈 수 있는 줄 알았는데 그게 아니었다. 그것도 소수만 갈 수 있었다. 그동안 내가 어리석은 꿈을 꾸고 있었던 것이다.

전대협 의장이자 통일운동의 상징이었던 임종석 비서실장도 대통령 모시고 평양에 가지 못했다. 하마터면 나도 못 갈 뻔했다. 평양 남북정상회담 한 달 전쯤에 내 인사발령 이야기가 나왔다. 오랜 꿈을 코앞에 두고 인사발령이라니! 그렇게는 할 수 없다고 항의했다. 사실 당시 계획된 인사발령은 내 이력에 굉장히 도움이 될 수 있는 부서로 이동하는 것이었다. 더군다나 승진도 사실상 보장되는 곳이었지만 버텼다. 그렇게 며칠을 버티다가 조직에 몸 담고 있는 사람으로서 별 수 없이 받아들였다. 그런데 옮기기로 한 부서에 사정이 생겨 인사발령 계획이 없던 일이 됐다. 천신만고 끝에 나의 오랜 꿈이 현실이 되었다.

2007년, 국회에서 일할 때 개성공단과 개성 시내 관광을 다녀온 적은 있었다. 선죽교도 가보았고, 개성 시민들이 다니는 길을 따라 개성을 대표하는 호텔도 가보았다. 개성의 민둥산과 파주 산의 푸르름이 극명하게 대비되어 가슴 아팠던 기억이 오랫동안 떠나지 않았다. 다시 11년 만에 북한으로 가는 것이었다.

선발대로 평양을 향해 출발했다. 2박 3일 동안의 대통령 일정을 앞두고 이틀 전에 가서 준비해야 하는 팀의 일원으로 육로를 통해 버스를 타고 갔다. 참 좋았다. 우선 평양에 무려 5일 동안 머물수 있다니 좋았고, 육로로 이동하니 머릿속에 담아둘 풍경도 많이 볼 수 있어서 좋았다. 더군다나 육로는 개성을 거쳐서 평양에 가니 11년 동안 변화된 개성을 확인해볼 수도 있었다. 또 판문점에서 회담하면 북측 인사들이 평양에서 판문점 오는 길이 좋지 않아 차량 이동에 체력 소비가 많다고 했는데 진짜 그런 것인지 도로 사정도 확인해보고 싶었다. 남북경협이 활성화되면 북한의 사회간접자본에 대한 대대적인 투자가 필요하고, 이 과정에서 남북이 함께 성장할 수 있으며, 많은 일자리도 창출할 수 있다는 전문가들의 의견이 얼마나 타당한지 경험해볼 수 있다고 생각하니 가슴이 설렜다.

파주 도라산 남북출입사무소(CIQ)를 거치면서 휴대폰을 맡기고 버스에 탔다. 먼저 가동을 멈춘 개성공단의 모습을 보았다. 사람의 통행이 거의 없는 찻길과 인도에서 무성한 잡초를 쉽게 볼 수 있었다. 관리를 맡고 있음 직한 분이 남측 일행이 지나가는 모습에 손을 흔드는 것 외에는 인적을 찾아볼 수 없었다.

개성을 지나는데 시내까지 들어가지 않고 외곽길을 통해 버스가 이동했다. 개성이 11년 전과 어떻게 바뀌었는지 정확히 느끼지는 못했지만 딱 한 가지는 확실히 달랐다. 태양광 패널이 설치된 집이 꽤 많았다는 점이다. 전력난 타개책으로 신재생 에너지를 활용하고 있다는 것에 조금 놀랐다.

개성을 벗어난 버스는 한적한 시골길 같은 개성·평양 간 고속도로를 달리고 있었다. 2007년 노무현 대통령께서 평양 가실 때 이용했던 그 고속도로였다. 도로 사정이 좋지 않아 속도를 낼 수 없었다. 미끈하게 달리는 우리의 고속도로와는 달리 길에 작은 돌이 많아 미세한 흔들림이 계속되었다. 170km가 넘는 평양·판문점 간의 거리를 새벽 일찍 출발해 판문점에서 회담하고 다시 평양으로 돌아갔을 분들이 참 수고하셨겠구나 하고 생각했다.

길은 직선으로 곡선은 거의 없었다. 단조로움이 느껴졌으나 흔들림으로 불편해 잠은 오지 않았다. 개성은 북한에서는 따뜻한 남쪽이라 곡창지대가 많았다. 한 시간 이상 달린 버스는 이 고속도로의 유일한 휴게소인 수곡휴게소에 정차했다. 역시 노무현 대통령께서도 잠시 머물러 휴식을 취하셨던 곳이었다. 북측 성원들이 각종 기념품과 간단한 식음료를 판매하고 있었다. 기념으로 북한 음료를 마셨다.

중간쯤에 채 복구되지 못한 수해 현장을 지나기도 했다. 평양에서 개성으로 향하는 반대편 차선에는 가끔 중국 관광객을 실은 작은 버스가 지나가곤 했으나, 우리 버스처럼 평양으로 향하는 차들은 거의 없었다. 두 시간 반쯤 달리자 평양이 가까워졌는지 건물들이 보이기 시작했다. 평양의 관문인 조국통일3대헌장기념탑이 보였다. 통일거리의 아파트도 눈에 들어왔다.

평양에서의 생애 첫날

때로 관심이 깊은 대상의 특수성에 몰입하다 보면 보편성을 놓칠 때가 있다. '평양은 다를 거야', '뭔가 특별할 거야' 이렇게 상상하다가 어느새 조금의 편견이 자리 잡았던 걸까. 북한에 대한 관심과 이해도가 높은 편이라고 생각했었는데 큰 착각이었다는 것을 평양역 풍경을 보고 느꼈다. 오랜 단절이 착각과 편견을 만들고 불신으로 이어져 종국에는 갈등이 생기는 이치에 사로잡혀 있었던 것은 아닐까.

평양역 앞은 모여 있는 사람들, 버스를 타려고 바삐 걷는 사람들, 적잖이 모여 있는 자동차들로 서울만큼은 아니었으나 활기차 보였다. 여느 도심의 역 앞 풍경과 다르지 않았다. 사실 생각해보면 우스운 일이다. UN에 가입된, 인구가 2,500만 명에 이르는 나라의 수도 기차역을 막연히 작은 간이역처럼 상상했던 나였다. 평양역에도 북한의 모든 지역 사람들이 모이는 공간일 것이다. 우리의 서울역이 각 지역 사람들이 모이는 장소인 것처럼, 또 떠나는 사람들을 아쉬워하며 배웅하는 가장 인간적인 공간인 것처럼 평양역도 마찬가지일 것이다.

　이내 버스는 선발대 숙소인 고려호텔에 도착했다. 평창 동계올림픽 당시 평창 가는 KTX에서 김창선 부장과 함께 좌석 배치를 논의했던, 정확히는 나를 압박했던 리택건 선생이 선발대를 맞아주었다. 평창에 이어 판문점에서 만났으니 이번이 세 번째 만남이었다. 반가워 깊은 악수를 했다. 평양에 도착하자마자 만난 적이 있는 북한 사람을 만나니 신기했다. 평양에도 지인이 있다는 사실에 스스로 놀랐다.

　방 배정이 끝나고 고려호텔 객실 안으로 들어가 잠깐 쉬기로 했다. TV를 틀었더니 조선중앙TV가 방송 중이었다. 서울에서는 주로 조선중앙TV의 보도 내용만을 접하다 보니 조선중앙TV는 뉴스만 방송하는 줄 알았다. 그런데 평양에서 직접 시청해보니 뉴스뿐만 아니라 드라마, 교양 등 다양한 프로그램을 송출하는 지상파나 종합편성 채널에 가까웠다.

　평양에 도착했으니 선발대 임무를 수행해야 하는데 무엇이 문제였는지 호텔 대기가 길어졌다. 평양에서의 시간을 이렇게 보낼 순 없었다. '뭐라도 해야지 이건 아니다'라는 생각이 들어 호텔에서 가까운 곳에 있는 평양역에 가보기로 했다. 로비로 내려가 평양역으로 발걸음을 옮기는데 어떤 분이 호텔을 벗어나면 안 된다며

제지했다. 시간이 한참 흐른 뒤에도 그분이 계속 길목을 버티고 있었다.

어쩔 수 없었다. 사람이 사는 곳이면 어디에나 있는 만남과 헤어짐, 기쁨과 슬픔, 설렘과 두려움을 나는 평양역에서 느껴보고 싶었다. 평양에 5일이나 있으니 기회가 있을 것이라 생각했는데 그런 기회가 오지 않았다. 다시 평양에 가면 평양역을 제일 먼저 가보고 싶다.

신도시 같은 평양

선발대 업무를 했던 이틀 동안 평양 시내 많은 시설들을 방문하며 평양의 모습을 속속들이 볼 수 있었다. 이틀간 둘러본 주요한 장소만 옥류아동병원, 김원균명칭 음악종합대학, 만경대학생소년궁전, 만수대창작사, 과학기술전당, 5·1 경기장 등이다. 특히 김원균명칭 음악종합대학을 다녀온 후 우리 답사단은 깊은 인상을 받았다. 김원균은 원산 출신의 작곡가로 조선음악가동맹위원장을 역임했다. 이곳은 성악과 작곡 중심의 전문음악인을 길러내는 대학이었다. 연습하는 학생들의 음악 실력이 예사롭지 않았다. 남측에서도 여러 차례 공연했던 북측 예술단의 공연이 깊은 여운을 남겼던 이유가 있었구나 생각했다.

평양 시내 여러 곳들을 미리 가보아야 했으니 이동 거리가 상당했다. 우리의 버스는 일터로 향하는 일종의 업무용 셔틀버스였다.

그러나 실제로는 하루 종일 평양의 시티투어버스를 탄 기분이었다. 세계 여러 도시의 시티투어버스를 타보았지만 평양 투어를 따라올 곳은 없었다. 그동안 올 수 없었던 곳에 대한 극도의 호기심으로 충만했기 때문이다.

또한 같은 말을 쓰지만 뜻이 많이 달라 이국적 느낌이 더해졌다. 다른 도시에서는 탑승 시간이 대부분 두 시간이 넘지 않았는데 평양에서는 예외였다. 10시간 가까이 이어진 강행군에도 졸리지 않았고, 해 질 무렵 퇴근 시간의 풍경을 보면서 감상에 젖기도 했다. 버스에서 김일성 광장, 개선문, 여명거리, 유경호텔의 야경 등 많은 것을 구경했다.

안타까운 점은 도라산 CIQ에 휴대폰을 반납했기에 나를 비롯해 모두가 사진을 찍지 못했다는 것이다. 그 때문인지 모든 풍경에 집중할 수 있었지만 금단현상에 괴로워하는 애연가처럼 사진을 찍지 못하는 고통은 쉽게 사라지지 않았다. 평양의 한순간 한순간을 머리에 담고, 가슴으로 느끼고자 애썼다.

그렇게 하루를 보내면서 엉뚱한 생각을 했다. 동전을 던지면서 다시 로마에 올 수 있기를 비는 트레비 분수 같은 곳이 평양에도 있다면, 나도 그렇게 하고 싶었다. 평양에 다시 올 수 있기를, 그것도 자주, 또 많은 남한 사람들이 평양을 직접 보고 느낄 수 있기를 빌고 싶었다.

서울에서 가져온 평양 지도는 큰 도움이 되었다. 진천규 기자가 단독 방북 취재해 출간한 『평양의 시간은 서울의 시간과 함께 흐른다』에 부록처럼 포함되어 있던 지도였다. 늘 손에 들고 다니던 지도 덕분에 평양 주요 건물과 공간, 거리를 쉽게 가늠할 수 있었다.

평양이 서울과 다른 점의 하나는 도로가 쭉쭉 뻗어 있고 고층 건물이 적다는 점이었다. 오랜 역사의 풍모와 꾸불꾸불함이 있는 서울과는 다른 평양의 모습은 얼핏 보기에 신도시 같다는 느낌이 들었다. 여명거리, 미래과학거리 등은 더욱 그랬다. 평양의 강남 같았다. 전쟁이 고구려의 수도, 오랜 역사를 간직한 도시를 강남 같은 신도시로 만들어버렸다는 걸 실감했다.

세 번째 만난 백두혈통

백두혈통이 처음 남측에 온 날이 2018년 2월 9일이었다. 7개월이 지난 2018년 9월 18일, 문재인 대통령의 평양 방문이 이뤄지게 됐다. 선발대는 백화원 초대소에서 아침 일찍 순안공항으로 출발했다. 평양 시내를 지나 시골 풍경이 가득한 순안공항까지 가는 길에서 한 20대 청년을 떠올렸다.

2000년 6월 13일, 김대중 대통령이 순안공항에서 김정일 국방위원장과 두 손을 잡고 포옹하던 순간, 국회의원실 햇병아리 비서였던 나는 선배들과 그 모습을 보며 얼마나 큰 탄성을 질렀는지 모른다. 많이 울었다. 주변 사무실에서 새어나오는 박수 소리와 환호가 그날의 감동을 배가시켰다. 내 인생에 크게 영향을 준 장면이었다. 어쩌면 그날의 순안공항이 20년 후 오늘의 나를 이끌었는지도 모른다. 그곳으로 가고 있다고 생각하니 가슴이 두근거렸다.

순안공항에서 다시 김여정 제1부부장을 보았다. 세 번째 조우였다. 평창 동계올림픽 개막식을 계기로 한 방남 기간, 4월 27일 판문점, 그리고 이번 순안공항까지. 앞의 두 번은 그녀가 손님으로 남측에 왔을 때였고, 북측에서는 처음 보는 것이었다. 홈그라운드에서의 백두혈통 김여정 제1부부장은 어떤 모습일지 매우 궁금했다. 백두혈통이기에 북측에서는 공주님 같은 모습이지 않을까 생각도 했다. 순안공항에서의 조우를 '만났다'고 표현하지 않고 보았다고 한 것은 그날은 대화를 하지 못했기 때문이다. 대통령께서 도착하시기 두 시간 전쯤 김여정 제1부부장이 순안공항 활주로에 나타났다. 공항 접견실 같은 폼 나는 곳이 아니라 비행기가 뜨고 내리는 활주로에 온 것이다. 반갑다고 목례한 후, 그녀는 공식 환영식이 있기까지 두 시간 내내 뛰어다니면서 그날의 공항 행사 현장을 지휘했다.

굽 높은 구두를 신고 뛰는 모습이 인상적이었다. 북한 관리들을 자신이 있는 위치로 불러서 지시하는 것이 아니고, 각 분야별로 준비하고 있는 사람들이 있는 곳으로 가서 이야기했다. 한번은 일부러 귀를 세워 들어보니 지시라기보다는 설득에 가까웠다. 순안공항에 나온 환영 인파가 조금 더 가까이에서 두 정상의 만남을 보기를 바랐는지 "그렇게 하지 말고 (일종의 폴리스라인을) 조금 더 가까이 안쪽에 배치하자. 그래야 더 잘 보일 것이니 그게 낫지 않겠느냐"는 식으로 제안하고 있었다.

사실 문재인 정부도 과거와 달리 국민들과 대통령의 거리를 좁히는 친밀한 경호를 실천하고 있었다. 그런데 그녀도 우리와 비슷한 일을 하고 있다는 것이 흥미로웠다. 실제 당시의 화면을 보면 북한 인민들과 두 정상 사이의 거리가 매우 가까운데 그렇게 거리를 좁힌 것이 바로 그녀의 수고 덕분이었다. 김정은의 시대에 맞는 장면이 연출되는 셈이었다.

김여정 제1부부장의 태도를 보면서 놀랐던 것은 그때만이 아니었다. 판문점 남북정상회담 때도 그랬다. 당시 1층 여사님 환담장에서 양측 내외분이 처음으로 자리를 함께하던 때였다. 양측에서 내외분과 소수 배석자만 환담장에 입장했고, 현장을 진행하던 나는 밖에서 다음 일정을 준비하고 있었다. 김여정 제1부부장도 환담장 밖에서 다음 일정을 기다리고 있는 것이었다. 나는 손님을 상당 시간 서 있게 하는 것은 예의가 아니라는 생각에 다가가 "서 계시게 해 송구합니다. 의자를 가져다 드릴까요? 아니면 앉을 수 있는 곳으로 안내해드릴까요"라고 물었다. 돌아온 답은 "일 없습니다. 고맙습니다"였다. 결국 환담이 종료될 때까지 밖에 계속 서 있었다. '백두혈통'이 문 앞에 계속 서 있을 줄은 몰랐다. 서 있는 김여정 제1부부장의 무료함을 생각해 일부러 평창 때의 일을 얘기했는데 그때의 기억이 좋았는지 대화가 잘 되었다.

처음 인천공항에서 봤던 김여정 제1부부장은 고고한 공주님처럼 보였다. 청와대에서는 긴장한 모습이 역력했다가 문재인 대통령의 섬세한 배려에 마음을 열었던 특사였고, 판문점에서는 절도 있게 지켜야 하는 선을 지키려고 애쓰는 참모의 모습이었다. 그리고 평양에서 세 번째로 봤을 때는 솔선수범하는 일꾼에 가까웠다. 세 번 모두 각기 다른 인상이 뇌리에 남았다. 의외라는 건 이럴 때 쓰는 표현이겠다 싶었다.

이후 김여정 제1부부장이 대통령과 우리 측을 향해 독한 표현으로 비난하는 성명을 접할 때면 사실 너무 불편하다. 가까이에서 본 적이 있는 사람이기 때문에 더욱 그렇다.

환영 인파

순안공항으로 향하는 길은 인천공항으로 가는 길과 흡사했다. 어느 순간 도시가 끊기고 논밭이 보이더니 공항이 나타났다. 문재인 대통령이 순안공항에서 출발해 평양 영빈관, 백화원 초대소로 향할 때는 논밭이 끝나고 평양 도심에 들어선 순간부터 환영 인파가 가득했다. 빨간 꽃을 들고 남쪽에서 온 손님들을 환영하는 평양 시민들의 행렬을 보면서 든 느낌을 글로 표현할 재주가 없어 한스럽다. 얼마나 많은 사람들이 그 길 위에서 환영해주고 있었는지 완전히 다른 세상 같았다. 분명히 내가 아침에 지나온 길인데 전혀

순안공항으로 향하는 길은 인천공항으로 가는
길과 흡사했다. 어느 순간 도시가 끊기고 논밭이
보이더니 공항이 나타났다. 얼마나 많은 사람들이
그 길 위에서 환영해주고 있었는지
완전히 다른 세상 같았다. 분명히 내가 아침에
지나온 길인데 전혀 다른 모습이었다.
순안국제공항 대통령 도착행사를 준비한 평양 선발대.

다른 모습이었다.

개성에서 평양으로 가는 버스에 같이 탔던 북측 사람이 해줬던 이야기가 다시금 떠올랐다. 북측 인민들이 문재인 대통령의 평양 방문을 얼마나 기대하고 있는지, 남과 북이 함께 잘사는 길에 대한 희망이 얼마나 큰지, 외부 영향 없이 같은 민족끼리 돕는 세상을 고대한다던 말들이 다시 떠올랐다.

평양 시민들의 환호는 미래에 대한 희망이자 소망이었고 기대였을 것이다. 자신들이 꿈꾸던 나라를 같은 민족끼리 힘을 합해 이룰 수 있다는 확신이었으리라. 그렇지 않고서야 어찌 저렇게 간절한 눈빛과 몸짓이 나오겠는가.

그 길가에 있는 수많은 사람들은 동원된 사람들의 얼굴빛이라고는 믿을 수 없을 정도로 우리 대통령에 대한 기대감을 표했고 열렬히 환영했다. 인간이라면, 감정이 있는 사람이라면, 그것이 연기인지 진심인지 알 수 있다.

진심이었다. 적어도 내 눈에 평양 시민의 환호는 진심이었다. 도로 주변을 가득 메운 평양의 환영 인파는 차가 지나는 길가에만 있지 않았다. 대로 뒤 후미진 길가에도, 대로에서 1km는 떨어져 보이는 김일성대학 본관 앞에도 인파로 가득했다.

아침에는 안개 때문에 흐렸던 날씨가 판문점 남북정상회담이 있었던 4월 27일만큼이나 구름 한 점 없이 맑았다. 한없이 맑은 하늘을 보고, 환호하는 평양 시민을 보고 처음에는 놀랐고 중간에는 감동했으며, 급기야는 눈가가 붉어졌다. 누구든 그랬을 것이다. 함께 버스에 탄 동료들도 모두 훌쩍였다. 마음으로 울던 사람들, 눈물을 주체할 수 없었던 사람들, 다물 수 없는 입가에 눈물이 흘러내리던 사람들, 그날 버스에 있던 모두는 그렇게 한없이 기뻐 흐느꼈다.

선발대는 애초 카퍼레이드를 어디서부터 시작해야 하는지 고민하며 북측의 계획을 궁금해했다. 북측에 물었으나 대답이 없었다. 왜 대답이 없었는지 그제야 알았다. 별 의미 없는 질문이어서 그랬던 거였다. 우리의 고민이 얼마나 남루한 것이었는지 부끄럽기까지 했다. 평양 시내 초입부터 백화원 초대소까지 그 긴 길에 환영 인파가 있을 줄 상상조차 못했다.

내 눈앞에 지금 펼쳐지고 있는 광경은 필시 꿈이리라. 꿈이 아니고서야 이것이 어떻게 가능한 것인가. 실화라고 믿기엔 너무도 꿈같았다. 이런 경험을 살면서 몇 번이나 할까. 그때의 장면은 시간이 흘러도 오늘로 곧잘 소환된다. 인생 선물이다.

백화원 초대소는 국가정상 등 국빈이 평양을 방문할 때 머무는 게스트하우스다. 1980년대 초에 화강암으로 건축한 3층 건물이었다. 10만 평이 넘는 부지 위에 건물과 호수, 그리고 부속 시설로 구성되어 있다. 김대중·노무현 두 대통령의 평양 남북정상회담 때 숙소이자 회담과 오찬이 있었던 곳이다.

우리는 이런 시설이 없다. 국빈이 서울을 방문하면 모두 호텔에

최고의 외교 시설에 머무는 것과 호텔은
차이가 크다. 돈 주고도 가볼 수 없는 곳과
돈만 있으면 갈 수 있는 곳은 비교할 수 없다.
대외개방 경제체제 하에서 수출로 먹고살고,
주변 강대국 사이에서 외교적 힘을 키워야
국익을 지킬 수 있는 우리나라에 국빈급 인사가 방문할 때
머물 공간을 갖춰야만 한다는 것을
백화원 초대소를 보면서 더욱 절실하게 느꼈다.
미국 영빈관 블레어하우스 내부.

머문다. 나라의 격으로 보나, 외교의 실익으로 보나 국빈 게스트하우스가 없는 것은 참으로 안타깝다. 평양 백화원 초대소를 경험하기 전, 미국 백악관 앞 블레어하우스와 중국 베이징 탸오위타이에서 머문 적이 있었다. 대통령이 미국과 중국을 순방할 때였다.

국빈용 국립 게스트하우스에는 뭔가 특별함이 있다. 우리나라 역사에도 등장한다. 트루먼 대통령은 백악관 공사 때문에 머물던 블레어하우스에서 한국전쟁 참가를 결정했고, 비공개 한중수교 협상이 탸오위타이에서 있었다.

방문하는 입장에서 최고의 외교 시설에 머무는 것과 호텔은 차이가 크다. 돈 주고도 가볼 수 없는 곳과 돈만 있으면 갈 수 있는 곳은 비교할 수 없다. 대외개방 경제체제 하에서 수출로 먹고살고, 주변 강대국 사이에서 외교적 힘을 키워야 국익을 지킬 수 있는 우리나라에 국빈급 인사가 방문할 때 머물 공간을 갖춰야만 한다는 것을 백화원 초대소를 보면서 더욱 절실하게 느꼈다.

'력사적인 평양 수뇌상봉' 첫 회담

남북정상의 만남에 대해 우리는 남북정상회담, 북측은 수뇌상봉이라고 표현한다. '력사적인 평양 수뇌상봉 일정'은 오후에 본격적으로 시작되었다. 나는 점심 이후 평양 첫 정상회담 일정을 맡았다. 원래 의전비서관실 행정관은 대통령의 일정 장소에 미리 도착해 준비 상황을 최종 점검한다. 영접 인사들의 대형을 갖추며,

도착하신 뒤 일정이 어떻게 진행되는지 참석자들에게 전달해 분위기를 조성하는 것이 기본 업무 프로세스다. 그런데 평양 첫 정상회담에서는 원칙을 지킬 수가 없었다. 북측의 관점에서는 평양 노동당사를 대통령 도착 전에 실무진이 먼저 간다는 것은 있을 수 없는 일이었다. 노동당사에 김정은 위원장의 집무실이 있기 때문에 사전에 실무진들의 사전 답사 과정에서 의전에 벗어나는 일이 발생할 수 있다는 우려였을 것이다.

남측에서 노동당 중앙당사에 가본 경험이 있는 분이 몇인지 정확히 알 수 없다. 아마 10여 명에 불과하다고 추측할 뿐이다. 3월에 남측 특사단이 평양을 방문했을 때 노동당사에서 만찬이 있었는데 그때 처음 노동당사 건물의 내부 모습이 알려졌다. 김정일 위원장 시대에 있었던 두 번의 평양 남북정상회담 때는 알려지지 않았던 건물이었다. 김정은 위원장 시대를 상징하는 건물이기도 했다.

권혁기 춘추관장, 나 그리고 남측 취재기자단이 한 차에 타고 노동당사로 향했다. 어떤 건물일지 궁금증과 기대감을 갖고 출발했다. 그런데 차가 이상했다. 이틀간의 평양 시내 경험과 갖고 있는 지도를 들여다보았지만 완전히 다른 길로 달리고 있었다. 심지어 방금 지나온 길을 다시 가고 있었다. 안내 요원에게 노동당사로 가는 것이 맞냐고 계속 물었다. 그런데 답을 못했다.

아무래도 이상했다. 회담 시작 시간이 거의 다가왔으나, 차는 노동당사에 도착하지 못하고 계속 길을 헤매고 있었다. 아무리 항의해도 듣는 척만 하지 노동당사까지 얼마나 남았는지 알려주지 않았다. 결국 대통령이 타신 차량이 먼저 노동당사 입구에 도착하는 불상사가 발생했다. 우리와 취재기자단이 탄 차량이 입구에 도착하자, 대통령이 탄 차량은 이미 노동당사에 진입해 회담이 이뤄질 건물 앞에 도착하고 있었다. 그 결과 문재인 대통령이 차량에서 내린 뒤 건물 밖에서 기다리고 있던 김정은 위원장과 악수하는 장면은 사진도 영상도 남기지 못했다.

의전과 기자단이 탄 차량이 노동당사 현장에 먼저 도착해 취재와 촬영, 의전을 해야 한다는 점을 북측 안내 요원에게 아무리 얘기해도 적절한 조치가 없었다. 대통령보다 늦게 도착하는 의전, 두 정상의 만남을 취재하지 못한 언론, 다 밥값을 못했다. 아마도 우리가 탄 차량의 운전자와 탑승자에게 노동당사에 도착해도 된다는 사인을 누군가 전달해야 하는데, 그런 연락이 없어 계속 평양 시내를 빙빙 돌았던 것이 아닌가 추측한다.

정상회담이 시작되고 북측에 강력히 항의했는데, 그 내용을 수첩에 기록했던 사람이 조용원이었다. 그때는 부부장이었으나 지금은 정치국 상무위원으로 북한 권력서열 최상층부에 진입한 그를 그렇게 처음 보았다. 평양에서 본 조용원 부부장은 김정은 위원장의 최측근임을 단박에 알아볼 수 있었다. 김정은 위원장의 현지지도 사진에 늘 위원장을 수행하며, 지시사항을 기록하는 듯 수

'노동당사 의전 참사 사건'은
환영 인파의 꿈에서 확실히 깨어나게
해주었다. '현실로 빨리 돌아와야 한다,
정신 바짝 차려야 한다'는 생각이 들었다.
본격적인 평양 첫 일정부터 혼을 쏙 뺐고,
속옷이 축축할 정도로 많은 땀을 흘렸다.
노동당 중앙당사 안에서.

첩에 무엇인가를 적는 모습이 자주 나오던 인물이었다. 최고 권력과의 물리적 거리가 가장 가까운 인물이라는 점이 확연히 눈에 띄었다.

'노동당사 의전 참사 사건'은 환영 인파의 꿈에서 확실히 깨어나게 해주었다. '현실로 빨리 돌아와야 한다, 정신 바짝 차려야 한다'는 생각이 들었다. 본격적인 평양 첫 일정부터 혼을 쏙 뺐고, 속옷이 축축할 정도로 많은 땀을 흘렸다.

노동당사에서 놀랐던 것이 또 하나 있었다. 최룡해, 김영철, 이수용 등 노동당 부위원장을 맡고 있던 인사들이 모두 그날 노동당사에 총집결해 입장하는 문재인 대통령께 인사를 했고 정상회담이 끝날 때까지 자리를 지켰다. 우리와는 다른 점이어서 기억에 남았다.

맛을 넘어선 감동의 경지

첫날 노동당사에서의 회담이 끝난 뒤 평양대극장에서 환영 공연이 있었다. 만수대 예술극장에서 예정되어 있었으나, 장소가 바뀌어 진행되었다. 연이어 목란관에서 환영 연회가 개최되었다. 연회장 입장 전에 양측이 준비한 선물을 전시해 두 정상이 함께 보면서 환담을 나눴다. 우리 측이 준비한 대동여지도가 전시되었고, 북측은 통일각에서 열린 2차 정상회담 모습을 유화로 담은 그림을 선물했다.

목란관은 김대중·노무현 대통령의 평양 정상회담 당시 만찬이 있었던 장소로 외빈 및 노동당 고위층 전용 연회장이다. 지난날 나는 사진 속의 남북 정상급 인사들이 목란관에 함께 자리하던 모습을 보면서 적잖은 감흥을 느꼈었다. 행사 준비에 집중하느라 남북이 평화와 번영을 위해 함께 건배하던 곳에 직접 온 느낌을 생각해볼 틈도 없었지만 그래도 연회가 진행되는 동안 두 전직 대통령이 걸어오신 길이 바탕이 되어 이제 문재인 대통령께서 새 역사를 쓰는 것임을 다시금 새겼다.

오늘 우리가 가는 길이 역사고, 그 역사를 바탕으로 더 나은 역사가 만들어질 것이다!

가는 길에 질곡도 있을 것이지만, 가다가 넘어질 때가 있어도 다시 훌훌 털고 일어나 기필코 가야 한다!

대통령의 평양 방문 첫날은 이렇게 마감되었다.

백화원 초대소로 돌아와 평양 밤하늘의 별을 보며 피우던 담배 맛이 참 좋았다. 호수를 거닐며 평양 밤공기를 마시고 또 마셨다. 1년같이 길었던 하루, 냉온탕을 오가며 깊은 감동과 어이없는 낭패를 경험했던 하루가 그렇게 지나가고 있었다.

물론 백화원 초대소 회의실에서 분주하게 일하던 실무진들의 일은 끝날 줄을 몰랐다. 평양 일정에 대한 세부 조율이 부족했던 탓에 작은 일에서 사고가 있을까 노심초사했다.

새벽에 숙소로 들어가는 길에 내 방 건너편에 묵었던 리현 실장

(북측 통일전선부 소속)을 만났다. 평창 동계올림픽 폐막식에 왔을 때, 판문점 정상회담을 앞두고 실무회담에서도 만났던 북측 인사였다. 둘이 기념 촬영도 했고, 판문점에서는 담배도 같이 피웠던 적이 있어서 보자마자 반갑게 악수했다. 서로 긴장하고 있던 때라 안부도 묻지 못하고 헤어졌지만 계속 보겠지 싶었다. 정세의 변화로 그와의 만남이 그게 마지막이었다. 그땐 이렇게 될 줄은 알지 못했다.

2018년 9월 19일. 둘째 날, 백화원 초대소에서 평양에서의 두 번째 정상회담이 열렸다. 역사적인 '9·19 군사합의서' 서명식이 열렸다. 남북 사이의 우발적인 무력 충돌을 막기 위한 구체적이고 실천적인 합의가 이뤄졌다. 평양 일정 내내 파격적이고 감동적인 장면들이 많았던 탓에 이날의 합의가 갖는 역사적 의미가 크게 부각되지 못했지만 이 합의로 접경지역에서의 무력 충돌은 사실상 사라졌다. 휴전 65년 만에 남북 간 대립의 맨 앞에 설 수밖에 없었던 양측의 군이 평화를 위한 실천에 앞장서게 되는 극적 전환이 일어난 것이었다.

오전 일정 이후에는 드디어 옥류관 오찬이 예정되어 있었다. 오찬 일정을 담당하지 않아 앉아서 냉면을 맛볼 수 있는 기회였다. 의전비서관실 행정관은 자신이 담당하는 일정 중에는 사실상 앉아 있을 겨를이 없다. 일정 진행에 차질이 없도록 체크하며 북측과 계속 소통해야 한다. 따라서 앉아서 식사한다는 건 불가능한 일

옥류관 냉면이 더욱 맛있었던 것은
대동강 바로 옆에 위치한 덕도 있었다.
한강만큼이나 아름답게
유유히 흐르는 대동강의
고즈넉한 풍광은
냉면 맛의 진한 황홀경을 더했다.

이다.

옥류관 일정 담당이 아니라는 것은 냉면에 집중할 수 있다는 뜻이었다. 설레고 기뻤다. 옥류관에 앉자마자 생각했다. 먹고 부대끼자. 먹을 수 있는 최대치까지 일단 배에 넣자. 판문점 남북정상회담 때 옥류관 냉면을 맛보지 못한 아쉬움을 두 배로 갚아주어야한다는 생각만 했다.

각기 다른 종류의 냉면 세 그릇을 연거푸 비웠다. 물냉면, 비빔냉면, 그리고 쟁반냉면까지. 얼마나 맛있던지, 세 번째 냉면을 요청할 때는 서빙하던 북측 여성분이 "그렇게 맛있냐"고 묻고는 "더드시라"면서 음식을 전달해주었다.

백김치도 일품이었다. 맛의 고장으로 불리는 남도에서 나고 자라 음식 맛에 감동받는 경우가 상대적으로 덜한 편인데도 옥류관 냉면은 물론 평양 음식들이 너무 맛있었다.

옥류관 냉면이 더욱 맛있었던 것은 대동강 바로 옆에 위치한 덕도 있었다. 한강만큼이나 아름답게 유유히 흐르는 대동강의 고즈넉한 풍광은 냉면 맛의 진한 황홀경을 더했다. 오찬장에 들어서자 창밖으로 대동강이 펼쳐지니 어떤 음식이 나와도 맛이 좋을 것만 같았다. 기대가 큰 만큼 실망도 큰 법이라는 세상의 이치를 여러 번 경험했을 나이지만 옥류관 냉면은 그 평범한 이치를 훌쩍 넘어섰다. 오히려 기대했던 것보다 더 맛있었다. 같이 정신없이 먹기 바빴던 동료들이 이구동성으로 "서울에 분점 내면 대박이겠다" "같이 동업하자"는 농담을 했다.

돌이켜보면 결국 냉면이 평화였다. 평화를 상징하는 음식, 옥류관 냉면은 그렇게 한반도 8,000만 겨레의 로망이 되었다.

능라도에 천둥이 치다

능라도 경기장은 우리의 여의도처럼 대동강에 위치한 능라도의 100만 평이 넘는 부지에 15만 명의 관람석을 갖춘 종합경기장이다. 88올림픽을 대항해 만든 것으로 알려졌다. 이 능라도 경기장에서는 북한이 자랑하는 집단체조 「빛나는 조국」이 공연된다. 과거 유명했던 「아리랑」이 북한 정권 수립 70주년인 2018년 9월 9일에 「빛나는 조국」으로 명칭이 바뀌었다. 「아리랑」은 2007년에 연인원 10만 명 이상이 참여한 세계에서 가장 큰 공연으로 기네스북에 등재되기도 했다.

대통령 방문 전, 능라도 경기장을 두 번 찾아 일정을 점검했다. 그런데 대통령의 연설 순서가 언제인지 계속 물어도 북측 인사 누구도 대답을 해주지 않았다. 알면서 안 해주는 것인지, 몰라서 그러는 것인지 알 방법도 없었다. 의전행정관으로서는 속이 터지는 상황이었다. 대통령 내외분의 좌석 상황, 입장 동선, 역사적 연설이 어떤 환경에서 이뤄질지만 점검할 수밖에 없었다.

공연 연습 과정을 상당 시간 지켜보았다. 경기장 규모가 압도하는 힘이 있었고, 그 속에서 열심히 준비하는 사람들에게 총감독은 마이크를 통해 부족한 사항을 지적하며 다시 연습하기를 반복했

문재인 대통령의 연설은 70년간 넘을 수 없었던 선을 살짝도 아니고
훌쩍 뛰어넘는 내용이었다. 남측 대통령의 세 번째 평양 방문만에
처음 이루어지는 북측 인민 앞 연설이었다. 경기장의 모든 관중들은
일어서서 박수치며 환호했다. 마치 천둥이 치는 듯했다.
ⓒ연합뉴스

다. 경기장에 북측 인민이 꽉 찬 상태에서 예행연습이 이뤄진 것은
아니어서 공연 내용 부분부분을 본 것만으로는 본 공연 때 어떤
모습일지 그림이 그려지지 않았다. 그만큼 다양한 영역에서 각기
공연 준비가 이뤄지고 있었다.

가슴 졸여가며 기다리던 것도 잠시, 대통령께서 도착했다. 직전
일정인 대동강 수산물시장 만찬 일정을 담당했기에 당일 능라도
경기장에는 대통령과 함께 입장하는 대열에 낄 수 있었다. VIP 입
장 통로를 지나 경기장으로 통하는 문이 열리자 나도 모르게 입이
벌어졌다. 경기장 15만 좌석을 가득 메운 참가자들이 뿜어내는 열
기가 나를 압도했다. 밤이 주는 깊은 몰입감에, 수많은 군중이 관
람석에서 일사불란하고 절도 있게 움직이는 카드섹션 그리고 창
의적인 표현력과 육체적인 기교가 결합된 예술 체조는 더욱 빛이
났다.

드론이 푸른 저녁 하늘을 그렇게 아름답게 수놓는 것도 처음 보
았다. 인간이 직접 만들어내는 경이로운 몸짓과 첨단기술까지 결
합된 공연의 완성도는 가히 최고 수준이었다. 경제적으로는 많이
부족하지만, 그 고난을 이겨내는 내부의 힘이 무엇인지 조금은 느
낄 수 있었다.

능라도의 밤이 깊어갈 무렵 김정은 위원장은 연단으로 이동해
간략한 소개의 말을 했다. 이윽고 문재인 대통령께서 자리에서 일
어나 연단으로 이동했다. 남측 대통령의 세 번째 평양 방문만에 처

음 이루어지는 북측 인민 앞 연설이었다. 경기장의 모든 관중들은 일어서서 박수치며 환호했다. 마치 천둥이 치는 듯했다. 얼마나 감격스러웠는지 내 좌석 옆 북측 관중의 환호 소리가 나보다 더 컸고 박수는 그칠 줄 모르고 계속되었다.

문재인 대통령의 연설은 70년간 넘을 수 없었던 선을 살짝도 아니고 훌쩍 뛰어넘는 내용이었다. 파격의 연속이었다. 대결의 찌꺼기를 먹고 살아온 사람이 아니고서야 감동을 주체할 수 없는 순간이었다. 연설이 시작된 이후에도 중간중간 기립박수가 이어졌다. 아무리 의전을 하는 사람이지만, 이럴 때 참는 것은 사람도 아니다 싶어 실컷 울면서 두 손을 연신 마주쳤다.

행복했고, 행복했다. 내 주변 모든 북측 인민들도 기쁨의 눈물을 흘렸다. 평양 능라도의 천둥소리는 그칠 줄 몰랐다. 그 현장에 있었던 것만으로도 평생의 축복이다. 글을 쓰고 있는 지금도 가슴이 뛴다. 누구라도 그랬을 것이지만.

고려항공 타고 간 백두산

두 정상의 백두산 일정은 행사 전날 최종 결정되었다. 진짜 그랬다. 9·19 군사합의가 발표될 즈음에야 백두산 선발대가 출발했다. 미리 준비할 방법도 없었고, 하면 안 되었다. 준비했다가 못 가게 되면 8,000만 겨레가 모두 실망할 것이 분명했기 때문이다. 북

VIP 입장 통로를 지나 능라도 경기장으로
통하는 문이 열리자 나도 모르게 입이 벌어졌다.
경기장 15만 좌석을 가득 메운 참가자들이
뿜어내는 열기가 나를 압도했다.

측이 최종 결정을 목전에 할 수밖에 없었던 이유가 있었다. 200명
이 넘는 방북단 전체가 백두산에 간다고 생각하면, 풀어야 할 과제
가 한둘이 아니었다. 쉬운 결정은 분명 아니었다.

　우선 비행기가 문제였다. 삼지연공항의 활주로가 짧아 대통령
1호 전용기가 이착륙할 수 없었다. 대통령의 이동을 위해서는 다
른 전용기가 서울에서 급히 와야 했다. 1호기를 제외하고 모든 전
용기는 좌석 수가 적어 대통령과 수행원이 함께 탈 수가 없었다.
결국 수행원들을 태울 비행기는 별도로 준비해야 했다.

　둘째, 날씨가 불확실했다. 날씨가 어떻든 그냥 가면 되지 않냐고
생각할 수 있지만, 북측 입장에서는 대통령 내외를 그곳까지 모셨

는데 날씨가 좋지 않아 백두산의 면모를 보지 못하면 큰 결례라고 생각하는 모양이었다. 실제 백두산의 날씨는 일기예보와 무관하게 워낙 변화무쌍해 한 번의 시도에 천지의 모습을 볼 확률이 높지 않다고 한다. 남북 정상의 백두산 첫 일정인데 날씨가 돕지 않아 그 빛이 바래는 것은 피하고 싶었을 것이다.

셋째, 삼지연공항은 물론이거니와 불비한 도로 등 백두산 주변 환경을 남측에 공개하는 것에 대한 판단이 필요했을 것이다.

넷째, 옷을 준비한 사람이 없었다. 평양과 백두산은 기온차가 크다. 서울에서 떠날 때 평양만 고려하고 짐을 쌌던 터라 백두산 날씨에 맞는 옷은 아무도 준비해가지 않았다.

마지막으로 평양에서 멀리 떨어진 삼지연의 전반적인 사정이 남측의 대규모 방문단을 제대로 대접할 수 있는 상황인지도 불확실했을 것이다.

우여곡절 끝에 평양 일정 마지막 날, 남북 정상 내외분의 백두산 일정이 성사되었다. 단 하루 동안 모든 준비를 끝내야 했다. 옷, 2호 전용기 등 서울에서 공수할 것에 대해서는 다른 부서에서 담당해 처리했다. 내가 속한 의전비서관실은 일정 전체를 진행하기 위해 세세한 내용을 배치하고 결정해야 했다. 비행기 좌석, 삼지연 공항에서 백두산 장군봉까지의 이동 차량 배치, 장군봉에서 천지로 내려가는 케이블카 탑승 인원 선정, 초대소 오찬장 배치 등을 해야 했다.

당연히 평양에서의 마지막 밤은 한숨도 잘 수 없었다. 버스와 비행기를 타고 이동하는 중에 자면 되겠지 생각했다. 되돌아보면 백두산의 특별함을 간과한 단견이었다. 수행원들은 북측이 제공한 고려항공을 타고 삼지연공항으로 이동했는데, 처음 타보는 북측 국적기 탑승도 잠을 달아나게 하기에 충분했다. 좌석에 비치된, 고려항공 로고가 찍힌 용변 대처용 하얀 봉투가 가장 눈길을 끌었다. 함께 탄 취재단에게 부탁해 고려항공 글씨를 배경으로 사진도 찍었다. 그동안 타왔던 비행기와 큰 차이가 나지 않았지만 왠지 특별했다. 비행기 차창 밖 북한의 들녘을 보는 것도 모두 열심이었다. 모든 게 처음인지라 잠을 잘 수가 없었다. 오늘은 절대 졸 수 없다고 허벅지를 꼬집었다.

삼지연공항에 도착해 서울에서 공수되어온 옷을 지급받고 버스에 탔다. 공항에서는 삼지연 지역 인민들이 대통령 내외와 남측 방북단을 환영해주었다. 평양의 순안공항에서 본 인민들과는 얼굴빛, 키, 피부색 등에서 차이가 있었다. 그러나 그 열렬한 환영은 지금도 잊을 수가 없다. 삼지연공항의 활주로를 보면서 2007년 남북정상회담 후속 조치로 삼지연공항 확장 사업을 남북이 검토하던 중 경색 국면으로 인해 협의가 멈추었던 것에 대한 깊은 아쉬움이 밀려왔다. 그때 중단되지 않았다면 백두산에 남측 관광객이 오는 상품이 개발되었을지도 모를 일이었다. 그랬다면 공항에서 본 인민들의 모습도 조금 달라졌을지 모른다는 생각이 들었다.

우여곡절 끝에 평양 일정 마지막 날, 남북 정상 내외분의
백두산 일정이 성사되었다. 단 하루 동안 모든 준비를 끝내야 했다.
수행원들은 북측이 제공한 고려항공을 타고
삼지연공항으로 이동했다.
처음 타보는 북측 국적기 탑승은
잠을 달아나게 하기에 충분했다.
그동안 타왔던 비행기와 큰 차이가
나지 않았지만 왠지 특별했다.

백두산을 향하던 버스는 개마고원을 지나고 있었다. 북유럽 산림 같은, 나무가 가득한 개마고원의 풍경에서 눈을 뗄 수 없었다. 잠시 본분도 잊은 채 그저 무릉도원과 같은 풍경에 빠져 몸 둘 바를 몰랐다. 이 풍경과 함께 자전거 트레킹을 하면 얼마나 좋을까, 아니 걸어보면 어떨까 별의별 상상을 했다.

백두산이 모습을 보이기 시작한 건 개마고원의 나무들이 더 이상 보이지 않을 때쯤이었다. 제일 먼저 떠오른 것은 백두산에 흙이 귀하다고 말하던 김창선 부장의 난감한 표정이었다. 진짜였구나! 백두산은 돌산이었다.

차는 장군봉 가까이 가서 멈췄다. 장군봉까지 불과 50m만 걸으면 백두산 정상이었다. 장군봉에 오르니 믿을 수 없는 장면에 눈이 호강하기 시작했다. 천지였다. 신비로운 빛깔의 천지가 펼쳐졌다. 연신 사진 찍기에 몰입했다. 카메라를 갖고 있는 취재기자단에게 부탁해 다양한 포즈로 여러 그룹의 동료들과 사진을 찍었다. 대통령 내외분과 의전비서관실 전체가 기념 촬영도 했다.

천지로 가기 위해서는 장군봉에서 1.5km의 케이블카를 타야 한다. 시간적 여유가 없어 돌계단을 걸어 내려가는 것은 엄두도 낼 수 없었다. 케이블카의 수용 인원 한계와 꽤 많은 시간이 소요되는 운행 때문에 천지로 내려갈 수 있는 인원을 선별해야 했다. 나를 비롯해 의전비서관실 행정관들의 역할은 천지로 내려갈 수 있는 분과 아닌 분을 구분해 신속히 케이블카에 탑승하도록 안내하

날씨는 구름 한 점 없는 파란 하늘이 말해주듯
그보다 더 좋을 수 없이 맑았다.
4월 27일 판문점 정상회담 때도 그런 날씨였다.
두 정상이 만나는 날에는 하늘이 어김없이
최고의 날씨를 선물해주었다.
백두산 천지에서 만난 남북 정상.

백두산 천지의 물을
손으로 만지고, 맛도 보고,
인생 최고의 사진도 찍었다.
혹시 합성이 아닌지 의심할 만큼
기막힌 인생 사진이었다.

는 것이었다. 정신없이 안내 업무를 수행했다.

백두산 장군봉에서의 업무가 마무리되자, 케이블카가 잠시 멈췄다. 그때 김창선 부장이 나를 불렀다. 내 손을 잡더니 "윤 국장, 한번 갔다 오라우"라는 것이었다. 케이블카 운행은 오직 그만이 지시할 수 있었다. 그는 멈춰 있던 케이블카를 다시 운행하도록 지시했다. 나를 위한 한 번의 추가 운행이 시작된 것이다. 후배들 몇 명이 함께 탔다. 덕분에 장관쯤은 되어야 탈 수 있는 천지행 케이블카에 행정관에 불과한 나와 후배들이 탈 수 있었다. 천지의 물을 손으로 만지고, 맛도 보고, 인생 최고의 사진도 찍었다. 그때 천지에서 찍은 사진들을 나중에 사진관에서 현상하는데 사진관 아저씨는 실제로 백두산 천지에서 찍은 사진이 맞냐고 물었다. 혹시 합성이 아닌지 의심할 만큼 기막힌 인생 사진이었다.

판문점 남북정상회담 때 옥류관 냉면 맛을 본 사람과 그렇지 못한 사람으로 구별되었다면 백두산 일정은 천지까지 가본 사람과 아닌 사람으로 구별되었다. 천지에서 바라본 장군봉은 웅장했다. 물빛에 정확히 반사된 백두산의 풍광은 믿기 어려울 만큼 완벽한 아름다움을 뽐내고 있었다. 걱정했던 날씨는 구름 한 점 없는 파란 하늘이 말해주듯 그보다 더 좋을 수 없이 맑았다. 4월 27일 판문점 정상회담 때도 그런 날씨였다. 두 정상이 만나는 날에는 하늘이 어김없이 최고의 날씨를 선물해주었다. 한반도 앞길에도 청명한 날

"많이 늦었지만, 정말 감사했다는
말씀 꼭 올리고 싶습니다."
천지에서 찍은 제 사진을 볼 때마다
제 생애 최고의 사진을 찍을 수 있도록 해주신
부장님께 감사드리고 있습니다.
2018년 2월 청와대에서
김창선 부장님과 함께.

씨와 같은 날들만 계속되길 기원했다.

부치지 못한 편지

그날 김창선 부장의 호의는 본인이 해줄 수 있는 최선의 것이었을 것이다. 천지로 내려가는 케이블카를 타보라며 내 손을 끌면서 나를 바라보던 그 눈빛을 잊을 수가 없다. 아버지가 아들을 보는 것 같은 눈빛이었다. 당시 김창선 부장은 70대 중반이었다. 내가 40대 후반이니 아버지뻘이 맞다. 아들에게 꼭 해주고 싶은 것을 남의 눈이 다 사라진 후에 해주는 부모 같은 심정이었을까. 무표정한 눈빛과 툭 던지는 말이었지만 따스함이 담겨 있었다. 덕분에 천지로 내려갈 수 있었다. 감사했다. 그 마음이 참 고마웠다.

천지에서 다시 장군봉으로 올라와 어디 계시는지 찾았으나 보이지 않았다. 백두산에서 내려와 초대소에서 오찬을 하는 동안에도 보지 못했다. 고려항공 비행기를 타고 평양으로 돌아와 바로 공군 1호기로 갈아타고 서울로 왔다. 감사하다는 말도 못 하고 평양에서 비행기를 탔다. 곧 다시 만날 수 있을 것이라 생각했지만 그렇게 되지 못했다.

2019년 하노이 북미정상회담이 노딜(No Deal)로 끝난 이후 우울했다. 그러다 판문점에서 남북미 정상 간 회동이 있은 후 다시 기대감이 높아졌다. 그때는 부서를 옮겨 판문점에 갈 수 없었다.

그래도 김창선 부장을 곧 다시 만날 수 있을 거라 기대했다. 그러
나 다시 만나지 못했다. 감사했다고 끝내 말하지 못했다.

　이듬해 설날 즈음에 부치지 못할 편지를 썼다. 2018년의 뜨거웠
던 그날들을 기억하면서 정말 감사했다고 꼭 다시 만나기를 소망
하는 마음을 담아 썼다. 전달할 방법이 없었지만 일단 썼다. 이 부
치지 못한 편지, 이 책을 통해서나마 전하고자 한다. 이제는 꼭 전
하고 싶다.

　친애하는 김창선 부장님께!

　그동안 평안하셨는지요?

　2018년 남측 의전 국장이었던 윤재관입니다.

　기억하시지요?

　민족 대명절인 설날을 맞아

　감사 인사를 드려야 할 분을 생각하다

　김 부장님이 떠올랐습니다.

　설날에 감사한 분께 인사드리는 것은

　오천 년 우리 민족의 오랜 미덕이기에

　늘 감사한 마음을 갖고 있는

　김 부장님께 마땅히 인사 올리는 것이

　도리가 아닌가 생각했습니다.

　그럼에도 남북, 북남 사이라는 현실 때문에

　망설일 수밖에 없었습니다.

그러다 우연한 계기에
김 부장님이 나온 사진을 발견해
이 사진을 꼭 보내드리고 싶어
서신을 보내기로 마음먹었습니다.

김 부장님!
저는 지금도 김 부장님과 상의하며 치러낸
2018년 세 차례의
남북정상회담, 북남수뇌상봉을 생각하면
가슴이 뭉클합니다.
두 분의 정상, 수뇌께서 전 세계에 감동을 선물한
도보다리 회담과 백두산 방문의 성사를 위해
김 부장님이 보여주신 헌신과 수고를
생생하게 기억하고 있습니다.
특히 부장님께서 저를
백두산 장군봉에서 천지로 내려가는
마지막 케이블카에 탈 수 있도록 배려해주신 덕분에
민족의 영산 백두산의 천지를
가슴 깊이 느낄 수 있었습니다.
그때의 아버지와 같은 넉넉하고 인자하신 모습은
평생 잊지 못할 것입니다.
당시에는 감사하다는 말씀을 드릴 겨를도 없어

제대로 인사도 못 드리고
서울로 돌아오고 말았습니다.
많이 늦었지만, 정말 감사했다는 말씀 꼭 올리고 싶습니다.
천지에서 찍은 제 사진을 볼 때마다
제 생애 최고의 사진을 찍을 수 있도록 해주신
부장님께 감사드리고 있습니다.
아무쪼록 2020년 새해,
만복이 함께하시길 기원하며, 건강하시길 빌겠습니다.
그리고 조만간 꼭 다시 뵐 수 있기를 소망하겠습니다.
감사합니다.

2020년 설날을 맞아
남측에서 윤재관 올림

간절함이 오솔길을
탄탄대로로 만들 것이다

"군사분계선과 비무장지대의 철조망이 철거되고,
남북한의 전쟁이 영원히 끝난다면 그곳에는
남북한에 있는 국제기구들의 사무실이 위치하고,
또 유엔의 평화기구들이 그쪽에 들어서고,
남북의 연락사무소가 거기로 들어서고 함으로써
지금 철조망으로 가득찬 비무장지대는
그야말로 평화지대로 변모할 수 있습니다."

백악관에서 브리핑하는 청와대 안보실

지나온 길은 때로 지나간 과거쯤으로 치부되기 일쑤다. 그러나 온전히 자기 힘으로 걸어온 길은 다르다. 박제가 되어버린 과거가 아니라 앞으로 가야 할 길의 건강한 자양분이 된다.

2017년 미사일을 24번 쐈던 북한은 2018년 4월 풍계리 핵실험장을 폐쇄하고 모라토리엄을 선언했다. 그러나 2023년 한반도는 다시 시계제로 안갯속이다. 한반도 평화프로세스가 사실상 원점으로, 결국 제자리로 돌아와버렸다고들 한다. 그러나 비바람 뚫고 앞길을 헤쳐나가본 사람은 안다. 두 차례의 남북정상회담이라는 역사가 있었기에 4·27 판문점 남북정상회담은 이전보다 앞으로 나아갈 수 있었고 전 세계를 감동시킨 역사상 첫 북미대화도 이끌어냈다. 문재인 정부가 쌓아올린 공든 탑은 마침내 더 큰 금자탑을 이룰 이들에게 노둣돌이 될 것이다.

출발점이 다르면 도착점도 달라진다. 그동안 민주정부에서 이룬 남북관계의 진전도 한반도 평화를 위해 몸 바쳤던 이들의 노력과 땀 위에서 다시 시작했었다. 잠시 퇴행도 있었지만 다시 시작할 때마다 그 출발점은 달랐다.

한반도 평화는 고난이 닥친다고 회피할 수 있는 일이 아니다. 반드시 가야 할 길이다. 악착같이 달려 도달해야 할 역이다. 우리는 이미 상상의 영역을 벗어난 일들을 해냈다. 그렇기에 앞으로 더 잘

할 수 있다. 기필코 한반도 평화를 후손들에게 물려줄 것이다. 부산에서 출발한 기차는 평양과 모스크바를 거쳐 파리 에펠탑으로 향할 것이다. 8,000만 겨레의 힘으로 이룬 지난 역사를 잊지 말아야 한다.

환희의 순간을 잊어서는 안 된다. 역사의 물줄기를 돌렸던 장면들을 기억하려 애써야 한다. 기념비적 사건들은 물론이고 가치를 되살려야 할 장면을 소환하는 노력도 필요하다. 작아지려는 유혹을 떨쳐내고 스스로를 다시 세워 더 당당하게 한반도 평화의 시대를 열기 위함이다.

2018년 한반도 평화의 여정에 숨은 최고의 장면을 뽑으라면, 단연코 3월 8일 백악관 기자회견 장면이다. 대미 특사단이 백악관에 들어간 이후 회견 직전까지, 청와대는 모두 발을 동동 굴렀다. 가슴 졸이며 예방 결과 소식을 기다리고 있었다. 그런데 갑자기 기자회견한다는 소식이 들렸고, TV를 켰더니 정의용 안보실장이 가운데 서 있는 것이 아닌가. 정의용 실장의 발표 내용이 들리는 순간부터 여기저기서 박수와 환호 소리가 들렸다. 아무도 예상하지 못했던 장면이었다. 대한민국 청와대 안보실장이 미국 백악관의 마이크 앞에서 사상 첫 북미정상회담이 추진된다는 발표를 하게 될 줄 누가 알았겠는가. 세계 최강국 미국 대통령의 집무실이 있는 백악관에서 아시아의 작은 나라 대한민국의 안보실장, 국정원장, 주미대사가 단독 기자회견을 한 것이다. 트럼프 대통령의 제안에 따라 이뤄진 이 발표는 백악관에서 외국의 고위 관료가 단독으로 기자회견한 매우 이례적인 사건이었다.

평창 동계올림픽을 계기로 남북 대화가 재개되었고, 김정은 위원장이 평창 동계올림픽에 김여정 제1부부장 특사를 파견한 데 대한 답방 형식으로 문재인 대통령은 정의용 국가안보실장 등으로 구성된 대북 특별사절단을 3월 5일부터 6일까지 북한으로 파견했다. 특사단은 방북 기간 중 김정은 위원장을 만나 문재인 대통령의 친서를 전달했고, 아래와 같이 6가지 협의 및 북측 입장 확인 사항을 발표했다.

1. 4월 말 판문점 평화의 집 제3차 남북정상회담 개최 및 이를 위한 구체적 실무협의 진행
2. 남북 정상 간 핫라인 설치 및 제3차 남북정상회담 이전 첫 통화 실시
3. 북측의 한반도 비핵화 의지 확인
4. 북측은 비핵화 문제 협의 및 북미관계 정상화를 위한 대화 용의 표명
5. 대화 기간 추가 핵실험 및 탄도미사일 시험발사 등 전략도발 중지
6. 남측 예술단 및 태권도 시범단의 평양 방문 초청

특사단은 방북 직후인 3월 8일 미국을 방문해 백악관에서 트럼프 대통령을 예방했다. 김정은 위원장이 트럼프 대통령과의 만남을 희망한다는 메시지를 전달했다. 트럼프 대통령은 북한의 제안을 즉석에서 수락했고, 특사단은 예방 직후 백악관에서 즉석 기자회견을 갖고 트럼프 대통령이 김정은 위원장을 만날 용의가 있다고 공식 발표한 것이었다. 전 세계 언론이 이를 보도했고 큰 화제가 된 것은 당연했다. 이어서 중국(3·12), 일본(3·12), 러시아(3·13)에도 각각 특사단을 파견해 방북과 방미 결과를 설명하는 한편 이에 대한 국제사회의 지지를 확보해나갔다.

8,000만 민족의 운명을 스스로 만들어가겠다는 담대한 구상과 치밀한 노력이 만들어낸 기념비적 장면이었다. 세계 최빈국이었던 분단국가 대한민국이 세계 최강대국을 견인한 장면이었다. 다시 찾아온 위기라지만 우리는 더한 위기도 이겨낸 강인한 민족이다.

우리의 저력을 믿자. 2023년 한반도는 어쩌면 평화를 위한 장대높이뛰기를 위해 도움닫기를 하는 것일지도 모른다. 그러기 위해서 준비해야 한다. 용기 있게 나아가 다시 깃발을 들어야 한다. 2018년의 평창, 판문점, 도보다리, 평양에서의 경험을 기록하는 것은 바로 그것 때문이다.

철조망이 십자가 되다

2021년 10월 말, 문재인 대통령의 주요 20개국 정상회의(G20)

순방에 나도 수행원으로 이탈리아 로마에 갔다. 대통령께서는 바티칸에서 교황님을 뵈었고, 2018년에 이어 다시 방북을 제안했다. 그후 로마 시내 산티냐시오 성당에서 열린 「철조망, 평화가 되다」 작품 전시회에 참석했다.

"하나였던 나라가 남과 북으로 나뉘어 두 개의 나라로 살아온 시간, 그 아픈 두 개의 68년을 합쳐 136개의 십자가를 만들었습니다. 대립과 갈등의 상징인 휴전선의 철조망을 평화를 염원하는 십자가로 바꾸기로 했습니다. 서로에게 미안하고 서로에게 애달픈 우리가 철조망을 사이에 두고 살아가는데 우리는 왜 총까지 겨눠야 할까요. 서로의 차이를 인정하면서 대화하면서 지내는데 총을 앞세운 대립이 꼭 필요해야만 했을까요? 이 십자가로부터 평화가 뿌리내려 자리 잡기를 진심으로 기도합니다."

우리나라 경제계를 대표한 박용만 대한상공회의소 전 회장의 나지막한 읊조림에 가슴이 먹먹해졌다.
문재인 대통령이 화답했다.

"여러분, 한번 상상해보십시오. 군사분계선과 비무장지대의 철조망이 철거되고, 남북한의 전쟁이 영원히 끝난다면 그곳에는 남북한에 있는 국제기구들의 사무실이 위치하고, 또 유엔의 평화기구들이 그쪽에 들어서고, 남북의 연락사무소가 거기로 들어서고

함으로써 지금 철조망으로 가득찬 비무장지대는 그야말로 평화지
대로 변모할 수 있습니다. 제가 지난 유엔 총회에서 했던 종전선언
의 호소를 이렇게 아름다운 예술작품으로 형상화한 박용만 이사
장님, 그리고 권대훈 교수님께 감사드립니다."

다시 한반도 평화를 위한 여정이 시작되기를 바라는 마음은 사
실 거창하거나 격정적인 것이 아니다. 단지 평화롭게 살기를 희망
하는 인간의 가장 기본적인 바람일 뿐이다. 불행하게도 그것이 우
리에게만은 처절하게 간절하다.

1953년 휴전 이후 남과 북이 각기 두 개의 다른 나라, 다른 체제
로 살아온 지 올해로 70년째다. 수많은 우여곡절과 일촉즉발의 순
간도 있었지만 다행히 70년 동안 전면적인 전쟁은 없었다. 이제
날카로운 가시들로 가득한 휴전선과 서로에게 겨눈 총부리를 걷
어내고 평화롭게 살아갈 길을 찾을 때다. 아니 그 간절함조차 이제
끝낼 때가 되었다.

이 전시회에서 문재인 대통령은 말했다.

"우리 정부 오 년 동안 남북 간 대화가 이뤄지고, 군사합의도 있
었고, 적대행위 중단도 합의함으로써 군사적 긴장이 한층 완화되
었습니다. 그에 따라 정부는 철조망의 일부를 철거했는데 그 녹슨
철조망이 아름다운 평화의 십자가로 변신한 것입니다."

그것이 일부였을지라도 철조망을 걷어내는 첫걸음은 이미 시작됐으니 마저 다 걷어내는 일만 남았다. 시작이 반이지 않은가. 앞으로는 더 속도를 내야 한다. 그 길에 주저 없이 나설 용기만 필요할 뿐이다. 역사의 큰 물줄기는 이미 평화를 향해 도도히 흐르고 있다.

간절함이 역사를 만든다는 진리, 잊지 말자

2019년 하노이에서 들려오는 소식은 믿을 수가 없었다. 함께하기로 한 식사가 취소되었다는 소식에 아침에 들었던 불길한 예감이 스쳤다. 2차 북미정상회담 시작에 앞서 두 정상과 배석자들이 상호 인사하는 모습을 TV로 보면서, "아니 저 사람이 저기에 왜 있나" 의아했고, 걱정부터 되었다. 청와대는 긴장감이 감돌았다. 그래도 희망을 갖고 지켜보고 있었다. 참석자 결정은 최고의 전략적 판단이다. 참석자가 곧 메시지다. 참석자의 면면만 보고도 회담의 결과를 예상하는 것은 의전을 하는 사람의 일종의 촉이었다. 그 자리에 어울리는 사람을 참석자로 검토해 보고하고, 때론 직접 결정하는 일을 하는 의전 담당자의 눈에 볼턴이 정상회담 배석자로 참석한 것이 못내 거슬렸다. 정세현 전 통일부 장관은 그를 "인디언 죽이는 백인 기병대장이자 재수 없는 사람"이라고 평했다. 확대 정상회담에 그가 있는 모습을 지적하며 노딜 회담의 주역으로 그를 지목했다.

지난 5년간 남과 북은 지난한 길을 걸으며 말을 행동으로 옮기는 노력을 했다. 먼저 상호 적대행위를 실제로 중단했다. '판문점 선언'에 따라 확성기 방송을 중단하고(2018. 5. 1~), '9·19 군사합의'에 따라 지상·해상·공중에서의 상호 적대행위를 중지했다(2018. 11. 1~). 상호 1km 이내 거리에서 마주 보고 있는 GP 22개(남북 각 11개)의 인원과 장비를 철수하고 시설도 철거했다. 이어 상호 현장 공동검증 등 철수 조치도 완료했다(2018. 12. 12). 특히 상호 현장 공동검증은 분단 이후 최초로 남북 현역 군인들이 상대방 GP를 직접 방문해 철수·파괴 조치 상태를 확인하는 방식으로 진행되었다. '남·북·유엔사 3자 협의체'를 통해 JSA 내 지뢰제거와 초소·화기 철수 및 인원 조정, 그리고 공동 현장검증 등 비무장화 조치도 완료했다(2018. 10. 27).

지뢰 제거 및 유해 발굴도 이뤄졌다. 남북의 군사 당국은 화살머리고지 일대에서 지뢰·폭발물을 제거하고 군사분계선 관통 도로를 개설하는 등 남북 공동 유해 발굴 여건을 조성했고(2018. 12. 7), 화살머리고지의 우리 측 지역 지뢰도 추가 제거해 유해 발굴을 완료했다(2019. 4~2021. 6). 130여 발의 지뢰 및 1,700여 발의 불발탄이 제거되었고, 유해 3,092점을 발굴했으며, 아홉 분의 국군 전사자 유해를 봉안·안장했다. 아울러 계급장과 방탄복 등 유품 10만 1,816점을 발굴하는 성과도 있었다. 우리 측 백마고지 유해 발굴은 현재 진행 중이다(2021. 9~).

남과 북은 군사분계선을 사이에 두고 수십 년 동안 자란 들풀을 뽑아 서로를 향해 작은 오솔길을 냈다. 그리고 길이 만났다. 그 길을 따라 남과 북의 군인들이 서로의 약속을 지켰는지 확인하고 또 확인했다.

오솔길이 만들어낸 결실은 실로 묵직하다. 65년간 이루지 못했던 수많은 것들이 상호 검증하에 이뤄졌다. 말은 행동이 되었고, 신뢰를 쌓아가고 있었다.

잊지 말아야 한다. 순수하게 우리 힘으로 이뤄냈다는 것을. 그리고 기억해야 한다. 반드시 한반도에 평화를 이루기 위한 간절함과 이를 실천하기 위한 구체적인 목표를 제시하고 일관되게 뛰었기 때문에 가능했다는 것을.

간절했기에 미국도 중국도 설득했고, 8,000만 겨레의 마음도 묶어낼 수 있었다. 수확의 기쁨과 환희를 이제 너무나 잘 알기에 겨우내 얼었던 땅에 새봄의 기운이 들게끔 다시 쟁기질을 시작해야 한다. "태양을 의논하는 거룩한 이야기는/항상 태양을 등진 곳에서만 비롯하였다"고 노래한 시인처럼.

이제 남과 북을 이은 오솔길을 대로로 만들고 서로 이으면 된다. 그날은 불현듯 소리 없이 올 것이다. 늘 그랬던 것처럼 예고 없이 찾아올 것이다. 소명을 갖고 그날을 맞을 준비를 해야 한다. 5년 단임제 대통령제에서 평화의 여정은 어차피 이어달리기다. 앞서 달린 주자는 다음 주자에게 바통을 넘기면서 기원할 것이다. 지나간 시간과 경험, 결실, 시행착오를 딛고 앞으로 나아가기를, 간절한 마음으로 평화를 갈구하기를 소망하면서.

"정상에 못 갔으니 결국 등반에 실패한 것이 아니냐는 비난은 그저 산에 오를 용기가 없는 자들의 비난일 뿐입니다. 우리는 정상을 밟지 못했지만 8부 능선을 넘어 정상의 모습을 보았습니다. 다시 산에 오르는 날, 지난 여정은 9부 능선을 거쳐 마침내 정상에 오르는 길잡이가 되어줄 것입니다. 한반도 평화는 우리가 만들어내지 않으면 아무도 만들어주지 않습니다."

2018년 남북정상회담 준비위원장을 맡았던 임종석 비서실장의 4·27 판문점 선언 5주년 기념식 기조연설 내용이다. 이것이 오늘날 우리가 가져야 할 절실한 마음 아닐까.

못다 한 이야기

민정수석 조국

지금 소주 한잔 하고픈 사람은?

2019년 11월 '문재인 대통령의 국민과의 대화'를 준비하는 업무를 했을 때 일화다. 어떤 질문이 나올지 모르는 상황이었다. 사전에 질문지를 받아 답변하는, 시나리오에 따라 진행된 일정이 아니기 때문이었다. 정책적인 사안에 대한 질문은 전혀 걱정이 안 되었다. 국정 현안에 대한 대통령의 이해도가 매우 깊어 어떤 질문에도 답변에 막힘이 없을 것이란 점을 참모로서 너무나 잘 알고 있었다. 평상시에도 정연한 논리와 핵심 쟁점에 대한 소신까지 일목요연하게 정리되어 있었다.

반면 제일 난감한 질문은 오히려 정책적이지 않은 것들이었다. 참 쉬운 질문이지만 답변은 의외로 까다롭고, 답변 이후 미칠 파장이 큰 질문들이 그런 경우다. 이런 질문은 대답하는 순간 속마음이 드러나기 때문이다. 우리는 그러한 범주에 들어갈 만한 질문들을 골라 보고드렸다. 그 가운데 '지금 소주 한잔하고픈 사람은 누구인가'라는 질문도 있었다. 우리나라 정서상 '소주 한잔'은 세상살이의 애환을 마음 터놓고 대화하고 싶다는 의미다. 소주 한잔에 고맙다, 미안하다, 속상하다, 힘들다 등 인간적인 감정을 담아 얘기하면서 살아가는 것이 우리의 일상이다. 대통령은 난감한 표정으로 말했다.

"조국 전 장관인데, 어찌하면 좋겠어?"

사실 조국 전 장관이 『조국의 시간』에서 밝힌 것처럼, 그는 법무부 장관직을 고사했다. 대통령이 여러 차례 설득해 법무부 장관 지명이 이뤄졌다. 그 결과는 다 아시리라. 본인은 물론 집안 전체가 풍비박산이 났다. 검찰개혁이라는 시대적 과제이자 대통령의 공약을 실천에 옮기는 일에 선봉장 역할을 하다가 그리되었으니 대통령 성정에 얼마나 마음이 쓰였을지 미루어 짐작이 가실 것이다. 소주 한잔하며 위로해주고 싶은 마음은 인지상정일 것이다. 너무도 당연한 인간사의 이치다.

그러나 대통령의 말 한마디는 그 무게가 참 무겁다. 미치는 파장도 크다. 그렇기에 속에 있는 말을 하기 힘들다. 고맙고 미안해도 말도 못 하고 끙끙 앓을지 모른다.

대통령은 인간으로서의 삶을 보장받기 어려운 직업이다. 답답할 것이라는 상상을 어렵지 않게 할 수 있다. 솔직하고 담백한 대통령의 말에 나는 잔잔한 감동을 받았다. 미안하다, 고맙다 이런 가장 인간적인 감정을 표현하는 것에도 많은 고려가 필요한 대통령이라는 자리의 고단함이 느껴졌다. 안타까웠다.

2019년 8월 법무부 장관 후보 지명 이후 있었던 검찰 수사와 사회적 논란으로 인해, 그 답변이 실제 있었다면 큰 파장을 있으켰을 것이다. 나는 "트럼프 대통령과 김정은 위원장은 어떻습니까?"라고 물었고, 문 대통령은 "트럼프 대통령이 술을 안 마시니 그것도 이상한 답변이다"라고 말씀하셨다. 다른 각도에서 여러 대안을 이야기하다 결국 결론을 짓지 못했다. 대통령께 숙제만 드리고 보고

검찰개혁이라는 시대적 과제이자
대통령의 공약을 실천에 옮기는 일에
선봉장 역할을 하다가 그리되었으니
대통령 심정에 얼마나 마음이 쓰였을지
미루어 짐작이 가실 것이다.
문재인 대통령에게 과자를 건네는
조국 민정수석.

를 마쳤다. 그날 그 질문은 나오지 않았다.

몇 달 후 2020년 신년 기자회견 때 대통령은 조국 전 장관이 장관에 임명된 후 고초를 겪었다는 말과 함께 '마음의 빚'이 있다고 말했다. 질문이 나오지 않아 국민과의 대화 때 말하지 못한 이야기를 신년 기자회견 때 하신 것이다. 그리고 퇴임 직전 JTBC 손석희 순회특파원과의 인터뷰 '대담: 문재인의 5년'에서 "마음의 빚이 있다"는 과거 발언과 관련해 "지금도 변함이 없느냐"는 질문에 "그 사람, 그 가족이 겪은 고통에 마음이 아프다"고 답변했다. "그분들이 잘못한 게 있어서 잘못에 대한 벌을 받는 게 맞다고 하더라도 결국은 우리 정부에서 민정수석이 되고 법무부 장관으로 발탁이 되고 하는 바람에 그런 상황이 된 것이라, 그런 것에 대한 안타까움이 있을 수밖에 없다"고 설명했다.

세상이 참으로 매정했다. 아무리 대통령이지만 큰 고초를 겪고 있는 본인의 참모에 대한 인간적인 안타까움을 표현한 것마저도 비수를 꽂아 비난했다. 마음의 빚이 있어서 대통령의 권력으로 어떠한 반대급부를 주었던 적이 없다는 것을 모두 알고 있으면서도 공격했다. 민정수석, 법무부 장관으로 검찰개혁에 앞장서다 그런 상황이 된 걸 정말 몰라서 그렇게 비난하나 싶어 나는 속이 상했다. 조국 민정수석의 고통, 문재인 대통령의 안타까운 마음을 가까이에서 지켜보면서 많은 밤을 지샜다. 집 주변 호수와 한적한 길들을 걷고 또 걸었다. 매정하다 못해 칼날 같은 세상이 원망스러왔다.

한 인터뷰에서 나는 '조국 민정수석 사건'의 교훈에 대해 이렇게 말한 적이 있다.

"이른바 '조국 민정수석 사건'은 검찰이 수사권을 악용하면 어떻게 되는지 똑똑히 보여주었다. 처음 시작은 사모펀드였다. 검찰에서는 '권력과 정보를 이용해 대선자금을 모은 것', 즉 권력형 비리로 프레임을 씌워 수사를 시작했다. 먼저 사냥감을 철저하게 악마화했다. 그런데 어떻게 되었는가? 사모펀드에 대해서는 기소도 못 했다. 탈탈 털어서 선택적 수사를 하게 되면 어떤 사람도 버티지 못한다. 그러면 이제 기득권을 향해 누가 개혁을 얘기하겠나."

'개혁의 실종' 시대를 맞은 지금 상황의 시작이 바로 '조국 민정수석 사건'이었다.

검찰개혁은 단지 검찰을 향한 개혁에 머물지 않는다. 우리 사회가 반드시 이뤄야 할, 그러나 이뤄내기 힘든 또 다른 개혁 과제를 향해 끊임없이 노력해 기어이 바꿔 더 살맛 나는 세상을 만들기 위한 과정이기도 하다. 검찰개혁이 여기서 멈추면 사회 구성원들의 머릿속에는 힘센 기득권을 향한 개혁의 깃발은 절대 들지 말아야 한다는 인식이 자리 잡을 것이다.

노무현 대통령의 유명한 연설 '조선 건국 이래 600년'의 내용처럼 그저 밥 먹고 살려면 뒤로 빠지라는 비겁한 교훈을 심어주는 것이다. 검찰개혁을 포기할 수 없는 진짜 이유는 바로 이러한 사회를 만들면 우리의 미래가 암담하기 때문일 것이다. 검찰개혁을 떠올릴 때 나는 노무현의 절규, 문재인의 진심, 조국의 고난을 함께 생각한다. 2002년 노무현 후보의 대선 출마 선언 연설을 환기시키고 싶다.

"조선 건국 이래로 600년 동안 우리는 권력에 맞서서 권력을 한 번도 바꾸어보지 못했고, 비록 그것이 정의라 할지라도, 비록 그것이 진리라 할지라도, 권력이 싫어하는 말을 했던 사람 또는 진리를 내세워서 권력에 저항했던 사람들은 전부 죽임을 당했습니다. 그 자손들까지 멸문지화를 당했습니다. 패가망신했습니다.

600년 동안 한국에서 부귀영화를 누리고자 하는 사람은 모두 권력에 줄을 서서 손바닥을 비비고 머리를 조아려야 했습니다. 그저 밥이나 먹고 살고 싶으면 세상에서 어떤 부정이 저질러져도, 어떤 불의가 눈앞에서 벌어지고 있어도, 강자가 부당하게 약자를 짓밟고 있어도, 모른 척하고 고개 숙이고 외면했어요. 눈 감고 귀 막고 비굴한 삶을 사는 사람만이 목숨을 부지하면서 밥이라도 먹고살 수 있었던 우리 600년의 역사!

제 어머니가 제게 남겨주었던 가훈은 '야 이놈아. 모난 돌이 정 맞는다. 계란으로 바위치기다. 바람부는 대로 물결치는 대로 눈치 보며 살아라'였습니다. 80년대, 시위하다가 감옥 간 우리

354

의 정의롭고 혈기 넘치는 젊은 아이들에게 그 어머니들이 간곡
히 간곡히 타일렀던 그들의 가훈 역시 '야 이놈아. 계란으로 바
위치기다. 고만둬라. 너는 뒤로 빠져라'였습니다. 이 비겁한 교
훈을 가르쳐야 했던 우리 600년의 역사, 이 역사를 청산해야 합
니다. 권력에 맞서서 당당하게 권력을 한 번 쟁취하는 우리의 역
사가 이루어져야만이 이제 비로소 우리의 젊은이들이 떳떳하게
정의를 얘기할 수 있고 떳떳하게 불의에 맞설 수 있는 새로운
역사를 만들어낼 수 있습니다!"

'김용균법' 얻으려 '조국'을 내주다

의전비서관실에서 북한, 해외 순방, 대통령의 청와대 일정 관련
업무를 주로 담당하면서 정신없이 지내고 있던 2018년 11월 당
시 조국 민정수석의 보좌관으로 일하고 있던 황현선 선배가 갑자
기 보자고 했다. 본인은 퇴직할 예정이니, 후임을 맡아달라고 했
다. 조국 민정수석님과는 상의가 되었으니 나만 결정하면 인사이
동을 추진하겠다고 했다. 대통령을 지근거리에서 보좌할 수 있는
'특권'이 있는 의전비서관실 업무에 푹 빠져 있을 때라 고민이 되
었다. 더군다나 의전 업무는 세세한 것까지 외부에 고스란히 노출
되는 업무인 반면 민정수석실 업무는 외부에 잡음이 없게끔 일처
리가 요구되는 자리다.

업무 특성이 정반대여서 잘 적응할 수 있을지 걱정되었다. 평양

남북정상회담의 수행단으로 평양과 백두산을 다녀온 직후라 북한과의 남북평화를 위한 대통령 행보를 준비하고 실행하는 일을 계속 하고 싶어 판단이 잘 서지 않았다. 그러나 청와대에서 일하는이상 내가 원하는 곳에서만 일할 수 없었다. 내 쓰임이 있는 곳이있다면 받아들여야 한다고 생각했다. 특히 검찰, 경찰, 국정원 등권력기관 개혁안에 관해 헌정사상 최초로 정부 내 합의를 이뤄냈고, 국회에서 입법과정만 통과하면 제도화에 성공할 수 있는 상황이었기 때문에 오랜 시간 국회에서 일했던 경험이 개혁안의 입법화에 기여할 수 있겠다 싶었다.

더군다나 당시 나는 앞서 기술한 것처럼 해외와 지방 출장이 빈번해 집에 들어갈 수 없는 날이 많았다. 몸도 점점 지쳐가고 있었다. 잦은 시차 적응에 쉬이 잠을 못 이뤄 수면유도제까지 복용해야 하는 상황이었다. 자리를 이동하면 비행기 그만 탈 수 있겠다는생각도 들어 인사이동에 동의했다. 오가며 수인사만 주고받던 조국 수석님을 가까이에서 보좌하는 역할을 맡는 것은 미지의 세계로 탐험하는 것과 다름없었지만, 전혀 새로운 업무에 대한 기대가컸다.

2018년 11월 말 민정수석실로 자리를 옮긴 직후 소위 '김태우 사건'이 터졌다. 민정수석실 산하 반부패비서관실 공직감찰반 소속이었던 김태우 씨가 개인적 일탈로 인해 검찰로 복귀 조치가 내려진 후 여러 정치적 논란을 야기할 수 있는 사안을 공개적으로

356

이야기했다. 야당은 김태우 씨의 주장을 여과 없이 사실로 인정하고, 정치적 공격을 거세게 했다.

새 업무를 맡자마자 이 사건이 터져 워밍업도 없이 바로 실전 투구를 해야 했다. 출장이 없으니 운동도 열심히 하고, 동료들과 퇴근 후 소주도 한잔할 수 있겠구나 생각한 내 기대는 여지없이 깨졌다. 매일매일이 전쟁이었다. 여의도가 시끄러웠다. 민정수석실이 정국 운영의 중심이 되어버렸다. 달갑지 않은 주목이었다. 여의도와 언론 등 모든 세간의 눈이 민정수석실을 향해 있었고, 조국 민정수석과 반부패비서관의 입에 촉각을 곤두세웠다.

한편, 2018년 12월 11일 충남 태안화력발전소 협력업체의 비정규직 노동자 김용균 씨가 운송설비 점검을 하다 사고로 숨지는 비극이 발생했다. 당시 나이 24세. 위험한 일은 외부 비정규직에 맡기던 관행이 한 젊은 청춘을 죽음에 이르게 한 사건이었다. 발견 당시 머리와 몸이 분리되어 있었다는 사실이 알려지면서 안타까움을 넘어 경영진의 안전불감증에 대한 분노가 일었다.

재발을 막기 위해 '위험의 외주화' 방지법의 조속한 처리가 긴요했다. 그런데 야당은 당시 논란이 지속되고 있었던 '김태우 사건'을 국회에서 다뤄야 한다고 주장하면서 조국 민정수석의 국회 출석과 법안 처리 연계를 주장했다. 연내 입법이 무산될 위기에 처했다.

국가 사정 업무를 담당하는 민정수석은 역대 정부에서 아주 특별한 경우를 제외하면 국회 출석을 하지 않았다. 업무 특성이 반영된 일종의 관행이었다. 그래서 청와대 민정수석의 국회 출석 여부는 논의 때마다 정국에 미치는 영향이 매우 큰 사안이다.

박근혜 정부 때 민정수석실에서 작성한 '정윤회 문건'이 유출되는 사건이 발생했다. 정식 직위가 없는 '비선실세'가 국정에 개입한다는 내용이 담긴 청와대 작성 문건이 유출된 사건이다. 이에 2015년 1월에 여야 합의로 민정수석의 국회 출석을 요구했는데, 당시 민정수석이 이를 거부하고 사의를 표명해 큰 논란이 된 적이 있었다. 당시 청와대 대변인이 "민정수석이 자신의 출석 여부가 핵심 쟁점으로 부각되는 것은 정치 공세이며, 지난 25년간 특별한 경우 외에는 민정수석이 국회에 출석하지 않는 것이 관행으로 정착돼 왔던 것인데, 정치 공세에 굴복해서 나쁜 선례를 남기지 않기 위해 출석하지 않겠다는 강력한 의지를 밝혔다"라고 전할 정도였다.

박근혜 정부의 문건 유출 사건과 김태우 사건은 같은 민정수석실에서 발생한 공통점이 있다. 그러나 두 사건은 출발점부터 매우 달랐다. 정윤회라는 사인의 국정개입과 개인적 일탈로 인해 검찰로 복귀조치되고 징계까지 받은 뒤 이뤄진 일방적 주장을 같은 사안으로 취급하는 것은 어불성설이었다. 그러나 야당은 산업 현장의 안전규제를 대폭 강화한 산업안전보건법(산안법) 개정안 일명 '김용균법' 통과와 민정수석의 국회 출석을 연동시켰다. 법 통과가 긴요한 상황에서 민정수석의 국회 불출석이 오랜 관행이니 어렵다고 하면 국민 안전을 위한 법적 장치 강화가 난관에 봉착할 수 있는 상황이었다. 반면 출석하면 사실관계와 상관 없이 야당의 정치적 공세가 확대되어 정국 운영에 큰 부담으로 작용할 수도 있었다. 더군다나 당시 의석수 분포는 여당이 과반에 미치지 못해 여러 민생 법안 통과에 야당의 협조가 꼭 필요한 상황이었기 때문에 야당의 요구를 거부하는 것에 따른 각종 입법의 지연이 예상되었다. 산업 현장의 억울한 죽음을 막기 위한 입법과 민정수석의 국회 출석이 연동되는 것 자체가 국회의 기본 기능을 도외시한 처사지만, 정치 현실은 비이성적이었다.

민정수석의 판단이 매우 중요한 상황으로 흐르고 있었다. 청와대 전체 의견과 출석하는 민정수석의 의견이 상충될 경우 박근혜 정부 문건 유출 사건 때처럼 난감한 상황을 피할 수 없었을 것이고, 정국은 대결로 치달을 수 있었다. 이때 조국 민정수석은 국회 출석을 적극적으로 수용했다. 자신의 출석 문제로 '김용균법' 통과가 지연되는 것을 막기 위해서였다.

민정수석의 국회 출석이 결정되자 '김용균법'은 12월 말에 국회를 통과했다. 사건 발생과 이의 재발을 방지하기 위한 입법이 12월 한 달 사이에 이뤄졌다. 이례적으로 신속한 입법. 이 결과는 조국 민정수석의 분명하고 빠른 판단이 일조한 것이다.

문재인 대통령이 조국 민정수석의 국회 출석을 지시한 것도 당사자의 의지를 확인한 뒤 이뤄져 신속한 여야 합의를 이끌어냈다. 더 중요한 사회적 가치를 달성하기 위해 청와대와 여당이 야당의

조국 민정수석은 국회 출석을 적극적으로 수용했다.
자신의 출석 문제로 '김용균법' 통과가 지연되는 것을
막기 위해서였다. 민정수석의 국회 출석이 결정되자
'김용균법'은 12월 말에 국회를 통과했다.
김용균 씨 어머니께 고개 숙여 인사하는 조국 민정수석.

정치 공세를 수용한 것이다. 인간의 생명보다 비용 절감을 우선하고, 비정규직이 낮은 임금뿐만 아니라 위험에도 방치되어 있는 현실을 바꾸기 위한 입법을 신속하게 하는 것이 더 중요하다는 판단 때문이었다. 대통령, 청와대, 여당, 정부 등 집권 세력의 기본적인 철학이 중요한 이유를 이 사례가 웅변해주었다.

자신의 것을 내어주는 용기와 결단이 없으면 이루고자 하는 소중한 가치를 실현시키기 어렵다. 그러나 이를 실천하는 것은 쉽지 않다. 말은 그렇게 하면서 당사자로서 자신의 것을 내놓아야 할 상황이면 이를 외면하는 것을 더 많이 봐왔다. 이러한 익숙한 상황과 정반대로 옳은 길에 직접 나서는 모습을 가까이에서 볼 수 있음에 기뻤고, 모시는 분들에 대한 존경심이 일었다.

12월 31일 드디어 조국 민정수석의 국회 출석이 있었다. 주말도 반납한 답변 준비에 조국 민정수석과 민정수석실 전체는 분주했고, 들뜰 수 있는 연말을 통째로 사무실에서 보냈어도 흐트러짐이 없었다. 이에 비해 야당의 공세는 논리의 비약과 침소봉대, 팩트도 틀린 질문이 이어졌다. 조국 민정수석의 단호하고 분명한 답변이 빛났다. 그 덕에 무사히 마무리되었다. 조국을 내주고 김용균법을 통과시켜 빈손 국회를 면한 것에 대해 국민은 높은 평가를 해주셨다.

내겐 이날의 국회 출석이 참으로 잊히지 않는다. 오랜 기간 국회 보좌진으로 근무하면서 질문을 하는 의원의 위치에서 일을 해왔다. 그런데 그날은 정반대로 의원의 질의에 답변하는 측의 자리에 처음으로 앉아본 것이다. 질문하는 자와 답변하는 자, 공격수와 수비수의 위치 차이는 세상을 바라보는 시각의 균형 감각을 위해 중요하다. 앉는 좌석의 바뀜이 어색했지만 조국 민정수석의 답변 준비를 보좌하면서 입법부 국회가 아닌 행정부를 이끄는 청와대에서 근무하고 있다는 사실을 새삼 깨닫게 되었다.

내가 성장하고 있구나 하는 생각이 들었다. 밤늦게까지 진행된 이날의 질의에도 피곤함을 전혀 느끼지 않은 것은 대통령의 진심, 조국 민정수석의 정면 돌파 의지 때문이었을 것이다.

청와대 근무를 끝내면 정치를 하겠다고 생각했던 내게 두 상사의 자세와 태도는 많은 교훈을 주었다. 바르게 정치를 하는 것도 일종의 훈련이 필요하다. 어떤 환경에서 어떤 분들과 훈련을 하느냐는 매우 중요하다. 샛길로 도망치는 분과 함께한 사람과 정면 돌파를 피하지 않고 반듯한 정치를 배운 사람은 같은 상황에 본인이 직면했을 때 큰 차이를 보일 가능성이 크다. '용장 밑에 약졸 없다'는 말도 있지 않은가. 반듯한 정치가 무엇인지 깊게 체득한 소중한 경험이었다. 내 정치적 자산이 될 교훈을 얻은 것이다.

다음 해 2월 18일 고 김용균 씨 어머니가 청와대에서 대통령을 만났다. "좋은 대통령 만나 다행, 진심 느껴졌다. 대통령이 계셔서 그나마 많은 것을 파헤칠 수 있었고, 해결할 수 있어서 다행이라는 생각이 들었다"고 대통령을 면담한 뒤 말했다. 이날 조국 민정수석은 청와대를 찾은 어머니를 대통령이 입장하기 전에 만나 90도로 인사했다. 이 사진을 보며 느낀 내 소회는 별도로 얘기하지 않으려 한다. 다만 유심히 보아주시기만을 기대한다.

2019년 8월 27일, 압수수색

불가능한 일이다. 세월을 돌린다니. 그래도 신께 꼭 한 번만 돌려달라고 애원하고픈 날이 내게도 있다. 2019년 8월 27일. 차라리 직접적인 내 일이었다면 지금까지도 이렇게 절절히 기도하지 않았을지도 모른다. 그러나 누구를 향해 내 입에서 뱉은 말, 그 말을 했던 내 자신이 지금도 죽도록 밉다. 그래서 그날 이전으로 돌릴 수만 있다면, 이런 상상을 하는지 모른다. 대통령은 '마음의 빚'으로 표현했지만, 나는 그날 내 심장에 박힌 '마음의 돌덩이'가 지금도 그대로다.

그날 검찰 특수부의 압수수색은 새벽부터 시작되었다. 검찰 수사가 공개적으로 개시된 것이다. 전혀 예상치 못한 기습적 강압수사에 당시 법무부 장관 지명자였던 조국 민정수석은 출근도 못한 채 발이 묶인 상황에 처했다. 장관으로 지명되기 전 민정수석으로 근무하던 시절에 나는 그의 보좌관이었다. 민정수석실 선임행정관이 공식 명칭이다. 주 업무는 민정수석 조국을 총괄적으로 보좌하는 역할이었다. 황현선 선배가 1대, 내가 2대 보좌관이었다.

보좌했던 몇 명은 청와대 가까이에서 그날 오전에 조국 지명자를 만났다. 검찰의 수사는 '사냥'이 될 것임을 다같이 예상했다. 어

조국 민정수석이 장관으로
지명되기 전 나는
그의 보좌관이었다.
민정수석실 선임행정관이
공식 명칭이다.
주 업무는 민정수석 조국을
총괄적으로 보좌하는 역할이었다.

떻게 하는 게 좋을지 의견을 서로 이야기했다. 그날 내가 뱉은 말
은 대략 이랬다.

"등에 칼이 꽂힌 상황에서도 수석님은 앞으로 가셔야 한다. 어
떤 고난이 있더라도. 온 국민이 지켜보고 있다. 사무실로 출근하셔
야 한다."

당시 본인은 물론 가족의 집에도 압수수색이 시작된 상황이었
으니 조국 개인에겐 참으로 잔인한 말이었을 것이다. 그런데 등에
칼을 꽂고 앞으로 가라니, 만약 내게 이런 일이 있으면 엄두도 내
지 못했을 길을 가라고 잔인하게 말했다. 그것도 존경의 마음으로
조국 민정수석님을 가까이에서 모셨던 명색이 보좌관이라는 자가

조국 민정수석이
법무부 장관으로 지명되기 전,
그때로 돌아갈 순 없을까?
조국 민정수석 퇴임 직전
상춘재 앞에서.

한 말이 고작 가족이 다 죽어도 가야 한다니!

나는 알았다. 어떤 일이 있더라도 검찰개혁을 향해 걸음을 멈출 분이 아니라는걸. 자신이 짊어진 무게를 외면할 분이 아니라는 걸 누구보다 난 잘 알고 있었다. 더군다나 앞으로 벌어질 일이 얼마나 끔찍할 것인지, 얼마나 긴 세월 유배를 떠나야 할지, 검찰이 전 민정수석이자 법무부 장관 지명자를 사냥감으로 결정한 이상 온 가족의 도륙을 피할 수 없다는 것도 조국 본인이 가장 잘 알고 있었다. 결국 난 조국이 어떤 분이고 어떤 결론을 내릴지 잘 알고 있었는데도, 가족까지 도륙을 당하는 상황까지도 감당하라고 그의 등을 떠미는 말을 했다.

조국 민정수석의 마음을 헤아려 따뜻한 한 줌의 햇살 같은 말로 차분히 판단하시게끔 했어야 했다. 개혁의 길을 외면할 분이었다면 강권을 해서라도 설득이 필요할 수 있다. 그러나 조국 민정수석은 그런 분이 아닌 걸 알기에 칼을 꽂고도 앞으로 가야 한다고 말할 필요가 없었으리라. 골백번 생각해도 그날, 난 정말 잘못했다. 틀렸다.

그날 내가 했어야 할 말은 "수석님, 솔직히 저라면 여기서 멈춥니다. 지금 멈춘다고 누가 비난하면 제가 온몸으로 아니라고 말하겠습니다. 가족들 생각하는 것은 인간으로서 당연한 것입니다. 지금 멈추셔도 저는 수석님과 함께하겠습니다"였다.

보좌진들과 이야기를 나눈 뒤, 조국 지명자는 자기편은 하나도 없는 가장 냉혹한 공간, 지명자 사무실로 오후에 출근했다. 홀로 늦은 출근길을 떠나는 그의 외로운 등을 보면서 얼마나 가슴에서 눈물을 흘렸는지 모른다.

그때 그의 뒷모습이 지금도 눈에 밟힌다. 나는 청와대 소속이고 그는 민정수석을 퇴임한 뒤 장관 지명자로 소속과 신분이 바뀌었다. 내가 그와 동행하는 것은 이제 불가했다. 그 외로운 출근길을 함께 가지 못한 것이 아직도 죄송하고, 한스럽다.

최근에 있었던 일이다. 휴대폰 바탕화면에 한 사진이 떴다. 주인의 마음을 알았을까. 조국 민정수석의 보좌관으로 일할 때 함께 찍

조국 민정수석은 함께 일하는 사람들의
의견을 존중했다. 역할을 맡기면 믿음을 주셨다.
책임은 본인이 지려 했고, 아랫사람에게 떠넘기지
않았다. 판단은 빠르고 분명했다.
리더십이 뛰어난 분이다.
보좌관으로 모실 때 정말 행복했다.
내 인생의 화양연화.

은 사진이었다. 2019년 3월, 맑았던 하늘, 따뜻한 햇볕이 참 좋았던 봄날에 청와대 앞 서촌에서 점심을 먹고 사무실로 들어오면서 찍었던 것이다. 내 인생의 화양연화 시절. 그때의 사진 속 그 좋았던 조국 민정수석의 얼굴이 이제는 많이 상했다.

내 잘못이 크다. 법무부 장관으로 지명되는 과정에서 끝까지 고사할 수 있도록 적극적으로 도왔어야 했다. 차라리 출마를 통해 정치에 뛰어들거나 학교로 복귀하시도록 묘안을 짰어야 했다. 그러나 그렇게 하지 못했다. 잘못 보좌한 것이다.

법무부 장관으로 지명되기 전, 그때로 돌아갈 순 없을까? 부질없는 생각인 줄 알지만 이 바람이 머릿속에서 떠나질 않는다.

가까이 옆에 있으면서 늘 생각했다. 이분은 참 따뜻하구나. 그는 함께 일하는 사람들의 의견을 존중했다. 역할을 맡기면 믿음을 주셨다. 책임은 본인이 지려 했고, 아랫사람에게 떠넘기지 않았다. 판단은 빠르고 분명했다. 리더십이 뛰어난 분이다. 보좌관으로 모실 때 정말 행복했다. 그래서 더욱 죄송하다. 그날 함께하지 못한 외로운 출근길을 절대 잊지 않을 것이다.

사진 촬영은 어렵습니다

청와대 민정수석실에서 조국 민정수석을 보좌하는 동안 특별히 주문하신 당부가 많지 않았다. 그래서일까. 지금도 또렷이 기억나는 것이 있다. 식당에서, 거리에서, 조국 민정수석님을 보면 사진 촬영을 요청하는 시민들이 많은데, 정중하게 양해를 구하라는 것. 그것이 내 임무였다. 성격이 까칠하거나 다른 이유가 있어서가 아니었다. 처음에는 단순히 민정수석이어서 그러시나 보다 생각했다. 시민의 자발적인 사진 촬영 요청을 대하는 소위 '셀럽'의 대처법과는 정반대의 모습이 무엇을 염두에 둔 것인지 깊이 알지 못했다. 그저 정치인의 모습으로 시민들에게 비춰지는 것에 대한 부담 때문이라고 생각했다. 아무튼 실망하는 분들에게 양해를 잘 구해야 했다.

검찰개혁 법안의 패스트트랙, 즉 신속처리안건 지정 추진이 국회를 달구던 2019년 봄에 난 그 이유를 알았다. 왜 대중들과 즉석 사진 촬영을 자제했는지, 그 깊은 뜻을. 당시 여당인 더불어민주당의 의석수는 앞서 언급한 것처럼 과반에도 턱없이 미치지 못하는 상태였다. 130석 정도였다. 그러나 검경 수사권 조정, 공수처법 등 검찰개혁 법안의 입법화를 위한 신속처리안건 지정에 필요한 의석은 180석이다. 검찰개혁 법안의 국회 통과는 난공불락의 성처럼 느껴졌다.

그러나 기적처럼 당시 제1야당을 제외한 거의 모든 야당이 검찰개혁 법안의 입법화에 동참했다. 신속처리안건으로 지정되어 그 결과 검찰의 직접 수사 개시 범위를 헌정사상 처음으로 6개 분야로 한정한 1차 검경수사권 조정법이 약 8개월 만인 2020년 1월에 국회를 최종 통과했다.

만약 조국 민정수석이 밀려오는 시민들의 사진 촬영 요청을 다

받아들였다면, 세간의 평가는 어땠을까? 아마 여의도에서는 유명세를 이용해 정치를 하려고 한다, 민정수석이 검찰개혁 법안을 개인의 정치적 활로 모색에 활용하려고 한다, 민정수석이 아니고 정치인 같다, 민정수석이 대권에 도전할 것 같다 등의 오해를 받았을 것이다. 개혁의 입법화로 정치적 기반을 마련해 여의도로 진출할 것이란 억측을 낳아 야당의 협조는커녕 집중 견제와 비판으로 신속처리안건 지정은 국회의 문턱을 넘지 못했을 것이다. 법안 통과도 언감생심이 되었을 것이다.

검찰개혁 시즌 1이 여당의 턱없이 부족했던 의석수에도 야당과 함께 법 통과를 이뤘던 것은 개혁의 순수성과 진정성이 의심받지 않았기 때문이라 생각한다. 검찰개혁의 입법화가 누군가의 정치적 이득을 위한 것으로 오해받지 않은 과정 관리가 있었기에 야당의 협조가 가능했다고 나는 평가한다. 물론 입법화에 가장 중요한 국민의 높은 요구와 지지가 있었기에 문재인 정부도 입법화에 나서달라고 국회에 강하게 요구할 수 있었다. 국민의 뜻이 입법화를 이룬 것이고, 주권자 국민의 뜻을 달성해야 할 책무가 있는 책임 있는 분들의 올바른 자세와 강한 의지, 추진력이 더해진 것이라 생각한다. 국민으로부터 위임받은 권한을 국민의 뜻에 따라 행사하는 데 걸림돌이 되지 않기 위한 위임받은 자들의 정제된 행동은 그래서 중요한 것이 아닐까.

조국 민정수석의 섬세한 처신, 문재인 대통령의 진심이 통했다. 정부에 불리한 야당의 주장도 수용하는 협치의 모습이 불가능해

보였던 검찰개혁, 더 나아가 권력기관 개혁 법안을 통과시킨 것은 아니었을까.

사진 한 장 찍고 싶어 횡단보도를 황급히 건너오던 시민에게 죄송하다고 말하는 것, 못내 섭섭해 너무한다고 말씀하시는 할머니에게 연신 고개를 숙여야 했었다. 그분들께 이 기회를 통해 송구했다고 그분을 대신해 말씀드리고 싶다.

긴급연락처

2019년 12월 27일 새벽 역시 영원히 잊지 못할 것이다. 검찰은 조국 민정수석에게 구속영장을 청구했고, 법원의 영장실질심사 결과가 나온 날이다. 나를 비롯해 몇몇이 조국 민정수석 집에서 심사 결과를 초조히 기다리고 있었다. 기각될 것이라는 예상이 지배적이었지만, 한 치도 알 수 없는 시절이라 불안감이 집 안을 지배하고 있었다. 시간은 더디게 흘렀고, 우두커니 앉아 속보가 뜨는지 연신 휴대폰을 만지는 손가락만 바삐 움직였다. 조마조마한 마음을 조금이라도 억누를 마음에 조국 민정수석과 가족들의 지난 세월 순간들이 담긴 액자들을 둘러보는데 한쪽 벽에 A4지 한 장이 붙어 있는 것을 발견했다. '긴급연락처'였다.

영장실질심사를 받기 위해 집을 나서기 전, 혹 집으로 돌아오지 못할 경우를 대비해 무슨 일이 발생하면 가족들이 연락을 취할 만한 가까운 지인과 변호사 연락처를 모아 정리한 것이었다. 당시 상황의 긴박함이 이 한 장의 종이에 고스란히 담겨 있었다. 섬처럼 '고립'된 가족들이 외부에 SOS를 칠 수 있도록 연락처를 정리하면서 어떤 마음이었을까. 외부와 철저히 차단된 80년 5월 광주와 이 집에 사는 가족들은 '고립'되었다는 공통점이 있었다. 잔인하고 극단의 두려움을 상징하는 단어 '고립'. 여덟 살에 경험한 5·18의 기억을 상징하는 '고립'이라는 단어를 40년이 흘러 서울 한복판 이 집에서 다시 느낄 줄 어찌 알았겠는가. 가슴이 쓰라렸다.

다행히 구속영장은 기각되었고, 새벽이 깊어질 즈음 조국 민정수석은 집으로 돌아왔다. 기다리고 있던 사람들 한 명 한 명과 포옹을 했다. 이분이 당시 할 수 있는 최대치의 감정 표현이 포옹이었다. 그리고 독주를 마셨다. 자신이 짊어져야 할 세상의 무게에 의연했던 그분도 그날 새벽은 여느 때와 다른 모습이었다. 나처럼 평범한 사람들과 비슷한 모습을 보면서 오히려 한시름 놓았다. 만약 초연한 듯한 모습이었다면 불안했을 것이다. 자연스런 감정을 억누른 뒤 따라오는 후폭풍을 홀로 견디는 것은 잔인한 것이다.

1박 2일의 그날 밤은 동짓달이었음을 감안해도 너무 길고 길었다. 어서 해가 뜨기만을 바랐다. 이분과 가족 모두의 앞날에 해가 어서 뜨기를. 현실적으로 가능성이 거의 없다는 것을 알면서도 빌고 또 빌면서 각자의 집으로 헤어졌다. 신문이 집 문 앞에 배달되어 있는 시간, 출근 시간이 이른 분들이 차 시동을 거는 시간인데도 하늘은 캄캄한 밤이었다.

"수석으로 불러주세요"

기억에 남는 다른 당부는 2020년 초에도 있었다. 2019년 가을 법무부 장관 퇴임 이후에도 민정수석 시절부터 가까이 보좌했던 사람들은 조국 장관님이라고 부른다. 원래 퇴임 후 가장 높은 직위로 호칭하는 것이 일종의 관행이자 예의다. 그래서 민정수석님이 입에 더 익숙하지만 장관님이라고 호칭했던 것이다. 그런데 어느 날 "장관 말고 수석으로 불러달라"는 당부 아닌 당부의 말을 듣게 되었다. 얼마나 큰 고통을 견디고, 가족까지 고초를 겪어 임명된 것인데, 37일에 불과했지만 하루하루를 불꽃처럼 주어진 역할을 다했던 장관인데, 국민이 서초동을 가득 메워주신 덕분에 얻은 직함인데. 나를 비롯해 청와대에서 가까이 보좌했던 사람들은 어리둥절했다. 이유를 말해주셨다. "장관이라고 부르면, 아프다. 장관으로 지명된 이후에 겪어야 했던 수모와 가족의 고통이 너무 크다. 여러분은 수석이라 불러주라"였다.

검찰 수사가 시작된 이후 지금까지 긴 시간 동안 갖은 고초를 겪고 있으면서도 힘들다는 내색조차 하지 않은 분이다. 오히려 옛 참모들을 걱정하고 위로하는 분이다. 먼저 웃음을 건네주시는 분이다. 그런데 그날은 웃음기 없는 얼굴에, 담담하게, 평소보다 낮은 목소리로 당신에 대한 호칭을 들으면서 느끼는 감정을 솔직히 얘기했다. 장관 호칭에 아프다는 얘기를 듣고 내 가슴에 돌덩이가 박히는 느낌이 들었다. 이분도 나처럼, 평범한 사람들처럼 아프구

언제쯤 아무 걱정 없이 장관님이라고
부를 수 있을까. 그 시간이 제발 일분일초라도
빨리 오기를 오늘도 빈다.
검찰개혁의 불씨를 살리고
야만의 시대를 끝내는 데 내가
밀알이 되고자 하는 이유다.
조국 민정수석 퇴임 직전
비서관·보좌관과 함께하던 모습.

나, 아프지 않아서가 아니라 아프지만 의연하게 힘껏 애쓰고 있구나 이런 생각이 들었다. 인간이기에 너무나 당연한 감정마저 조국이라는 이름에 담긴 의연함만을 떠올리면서 잊고 있었던 것들을 다시 생각하게 되었다.

나는 그날 이후부터는 절대 장관님이라고 부르지 않는다. 수석님이라고 말한다. 장관이라는 호칭이 고통의 시간을 보내고 있는 분에게 소금을 뿌리는 일이라는 걸 미처 생각하지 못했다. 더군다나 평소에 그분은 민정수석 시절을 당신의 '화양연화'의 시간이라고 여긴다. 그러니 그 행복했던 시간을 함께한 사람이라면 응당 '수석님'으로 불러드리는 것이 옳았다. 그런데도 장관님으로 호칭했으니 나는 하나는 알고 둘은 모르는 아둔한 사람이었다.

검찰 수사가 끝나고 재판이 진행되고 있다. 많은 변화가 있었지만 '형조판서를 하던 분이 함경도로 유배간' 현실은 4년째 이어지고 있다.

조국. 수석이 아닌 장관으로 호칭할 수 있다는 것은 단지 단어의 차이만을 의미하지 않는다. 검찰개혁의 길이 성공하고, 그 길에서 조국이라는 사람의 고난이 제대로 평가받아 긴 유배가 끝났다는 것을 상징할지도 모른다. 언제쯤 아무 걱정 없이 장관님이라고 부를 수 있을까. 그 시간이 제발 일분일초라도 빨리 오기를 오늘도 빈다. 검찰개혁의 불씨를 살리고 야만의 시대를 끝내는 데 내가 밀알이 되고자 하는 이유다.

이제 다시 시작이다

• 책을 끝내면서

문재인 대통령의 5년 임기 마지막 날, 2022년 5월 9일, 월요일이었다. 그 특별한 날에 무슨 옷을 입고 출근할까 미리 고민했다. 임기 첫날인 2017년 5월 10일 아침, 꿈에 그리던 청와대 첫 출근길, 그날 어떤 옷을 입었는지 기억조차 없다. 전날 밤까지 선거운동을 하느라, 개표가 시작된 이후로는 임기 첫날 일정을 준비하느라 거의 밤을 새웠다. 인수위 없이 개표 직후 곧바로 임기를 시작해야 했던 특수한 상황 때문이었다. 집에도 가지 못해서 구깃구깃한 양복과 땀내 풍기는 와이셔츠에 아무렇게나 걸친 넥타이를 매고 청와대 연풍문으로 갔다. 머리에 파마기가 가시지 않은 형편없는 몰골로 첫 출근을 했으니, 두고두고 아쉬웠다. 그래서 마지막 출근길은 옷도 제대로 갖춰 입고 마음가짐도 새롭게 해 출근하고 싶었다.

5월 8일 마지막 출근 전날인 일요일에 옷을 사러 갔다. 속옷부터 겉옷, 양말까지 모든 것을 새것으로 입고 출근하리라 마음먹었다. 마침표를 찍고 싶지 않아서였다. 새로운 시작이지 않은가. 주어진 시간은 끝났지만 문재인 정부가 추구했던 옳고 아름다운 가

이제 다시 시작이다.
새 옷 입고 다시 힘차게 출발하자.
2022년 5월 9일 마지막 퇴근길.

치에는 임기가 없으니 더 높이 창공으로 비상하도록 다시 시작해야 했다. 또 다른 가치를 향해 새로운 시작을 하는 날이기도 했다.

이제 다시 시작이다. 새 옷 입고 다시 힘차게 출발하자. 아침에 옷을 입으면서 휘파람도 불고 노무현 대통령이 퇴임 이후 봉하에 도착해 하신 첫마디, '야 좋다'를 나도 따라 했다. 그도 그럴 것이 1,826일, 만 5년을 청와대에서 일했다. 초등학생이었던 내 첫째 아이가 고등학생이 되었으니 짧은 세월이 아니다.

이제 새벽 5시에 일어나지 않아도 된다는 것이 일단 좋았다. 시도 때도 없이 울리던 전화를 받지 않아도 되고, 내 몫으로 짊어졌던 책임의 무게를 내려놓을 수 있으니 몸이 가벼울 것이며, 편하게 생각나는 대로 말할 자유를 보장받을 수 있을 거라는 기대가 컸다. 몸이 너무 지쳐 있어서 일단 잠을 실컷 자고 싶었다.

퇴직 이후 생각을 비우고 살자고 생각했다. 그러나 어려운 일이 있을 때마다 기억하고 떠올리는 특별한 날들이 머릿속에서 자꾸 다시 떠올랐다. 내가 왜 정치를 하려는 것인지, 어떤 마음을 갖고 어떤 일을 할 것인지를 정립하게 한 계기가 된 일화이기 때문이었을 것이다.

1980년과 1998년

1980년, 광주 출신인 나는 1980년 5월의 광주를 여덟 살의 나이

에 겪었다. 당시 광주에 딱 3개 있었던 종합병원 중 한 곳인 기독
병원이 집 앞이었다. 병원으로 실려가던 피 흘리는 시민들을 보았
다. 대학 때부터 광주, 좀더 넓게는 호남 출신이 아님에도 5·18로
인해 고초를 겪었던 분과 무엇인가를 도모하고 싶었다. 처절하게
고립되어 자국 군대의 총칼에 죽임을 당했던 5·18에 연대의 손을
내밀었던 타지 분들의 그 마음이 너무나 고맙고 고마워서였다.

　20대 중반인 1998년, 아버지가 주신 월세방 보증금 500만 원을
들고 상경했다. 그해 어느 봄날, 대학원에 진학해 낯선 서울 생활
을 시작한 지 얼마 되지 않아 동대문구 이문동 학교 앞에서 여의
도로 가는 버스를 타고 처음 국회에 갔다. 젊은 나이의 호기로 무
턱대고 찾아갔다. 5·18 진상규명을 요구하다 3년 가까이 옥살이
했던 김민석 국회의원에게로. 김민석 의원은 서울 태생이고 집안
의 뿌리는 경남 사천이었다. 이분의 사무실에서 일하고 싶은 진짜
이유는 말하지 않았다. 당시 나를 만나준 김학영 비서관은 누군가
의 추천을 받아 간 것도 아니며 심지어 이력서도 없이 무작정 찾
아간 20대 중반의 치기 어린 나를 내치지 않았다. 그리고 김민석
의원은 국회 의원회관에 나만의 작은 책상을 마련해주셨다. 그렇
게 난 정치권에 몸담게 되었다.

　그땐 그날이 24년이 지난 오늘까지도 나를 이끌 운명의 날일 줄
은 꿈에도 몰랐다. 그날 이후 나는 국회의원 인턴, 비서, 비서관, 보
좌관을 거쳐 중앙당 상근부대변인, 청와대 행정관, 선임행정관, 비

서관으로 일했다. 군대로 따지면 이등병에서 시작해 사단장에까지 오른 것이니 긴 세월이었지만 개인적인 성취도 이룬 시간이었다. 이 시간 동안 다들 그렇듯이 내게도 어려웠던 시절이 있었다.

어느 가을날 학교 앞에서 자취하면서 지갑에 남아 있던 2,000원을 모두 털어 산 쌀로 밥을 했다. 반찬이 다 떨어져 된장만 풀어 만든 국이 유일한 반찬이었다. '왕인의 밥, 걸인의 찬'으로 끼니를 해결하던 그날 밤, 낮에 온 택배를 보관하고 있던 주인집 아주머니가 고향 집에서 온 사과 상자를 내 방까지 가져다주셨다. 그 상자를 열었던 순간을 지금도 잊을 수가 없다. 넉넉한 양의 쌀과 내가 좋아하는 멸치볶음, 여러 종류의 김치가 담긴 상자를 열면서 얼마나 울었던가. 배는 고파 밥은 먹어야 하는데, 내가 좋아하는 반찬이 이제 가득 생겼는데, 참을 수 없이 흐르는 눈물로 밥을 먹을 수 없었던 그날 밤이 20년이 훨씬 지난 지금도 오늘 같다.

그 시절 내가 살던 방은 옥탑에 있었다. 이문동 옥탑방. 날 좋은 봄가을에 방에 누워 창문 밖 푸른 하늘을 더 가까이 느낄 수 있어 좋았다. 딱 그것 하나만 좋았다. 여름이면 뜨거운 태양의 열기가 밤이 되어도 식지 않았다. 낮에 달궈진 방 안은 찜질방처럼 열기로 가득했다. 도저히 잠을 이룰 수 없어 집으로 돌아오면 옥탑방 옥상에 물을 뿌렸다. 옥탑방의 온도를 조금이라도 낮추기 위해서였다. 겨울이면 칼바람 외풍에 옥탑방은 춥고, 추웠다. 털이 달린 모자까지 뒤집어쓰고 자는 날도 있었다. 결국 안락해야 할 내 안식처는 덥고 추운 하루하루를 견뎌야 하는 사투의 현장이었다.

청와대 행정관들의 꿈, 비서관이 되는 것을 이룬 날, 세상 기쁜 날에 그날 밤 옥탑방에서 숟가락을 들지 못하고 홀로 울던 내가 생각났다. 꿈을 이뤘으니 그래 원 없이 일해보자, 힘들면 물러서지 말고 무조건 버틴다는 생각만 하자. 이런 생각으로 비서관의 무게를 견뎠다. 비록 남루했지만 푸른 창공으로 비상하리라는 희망을 품게 해준 버팀목처럼 정치가, 사회가, 국가가 오늘이 고단한 이들의 버팀목이 되어주는 세상, 한번 만들어보고 싶다. 내 혼자 힘으론 어렵없다. 뜻을 같이하는 동지들과 의리를 지키며, 함께 살맛나는 세상 만들어가는 일원이 되고 싶다.

나도 어려운 시절을 보냈다고 말하고 싶어서 얘기한 것이 아니다. 그 시절을 잊지 않으려는 이유가 있다. 나는 그래도 행복했다. 형편은 어려웠지만 쌀도 반찬도 보내주시고, 비록 옥탑방에서 살았지만 공부를 할 수 있게 해주신 부모님이 계셔서 미래를 준비할 수 있었다. 형과 누나의 도움도 받았다. 버팀목이 있었다.

그러나 30년이 지난 오늘, 우리 주변엔 단 하나의 버팀목조차 없이 세상의 거친 파도를 홀로 견뎌야 하는 분들이 아직도 많다. 미래는 고사하고 매일매일의 사투에 지쳐 목숨을 스스로 끊는 분들의 소식이 끊이지 않고 들려온다. 그분들이 이 사회에서 자신의 몫을 하며 조금이라도 인간다운 삶을 살 수 있도록, '그래 죽지 말고 살다 보면 좋은 날이 오겠지' 생각할 수 있는 세상을 만드는 데 벽돌 한 장 놓고 싶다. 내가 정치를 하려는 이유다.

2012년

정치권에 몸담으면서 늘 느끼던 것이 있다. 정치는 국민들께 무엇인가를 바꿀 수 있다는 믿음을 심어주는 정치적 효능감을 증명해야 한다. 그래야 정치도 살고, 국민도 행복해진다. 그 효능감을 증명하기 위해 필요한 마음이 무엇인지를 깨달았던 내 일화를 소개하고 싶다.

나는 인턴으로 국회에, 정치권에 처음 입문했다. 인턴 생활에서 내 자존감을 떨어뜨렸던 단 하나는 교통비와 밥값을 하기에도 버거웠던 월급이 아니었다. 신분증 색깔이었다. 공무원 신분의 국회의원 보좌진과 인턴은 출입증 색깔이 달랐다. 인턴은 녹색, 정식 직원은 노란색이었다. 인턴 기간 동안 노란색만 보면 어찌나 부럽던지. 난 언제쯤 노란색 신분증을 달고 출근할 수 있을까. 국회의원의 성공적인 의정활동을 보좌하는 같은 일을 하는데 신분증 색깔로 신분을 구별했다. 같은 공간에서 같은 일을 하는데 정규직과 비정규직이 나뉘는 현실은 국회의원 사무실에서도 마찬가지였다.

짧지 않았던 인턴을 거쳐 노란색 신분증을 발급받았던 때의 감격은 지금도 생생하다. 그리고 다짐했다. 내가 꼭 이 신분증을 바꾸리라. 인턴이라는 제도를 내 힘으로 없앨 수는 없겠지만 언젠간 인턴 보좌진과 '어공' 보좌진을 여지없이 구별하고 차별하는 저 신분증 색깔만큼은 반드시 하나로 통일시키겠다고. 그래서 신분증 색깔 때문에 내가 겪었던 설움을 후배 인턴들은 경험하지 않게

그날이 분명 올 것이다.
대한민국이 정말 걱정이지만
우리가 다시 바로 세워야 한다는
책임 의식을 갖고
오늘에 맞서야 한다.
그럴 용기를 갖기 위해 가까이에서 본
우리의 정치적 자산을 기억하는 것은
의미가 있지 않겠는가.

하겠다고.

이 다짐은 10년이 넘는 시간을 지나 이뤘다. 내가 민주통합당 의원 보좌진 전체를 대표하는 '민보협' 회장으로 선출되었고, 임기 시작 직후 국회 사무처에 인턴 신분증의 시정을 요구했다. 수용할 수 없다는 사무처의 입장은 완강했다. 그래서 국회 사무처의 차별적 행태를 공개적으로 문제 삼겠다고 사실상 협박까지 해서 바꿨다. 보좌진을 대표해 정당한 요구를 할 수 있는 권한이 내게 주어진 이상 그 권한을 제대로 행사해야 한다고 생각했다.

쉽게 바뀌는 것은 하나도 없다. 기어이 바꾸겠다고 꺾이지 않는 마음을 품고 있으면 바꿀 기회가 한 번쯤은 온다. 그때 반드시 이뤄내야 한다. 국민이 요구하는 정치의 효능감을 증명해내는 것은 이런 것이 아닐까. 국민의 요구를 실현하는 것은 쉽게 되지 않지만, 포기하지 않는 마음이 있다면 이룰 수 있다.

문재인 정부 5년간 풀지 못한 숙제가 많다. 기회가 평등하고, 과정이 공정하며, 결과가 정의로운 세상을 만들기 위해 아직 가야 할 길이 멀다. 대통령 단임제 국가는 단 한 번의 임기 동안 지난한 시간이 소요되는 시대적 과제를 모두, 그리고 완벽하게 해결하기 어렵다. 대통령을 모시고 국가 운영에 참여했던 사람이라면 채 해결하지 못한 이 과제를 이뤄내기 위해 현재의 위치에서 할 수 있는 일을 계속해야 한다. 소명 의식은 임기가 없음을 되새기며, 옳고 아름다운 가치를 향해 계속 전진하도록 스스로 노력해야 한다. 이 소임을 피하지 않으려 한다. 10년이 넘는 세월 동안 잊지 않고 있

다가 바꿨던 인턴 신분증처럼 긴 세월이 필요하더라도 끝내 이루
겠다 생각하며 오늘을 견딜 것이다.

2023년

다시 시작이다. 이 책은 대통령 문재인, 남북평화를 위한 여정,
조국 수석을 단지 기록하는 것에 그치지 않으려 했다. 돌이켜 평가
해보면 부족함이 있었다. 인간이기에. 그러나 진심으로 국민을 사
랑하고, 바른 정치를 하기 위해 임기 마지막 날까지도 무던히 애
쓰던 문재인. 등에 꽂힌 칼을 뺄 시간도 기회도 버리고, 지금도 극
한의 견딤으로 유배 생활 중인 조국. 남북평화를 위해 이름도 없
이 온 힘을 다해 일했던 아무개들의 모습에서 정치를 어떻게 할
것인지를 배웠던 내 경험을 고백하고 싶었다. 더불어 오늘의 내게,
내일의 우리에게 문재인 정부 5년이 남긴 유산은 무엇이며, 국가
를 이끈 지도자가 어떤 모습이었는지를 기억해 더 좋은 리더십과
전진하는 대한민국을 향한 새로운 꿈을 함께 꾸자고 권유하고 싶
었다.

그날이 분명 올 것이다. 2023년, 대한민국이 정말 걱정이지만
우리가 다시 바로 세워야 한다는 책임 의식을 갖고 오늘에 맞서
야 한다. 암담한 오늘을 꿋꿋하게 버티며 다시 원 없이 일하기 위
한 준비를 꼼꼼하고 대범하게 시작해야 한다. 그럴 용기를 갖기 위
해 가까이에서 본 우리의 정치적 자산을 기억하는 것은 의미가 있

지 않겠는가. 앞으로를 위해 용기를 내자고 러브레터를 보내고 싶었다.

나의 고백과 권유가 지혜롭고 유능하며 강건한 독자들과 공감을 이룰 수 있다면 큰 영광일 것이다. 비록 지금은 비루하지만 푸른 창공으로 비상하리라 믿고 암담한 오늘을 꿋꿋하게 버티는 분들에게 보내는 나의 러브레터를 이제 마치려 한다.

감사합니다!

나의 청와대 일기

지은이 윤재관
펴낸이 김언호

펴낸곳 (주)도서출판 한길사
등록 1976년 12월 24일 제74호
주소 10881 경기도 파주시 광인사길 37
홈페이지 www.hangilsa.co.kr
전자우편 hangilsa@hangilsa.co.kr
전화 031-955-2000 **팩스** 031-955-2005

부사장 박관순 **총괄이사** 김서영 **관리이사** 곽명호
영업이사 이경호 **경영이사** 김관영 **편집주간** 백은숙
편집 박홍민 박희진 노유연 이한민 김영길
관리 이주환 문주상 이희문 원선아 이진아 **마케팅** 정아린
디자인 창포 031-955-2097
인쇄 예림 **제책** 예림

제1판 제1쇄 2023년 7월 20일
제1판 제3쇄 2023년 8월 10일

값 22,000원
ISBN 978-89-356-7831-0 03300